Linguagem e Educação depois de Babel

Coleção
Educação: Experiência e Sentido

Jorge Larrosa

Tradução de Cynthia Farina

Linguagem e Educação
depois de Babel

2ª edição

autêntica

Copyright © 2004 Jorge Larrosa
Copyright © 2004 Autêntica Editora

Todos os direitos reservados pela Autêntica Editora. Nenhuma parte desta publicação poderá ser reproduzida, seja por meios mecânicos, eletrônicos ou em cópia reprográfica, sem a autorização prévia da Editora.

COORDENADORES DA COLEÇÃO
Jorge Larrosa
Walter O. Kohan

REVISÃO
Vera Lúcia De Simoni Castro

CAPA
Jairo Alvarenga Fonseca
(sobre A torre de Babel de Bruegel, 1563)

DIAGRAMAÇÃO
Waldênia Alvarenga Santos Ataíde

Larrosa, Jorge
L334e   Linguagem e educação depois de Babel / Jorge Larrosa ; traduzido por Cynthia Farina . — 2. ed. — Belo Horizonte : Autêntica Editora , 2014.
     360 p. — (Educação: Experiência e Sentido)
     ISBN 978-85-7526-113-2
     Título original: Entre las lenguas. Lenguaje y educación después de Babel.
     1.Filosofia da educação. I.Farina, Cynthia. II. Título. III.Série.
                                                                      CDU 37.01

Belo Horizonte
Rua Aimorés, 981, 8º andar
Funcionários - Belo Horizonte - MG
30140-071
Tel.: (55 31) 3214-5700

Televendas: 0800 283 1322
www.autenticaeditora.com.br

São Paulo
Av. Paulista, 2.073, Conjunto Nacional,
Horsa I - 23º andar, Conj. 2301
Cerqueira César - São Paulo - SP
01311-940
Tel.: (55 11) 3034-4468

SUMÁRIO

7 Apresentação, agradecimentos e dedicatórias

10 *Origem dos textos*

15 Ensaios pedagógicos

15 *Dar a ler... talvez*

33 *Aprender de ouvido*

47 *Ler sem saber ler*

63 Ensaios babélicos

63 *Ler é traduzir*

99 *Sobre repetição e diferença*

133 *O código estúpido*

151 Ensaios eróticos

151 *Experiência e paixão*

167 *O corpo da linguagem*

175 *Erótica e Hermenêutica*

185 *Entre as línguas*

197 Ensaios políticos

197 *Contra os fariseus*

203 *A libertação da liberdade*

245 *Inventar um povo que falta*

265 *Educação e diminuição*

295 Conversações

295 *Da pluralidade, do acontecimento e da liberdade*

313 *Sobre leitura, experiência e formação*

Apresentação, agradecimentos e dedicatórias

Apresentar um livro é fazê-lo presente. Mas, qual poderia ser seu presente? O da escritura, que já não é, ou o da leitura, que ainda não é? Fazer presente um livro é tratar de congelar o movimento contínuo de um lugar de passagem, aberto, sem limites, uma pura superfície pela qual algo, por um instante, passa.

O presente de um livro é a marca efêmera da passagem do que, escrevendo-se, vem. E também a marca da passagem do que, lendo-se, se vai. Fugazmente. O umbral entre o que vem ao livro e o que se vai do livro.

Apresentar um livro é dar-lhe presença. Mas, qual seria sua presença? A que tem para mim ou a que terá para ti? Talvez a de um espelho. No qual não há ninguém. Talvez a de um rosto desconhecido. Sempre aparecendo e sempre se apagando. Ou a de uma figura refletida na água. Evanescente.

A presença de um livro é o traço em negro de suas palavras. Fugindo. Tão silenciosas. E o traço em branco de seus silêncios. Tão sonoros.

Apresentar um livro é dá-lo a ler, dá-lo como um presente, compartilhá-lo. Mas, talvez um livro não seja outra coisa que o compartilhar do que nunca se teve, do que nunca será de ninguém.

COLEÇÃO "EDUCAÇÃO: EXPERIÊNCIA E SENTIDO"

Compartilhar um livro é agradecê-lo na escritura. Que o faz. Na cinza. E dedicá-lo na leitura. Que o desfaz. Em brasa.

★ ★ ★

Agradecer o livro. Convocar entre suas cinzas os nomes dos que compartilharam sua escritura. Traçar nesse pó cinza sulcos de gratidão. Como correntes de outro azul mais denso no azul da água transparente. Ou no azul infinito do céu vazio.

Um sulco azul Mediterrâneo à Beatriz, pelo corpo aéreo da voz. Um sulco azul Copacabana a Pedro, Eliana, Tânia, Sônia e Maria Luiza, pelo talvez de todos os dons. Um sulco azul céu de cordilheira à Magaldy e ao Rigoberto, por esse povo que sempre se está inventando. Um sulco azul caminho de vulcão à Kory, pelo intraduzível de tudo o que importa. Um sulco azul margem do rio Paraná com reflexos de horizonte pantaneiro à Liliana, ao Wanderley e à Corinta, pelo infinito da leitura. Um sulco azul terroso Mar del Plata com vários matizes de barro do Guaíba para Inês, Carlos e Alfredo, pelas múltiplas línguas de Babel. Também a Alfredo e Magaldy e a Lílian, um sulco de azul com espuma do Atlântico, por essa liberdade que se libera no nascimento. À Socorro um sulco azul de todos os azuis pela arte da conversação. Um sulco azul entardecer de Caracas a Gregório e à Gladys, pelo compromisso pedagógico e sua necessária generosidade. E um sulco azul pintura para Cynthia, pela arte de passar palavras de uma língua a outra língua.

★ ★ ★

Dedicar o livro. Entregar ao fogo suas palavras. Desfolhá-lo. Abandonar suas páginas aos quatro ventos. Traçar, em sua dispersão, vínculos de amor. No ar.

Com o vento do oeste, dedico este livro aos que estão antes, aos que agora, em mim, são antes, um crepúsculo admirável

Apresentação, agradecimentos e dedicatórias

que me ilumina. Com o vento do oeste, desfolho este livro aos que me dão um lugar, aos que me dão a luz e o horizonte, aos que me dão a palavra. A meus mestres, que nunca saberão o que lhes devo. A vocês as palavras mais serenas, as mais agradecidas. A meus pais, custódios de minha infância, cada vez menores em sua fragilidade, na incrível ternura do seu ocaso. Cada vez maiores entre meu peito e minhas costas. Afastando-se. Vindo a mim em seu afastar-se. A vocês as palavras mais débeis, as mais inseguras, as mais balbuciantes.

Com o vento do sul, dedico este livro aos que estão agora, aos que habitam comigo este meio-dia quase sem sombras, incandescente. Com o vento do sul, desfolho este livro aos amigos da alma. Para vocês as palavras mais sorridentes, as mais amáveis. E o desfolho também à mulher que amo, tão perto que nunca a alcanço, tão longe que se confunde comigo, sempre vindo e sempre por vir, à justa distância. Para ti as palavras mais apaixonadas, as mais estremecidas. Também as mais belas, as mais alegres, as que levam mais ternura.

Com o vento do leste, dedico este livro aos que estão depois, aos que agora, em mim, são depois, esplêndida madrugada. Com o vento do leste, desfolho-o aos meus alunos. Para vocês as palavras mais voluntariosas, as mais afiadas, as mais precisas, as mais velozes. Desfolho-o também para meus filhos que estão vindo, que estão afastando-se em seu vir. Para ti, tão jovem, as palavras mais generosas, as mais livres. Também as mais valentes, as mais ousadas. E para ti, tão menina, as palavras mais amorosas, as mais delicadas, as mais suaves.

Com o vento do norte, dedico este livro aos que estão sempre e nunca ao mesmo tempo, aos que me acompanham ocultos na cara da sombra, aos que observo entre as linhas, aos que espero sem esperança, aos que nem sequer adivinho. Desfolho este livro a vocês, leitores desconhecidos, improváveis, habitantes misteriosos das margens da escritura, meus piores amigos, meus melhores inimigos. Para vocês as palavras mais silenciosas, os silêncios mais sonoros. Para vocês a gratidão mais tensa, mais intensa, as palavras mais fecundas. Para vocês a brasa.

Origem dos textos

Este livro contém algum dos artigos que escrevi entre 1999 e 2003. Segue a estela de *La experiencia de la lectura*[1] e de *Pedagogia Profana*[2], enquanto continua tentando pensar a relação entre linguagem, experiência e formação e sua possível articulação pedagógica. Um exercício a que poderíamos chamar "anotações para uma patética da relação educativa".

Mas há também certo deslocamento temático da questão da subjetividade e suas metamorfoses aos temas da pluralidade e da diferença, ao que poderíamos chamar "anotações para uma babélica da educação". A palavra Babel já estava escrita no primeiro capítulo de *La experiencia de la lectura* e se desdobrava polifonicamente nessa compilação recente[3]. A palavra porvir encabeçava a terceira parte de *Pedagogia Profana*. A palavra diferença assomava nitidamente entre as páginas de outras duas compilações[4]. Mas só aqui a relação entre linguagem

---

[1] *La experiencia de la lectura. Estudios sobre lectura y formación.* Barcelona: Laertes, 1996. Terceira edição revisada e ampliada no México. Fondo de Cultura Económica, 2004.

[2] *Pedagogia Profana. Danças, piruetas e mascaradas.* Porto Alegre: Contrabando, 1998. Segunda edição em Belo Horizonte: Autêntica, 1999. Tradução francesa como *Apprendre et être. Langage, littérature et experience de formation.* Paris: ESF, 1998. Em espanhol: *Pedagogía Profana. Estudios sobre lenguaje, subjetividad y formación.* Buenos Aires (Argentina): Novedades Educativas, 2000.

[3] LARROSA, J.; SKLIAR, C. (Eds.) *Habitantes de Babel. Políticas y poéticas de la diferencia.* Barcelona: Laertes, 2001 (publicado também em Belo Horizonte: Autêntica, 2001).

[4] LARROSA, J.; PÉREZ DE LARA, N. (Eds.) *Imágenes del otro.* Barcelona: Vírus, 1996 (publicado em Petrópolis: Vozes, 1998). LARROSA, J.; GUZMÁN, L. (Eds.) *Camino y Metáfora. Ensayos sobre estética y formación.* San Luis (Argentina): Nueva Editorial Universitaria, 2001.

Apresentação, agradecimentos e dedicatórias

e educação está tratada de um modo explícito do ponto de vista da pluralidade, e só aqui a encarnação temporal da transmissão educativa está dobrada desde a doação e desde o talvez, quer dizer, desde a diferença e a descontinuidade. Além do mais, nos meus livros anteriores, havia certas dificuldades para tratar da educação de um ponto de vista político. Como se as palavras que conectam educação e política, as que articulam o projeto político da modernidade como um projeto educativo (ou ao contrário), as grandes palavras de liberdade, igualdade e fraternidade (ou comunidade) fossem, para mim, impronunciáveis, como se não soubesse o que fazer com elas, como se não tivessem a ver comigo. Talvez daí a tentativa de fazê-las soar de outra maneira. Por outro lado, existe nestes textos certa vontade de idioma que, ainda que já estivesse presente nos trabalhos anteriores, aqui é muito mais consciente e, parece-me, mais arriscada.

"Dar a ler... talvez" se escreveu para uma monografia intitulada "Teoria da paixão comunicativa" publicado graças a hospitalidade de uma revista de Caracas[5]. Uma variante do texto[6] se beneficiou das discussões que houve em um Congresso Internacional de Filosofia com Crianças, que se realizou em Brasília.

"Aprender de ouvido" se escreveu para uma oficina de leitura que preparei com Beatriz Aparici para um dos Seminários que vem sendo celebrado na Faculdade de Filosofia da Universidade de Barcelona sobre a vida e a obra de María

---

[5] Dar a ler... talvez. Notas para uma dialógica de la transmisión. In: RELEA. *Revista Latinoamericana de Estúdios Avanzados*, n. 9. Caracas (Venezuela): 1999, p. 97-110.

[6] Dar a ler, dar a pensar... quem sabe. Entre literatura e filosofia. In: KOHAN, W.; LEAL, D. (Orgs.) *Filosofia para crianças em debate*. v. 4. Petrópolis: Vozes, 1999, p. 119-129. Publicado também em *Filosofia par niños. Discusiones y propuestas*. Buenos Aires (Argentina): Novedades Educativas, 2000, p. 101-110.

Zambrano[7], e se beneficiou também da hospitalidade de uma revista colombiana que convidou a várias pessoas a atravessar de uma forma pouco convencional a relação entre Filosofia e Pedagogia[8].

"Ler sem saber ler" se escreveu para um número especial dedicado a Blanchot para uma revista de Barcelona[9].

"Ler é traduzir" é um texto inédito que se escreveu para um Seminário que teve lugar em Tenerife. A versão definitiva deve muito aos comentários que ali fizeram Fernando Bárcena, Joan Carles Mèlich, Kory González e Magaldy Téllez.

"Sobre repetição e diferença" foi escrito para um dos COLE (Congresso de Leitura) de Campinas, beneficiou-se ali dos comentários de Roger Chatier, Jean Hébrard, Márcia Abreu e João Wanderley Geraldi, e deve muito também às pessoas dos departamentos de Educação e de Letras da Universidade Nacional de Entre Rios onde apresentei outra versão do texto[10].

"O código estúpido" é um texto não publicado que se iniciou com base em uma conversa que teve lugar na saída de um museu de arte contemporânea, e se escreveu pela perplexidade que me produziu a concentração de um milhão de pessoas na manifestação contra a guerra de Barcelona, que se seguiu de outra concentração de outro milhão de pessoas na visita do Papa a Madrid.

---

[7] Un surco en el aire. In: *Aurora. Papeles del Seminario María Zambrano.* n.3, Universidad de Barcelona. Barcelona, 2001.

[8] Aprender de oído. El aula, el claro y la voz en María Zambrano. In: *Educación y Pedagogía.* v.XII, n.26-27, Medellín (Colombia), 2001, p. 37-46.

[9] Leer sin saber leer. Resonancias entre Blanchot y Duras. In: *Maurice Blanchot. La escritura del silencio. Revista Anthropos,* n.192-193. Barcelona, 2001, p. 157-164.

[10] Las paradojas de la repetición y la diferencia. Notas sobre el comentario de texto a partir de Foucault, Bajtín y Borges. In: *El cardo.* Ano II, n.3, Paraná (Argentina), 1999, p. 4-21. Os paradoxos da repetição e da diferença. Notas para o comentário de texto a partir de Foucault, Bakhtin e Borges em ABREU, M. (Org.) *Leitura, história e história da leitura.* Campinas: Mercado das Letras, 2000, p. 115-145.

Apresentação, agradecimentos e dedicatórias

"Experiência e paixão" se escreveu para um Seminário organizado pela Administração Popular da Prefeitura de Campinas e se publicou graças ao interesse de seu tradutor, João Wanderley, e de uma revista brasileira de educação[11].

"O corpo da linguagem", inédito, é minha contribuição a uma palestra sobre as linguagens do corpo e da educação realizada em colaboração com Fernando Bárcena e José Maria Asensio para o Seminário Inter-Universitário de Teoria da Educação em sua edição de 2003.

A primeira versão de "Erótica e hermenêutica" se apresentou no Rio de Janeiro, em um encontro de escritores organizado pelo professor e poeta Pedro Garcia, ainda que o texto definitivo se escreveu valendo-se de uma conversa em Barcelona com Angel Gabilondo[12].

"Entre as línguas", não publicado até aqui, é o resultado de uma página de Derrida que comoveu por igual a estudantes e professores, a intelectuais sofisticados e militantes de barricada, durante os vários anos em que viajou comigo pela Espanha, pela Venezuela, pela Argentina e pelo Brasil.

Uma versão de "Contra fariseus" se escreveu por encomenda de Alain Vergnioux para abrir uma monografia sobre educação moral da revista que ele anima[13].

"A libertação da liberdade" se escreveu como conferência de abertura da Cátedra de Estudos Avançados da Universidade Central da Venezuela, por encomenda de Lílian do Valle se apresentou no grupo de trabalho de Filosofia da Educação de um dos encontros periódicos da ANPEd em Caxambu, e acabou indo parar, graças à insistência e à generosidade de

---

[11] Notas sobre a experiência e o saber de experiência. In: *Revista Brasileira de Educação*, n.19, Capinas, 2002, p. 20-28.

[12] Erótica y hermenéutica, o el arte de amar el cuerpo de las palabras. In: *Educación y Pedagogía*, n.23-24, Medellín (Colombia), 1999, p. 17-28. Também em *Nexos. Estudos em Comunicação e Educação*. Ano IV, n.6, Campinas, 2000.

[13] Ouverture. Morale et scepticisme. In: *Le Télémaque*. Presses Universitaires de Caen, n.23, maio 2003, p. 7-10.

Alfredo Veiga Netto, em um livrinho de leituras mais ou menos pedagógicas de alguns fragmentos de Nietzsche[14].

"Inventar um povo que falta"[15] se escreveu para um Seminário de teoria política, que se realizou em uma cidade da cordilheira venezuelana e alguns de seus motivos foram utilizados por grupos bolivarianos na realização de textos e audiovisuais.

Uma primeira versão de "Educação e diminuição" se escreveu para uma monografia sobre igualdade e liberdade em educação, que se publicou no Brasil, na Colômbia, na Argentina e na Espanha[16]. A versão que aqui se apresenta deve muito aos outros coautores dessa monografia, sobretudo a Carlos Skliar, Walter Kohan, Lílian do Valle, Inês Dussel, Paco Jódar, Alejandro Cerletti e Estanislao Antelo.

As duas conversações que fecham o livro se escreveram depois dos respectivos debates que se realizaram em Caracas e sua redação deve muito à generosidade e à agudeza dos companheiros que ali formularam suas ideias, seus comentários, suas perguntas e suas inquietudes.

Que conste meu agradecimento a todos os que acompanharam a escritura destes textos e, também, pela autorização a publicá-los aqui de novo, às revistas e às editoras que os acolheram pela primeira vez.

---

[14] La liberación de la libertad. In: *La liberación de la libertad (y otros textos)*. Caracas (Venezuela): Centro de Investigaciones Posdoctorales de la Facultad de Ciencias Económicas y Sociales de la Universidad Central de Venezuela, 2001. Também em *Nietzsche e a educação*. Belo Horizonte: Autêntica, 2002.

[15] Inventar un pueblo que falta. In: Martínez, X. e Téllez, M. (Eds.) *Pliegues de la democracia*. Caracas (Venezuela), Centro de Investigaciones Posdoctorales (CIPOST), 2001, p. 19-34.

[16] Pedagogia e farisaísmo. Sobre a elevação e o rebaixamento em Gombrowicz. In: *Educação e Sociedade*, Campinas, n. 82, abr.2003, p. 289-298. Esse dossiê está neste momento no prelo em *Cuadernos de Pedagogía*. Rosario (Argentina), em *Educación y Pedagogía*. Medellín (Colombia), e em *Diálogos*. Valencia (Espanha).

ENSAIOS PEDAGÓGICOS

Dar a ler... talvez

– "O que dizem as palavras não dura. Duram as palavras. Porque as palavras são sempre as mesmas e o que dizem não é nunca o mesmo."[1]

– "Entre quem dá e quem recebe, entre quem fala e quem escuta, há uma eternidade sem consolo."[2]

– "O passado foi escrito, o porvir será lido... sem que nenhuma relação de presença possa estabelecer-se entre escritura e leitura."[3]

– Receber as palavras, e dá-las.

– Para que as palavras durem dizendo cada vez coisas distintas, para que uma eternidade sem consolo abra o intervalo entre cada um de seus passos, para que o devir do que é o mesmo seja, em sua volta ao começo, de uma riqueza infinita, para que o porvir seja lido como o que nunca foi escrito... há que se dar as palavras que recebemos.

– Talvez dar a ler?

– "Dar a ler... talvez."

---

[1] PORCHIA, A. *Voces*. Buenos Aires: Edicial, 1989, p. 111.

[2] JUARROZ, R. *Decimocuarta poesía vertical. Fragmentos verticales*. Buenos Aires: Emecé, 1997, p. 148.

[3] BLANCHOT, M. *El paso (no) más allá*. Barcelona: Paidós, 1994, p. 60.

– Mas reservemos o "talvez" para o final, porque talvez esta conversa não seja outra coisa que um caminho ao talvez, quer dizer, a um final que seja como um começo ou que ao menos, talvez, anuncie um começo. Assim que deixemos de momento a palavra talvez e a reservemos de um lado, palavra já escrita, mas só como anúncio e ainda sem escrever, para escrevê-la de novo como a última palavra.

– Então leiamos de novo: "dar a ler".

– O que acontece é que "dar a ler" é uma expressão demasiado legível. Quando lemos "dar a ler", em seguida cremos ter entendido porque já sabemos de antemão o que significa "ler" e o que significa "dar". Como fazer para que a leitura vá mais além dessa compreensão problemática, demasiado tranquila, na qual só lemos o que já sabemos ler?

– Com um fazer que tenha a forma de uma interrupção: se não interrompemos, na mesma língua, o uso normal da língua, somente entendemos o que já se adapta a nossos esquemas prévios de compreensão.

– Interromper o que já sabemos ler, quer dizer, dar a ler a expressão "dar a ler" como se ainda não soubéssemos lê-la. Por isso dar a ler exige devolver às palavras essa ilegibilidade que lhes é própria e que perderam, ao se inserirem demasiado comodamente em nosso sentido comum. Para dar a ler é preciso esse gesto às vezes violento de problematizar o evidente, de converter em desconhecido o demasiado conhecido, de devolver certa obscuridade ao que parece claro, de abrir uma certa ilegibilidade no que é demasiado legível.

– Um gesto filosófico?

– Um gesto filosófico, se entendemos que a Filosofia é abrir a distância entre o saber e o pensar, essa distância que só se abre quando o que já sabemos se nos dá como o que se há de pensar.

– Dar a pensar, então, as palavras "dar a ler"?

– Dá-las a pensar de outro modo no mesmo movimento em que se as dá a ler de outro modo. Dar a ler (o que ainda não sabemos ler): dar a pensar (o que ainda não pensamos).

– Dar a ler o que ainda não sabemos ler. Mas não é isso o que faz o escritor e, eminentemente, o poeta, renovar as palavras comuns, escrevê-las como pela primeira vez, fazê-las soar de um modo inaudito, dá-las a ler como nunca antes haviam sido lidas? Barros[4], por exemplo:

> não bastam as licenças poéticas, há que se ir às licenciosidades. Temos que pôr picardia no idioma para que não morra de clichês. Subverter a sintaxe até a castidade: isso que dizer: até obter um texto casto. Um texto virgem que o tempo e o homem ainda não maltrataram. Nosso paladar de ler anda com tédio. É preciso propor wwnovos enlaces para as palavras. Injetar insanidade nos verbos para que transmitam seus delírios aos homens. Há que se encontrar pela primeira vez uma frase para poder ser poeta nela.

– Certeiro isso de que "nosso paladar de ler anda com tédio". Também anda com tédio nosso paladar de viver e, porque não dizê-lo, nosso paladar de pensar.

– Dar a pensar o que ainda não pensamos. Jankèlèvitch[5], por exemplo:

> as palavras que servem de suporte ao pensamento devem ser empregadas em todas as posições possíveis, nas locuções mais variadas; há que fazê-las girar, torcê-las sobre todas suas faces, na esperança de um brilho; apalpar e auscultar sua sonoridade para perceber o segredo de seu sentido. As assonâncias e as ressonâncias

---

[4] BARROS, M. de. *Gramática expositiva do chão*. Rio de Janeiro: Civilização Brasileira, 1990, p. 312.

[5] JANKÈLÈVITCH, V. *Quelque part dans l'inachevé*. Paris: Gallimard, 1978, p. 18.

das palavras não têm uma virtude inspiradora? Este rigor deve às vezes lograr-se ao preço de um discurso ilegível: que se contradiga tem pouca importância; basta continuar sobre a mesma linha, resvalar sobre a mesma ladeira, e o discurso se afasta cada vez mais do ponto de partida, e o ponto de partida acaba por desmentir o ponto de chegada [...]. O que importa é ir até o limite do que se pode fazer, conseguir uma coerência sem falha, fazer aflorar as questões mais escondidas e as mais informuláveis.

– O poeta aspira a um "texto casto" que possamos saborear sem tédio. O filósofo pretende um "discurso ilegível" que suscite perguntas inéditas. Em ambos os casos, transtornar o uso normal da língua, interromper o sentido comum das palavras até fazê-las ilegíveis. Mas o filósofo, dando a ler de outro modo as palavras comuns, libera a possibilidade de pensar de outro modo. O poeta o é na frase "que encontra pela primeira vez", enquanto o filósofo o é na frase "que faz aflorar questões escondidas". E o filósofo insiste em que não chega a essa frase desde sua genialidade mas desde as palavras, aprendendo delas e com elas, levando-as até o extremo do que podem dar a pensar.

– Leiamos, então, um desses textos filosóficos que se obstinam em dar a pensar o ler mais além da aparente claridade da palavra "ler". Gadamer[6], por exemplo: "que coisa seja ler, e como tem lugar a leitura, parece-me uma das questões mais obscuras".

– Cada dia lemos, às vezes falamos de nossas leituras e das leituras dos outros, todos nós sabemos ler e, às vezes, ensinamos a outros a ler, habitualmente usamos com plena normalidade e competência a palavra ler... mas talvez ainda não sabemos o que é ler e como tem lugar a leitura.

---

[6] GADAMER, H. G. Filosofía y Literatura. In: *Estética e Hermenéutica*. Madrid: Tecnos, 1996, p. 189.

Ensaios pedagógicos – Dar a ler... talvez

– Leiamos também um texto que faz ilegível a palavra "dar". Todos nós participamos constantemente de práticas de intercâmbio e de comunicação, a cada dia damos e recebemos, mas talvez dar é impossível. Por exemplo, Derrida[7]: "o dom é o impossível. Não impossível mas o impossível. A imagem mesma do impossível."

– Se ler é o mais obscuro e dar é o impossível, como ler "dar a ler"?

– Talvez lendo a dificuldade de ler a expressão "dar a ler" já começamos a lê-la, já estamos dando a ler a obscuridade do "ler" e a impossibilidade do "dar", apesar de que ainda não saibamos o que dizem as palavras "dar a ler".

– Ler é obscuro quando se lê o que não se sabe ler, mas só assim a leitura é experiência: a experiência da leitura: ler sem saber ler. Dar é impossível quando se dá o que não se tem, mas essa impossibilidade é a condição mesma da ética: a ética do dom: dar o que não se tem.

– A expressão "dar a ler" contém a relação entre a experiência da leitura e a ética do dom. E como essa relação está implicada nessa peculiar duração das palavras na qual essas se conservam transformando-se. O que nos interessa no "dar a ler" é essa paradoxal forma de transmissão na qual se dão simultaneamente a continuidade e o começo, a repetição e a diferença, a conservação e a renovação.

– Ler sem saber ler. Por exemplo:

> o que mais ameaça a leitura: a realidade do leitor, sua personalidade, sua imodéstia, sua maneira encarniçada de querer seguir sendo ele mesmo frente ao que lê, de querer ser um homem que sabe ler em geral.[8]

---

[7] DERRIDA, J. *Dar (el) tiempo. La moneda falsa.* Barcelona: Paidós, 1995, p. 17.
[8] BLANCHOT, M. *El espacio literario.* Barcelona: Paidós, 1992, p. 187.

— Somente aquele que não sabe ler pode dar a ler. Aquele que já sabe ler, aquele que já sabe o que dizem as palavras, aquele que já sabe o que o texto significa... esse dá o texto já lido de antemão e, portanto, não dá a ler.

— Dar o que não se tem, por exemplo:

> dar a ler é sempre um gesto duplo. Dar a ler não pode ter lugar mais que em uma escritura que se dá retirando-se nas margens do texto que dá a ler. Não se dá a ler mais que quando se escreve nas margens, quando se pratica a citação, a reescritura, quando se dá o que não nos pertence propriamente — quer dizer, o que não se pode dar.[9]

— Somente aquele que não tem pode dar. Aquele que dá como proprietário das palavras e de seu sentido, aquele que dá como dono daquilo que dá... esse dá ao mesmo tempo as palavras e o controle sobre o sentido das palavras e, portanto, não as dá.

— Dar a ler, então, é dar as palavras sem dar ao mesmo tempo o que dizem as palavras. Ou, melhor, interrompendo todas as convenções que nos fazem dar a ler o que já temos como próprio, o que já sabemos ler. Temos lido que "as palavras são sempre as mesmas e o que dizem não é nunca o mesmo". Por isso há que se dar as palavras retirando ou interrompendo ao mesmo tempo o que dizem as palavras para dar assim o infinito durar das palavras, sua possibilidade de dizer sempre de novo mais além do que já dizem.

— Acrescentemos aqui o ponto de vista da paixão: que paixão passa pelo "dar a ler"? E por que essa palavra: "paixão"? Outra palavra obscura.

— Obscura como todas as palavras quando se dão a ler em sua ilegibilidade, no que têm de incompreensível, no

---

[9] LISSE, M. Donner à lire. In: *L'étique du don. Jaques Derrida et la pensée du don*. Paris: Metailié-Transition, 1992, p. 148.

que nelas há de excesso ou de ausência com respeito a si mesmas. Dar a ler é dar a alteridade constitutiva das palavras: o que nelas se nos oferece plenamente e sem reservas, e ao mesmo tempo se nos retira escapando-se a qualquer captação apropriadora.

– Escrevamos, então: "a paixão de dar a ler".

– Parece que, ao escrever a palavra "paixão" junto à expressão "dar a ler", estamos dando a ler outra impossibilidade. Porque se lemos, segundo a velha distinção escolástica, que paixão se opõe à ação, *passio a actio,* como passividade à atividade, "dar a ler" não poderia ser um ato ou uma atividade.

– "Dar a ler" não poderia ser, naturalmente, a ação voluntária e intencional de um sujeito poderoso que sabe o que quer. Mas "paixão" não diz somente privação ou defeito de atividade. Trías[10], por exemplo, dá-nos a ler "paixão" como o que sobrevoa a dualidade do ativo e do passivo, ao mesmo tempo manutenção e suspensão do sentido e dos termos dessa dicotomia.

– Escrevemos a palavra "paixão" para suspender a dicotomia do ativo e do passivo no "dar a ler"?

– De fato, para entender o "dar a ler" como a ação de um sujeito passional: para que o "dar a ler" não seja o que faz um sujeito soberano pondo em jogo seu poder, seu saber e sua vontade... mas o que lhe passa a um sujeito indigente quando suspende toda vontade de domínio, toda propriedade, todo projeto, todo saber, todo poder e toda intenção. E isso tanto sobre as palavras que dá a ler como sobre a leitura daquele a quem dá a ler. O "dar a ler" é o ato de um sujeito passional quando sua força não depende de seu saber, mas de sua ignorância, não de sua potência mas de sua impotência, não de sua vontade mas de seu abandono.

---

[10] TRÍAS, E. *Tratado de la pasión.* Madrid: Taurus, 1979, p. 29.

COLEÇÃO "EDUCAÇÃO: EXPERIÊNCIA E SENTIDO"

– A força atuante do "dar a ler" só é aqui generosidade: não apropriação das palavras para nossos próprios fins, mas desapropriação de nós mesmos no dar-las a ler. As palavras que se dão a ler não são palavras que se possam ter ou das que possamos apropriar-nos, mas são palavras que se "dão a ler", abandonando-as. Por isso sua leitura é sempre imprevisível, sempre por vir.

– Falemos primeiro do escritor. Qual é a paixão do escritor que "dá a ler"?

– O "dar a ler do escritor" se produz no momento no qual o livro, já escrito, dá-se ao leitor para que o leia. Seu dar a ler reside no movimento no qual se abandona a escritura e se inicia a comunicação.

– Mas não é também a palavra "comunicação" outra palavra demasiado clara que nomeia uma prática demasiado possível?

– Leiamos então a interrompendo. Derrida,[11] por exemplo:

> O horizonte semântico que habitualmente governa a noção de comunicação é excedido ou feito explodir pela intervenção da escritura, quer dizer, de uma disseminação que não se reduz a uma polissemia. A escritura se lê...

– A escritura se lê, dá-se a ler. E esse fato tão óbvio faz explodir a noção comum de comunicação como transporte codificado de um sentido entre um emissor e um receptor, até se esse sentido que se transporta não é o único senão múltiplo.

– Talvez o escritor escreva porque "quer dizer" alguma coisa e "utilize" a escritura como um "meio" ou um "veícu-lo" para comunicar isso que quer dizer: ideias, pensamentos,

---

[11] DERRIDA, J. Firma, acontecimiento, contexto. In: *Márgenes de la Filosofía*. Madrid: Cátedra, 1989, p. 37.

sentimentos ou representações. Mas simplesmente porque a escritura se dá a ler, o modo como comunica cai imediatamente fora dessa noção comum de comunicação como relação entre consciências ou como transporte linguístico de um "querer dizer".

– Além do mais, não é evidente sequer que o escritor seja a origem da escritura. O escritor não escreve desde sua vontade senão desde suas palavras: não escreve senão o que escutou primeiro. O escritor não dá senão o que recebeu: "a frase que encontra pela primeira vez" ou a frase a qual chegou "para fazer aflorar as questões mais escondidas".

– Não sabemos de onde vem a escritura. Mas, se é escritura, ou bem o dar a ler não pode ser entendido como comunicação ou bem devemos entender a palavra "comunicação" de um modo completamente diferente.

– No "dar a ler do escritor" devemos ler a palavra "comunicação" desde a ausência do escritor e desde o fracasso de seu "querer dizer". Quando o escritor dá a ler não se coloca a si mesmo para relacionar-se por meio da escritura com um leitor mais ou menos antecipado, nem tampouco dá a ler simplesmente o que suas palavras "dizem" ou "querem dizer". O escritor dá a ler as palavras no mesmo movimento em que as abandona a uma deriva na qual nem ele nem suas intenções estarão presentes e que ele, naturalmente, não poderá nunca controlar. As palavras que se dão a ler não unem o escritor com o leitor, mas os separa infinitamente, em uma "eternidade sem consolo". Mas esse escrever é produzir uma marca que constituirá uma espécie de máquina produtora por sua vez, que minha futura desaparição não impedirá que siga funcionando e dando, dando-se a ler e a reescrever.[12]

– Então, não é o escritor aquele que dá a ler, mas é a escritura mesma que se dá a ler na desaparição do autor,

---

[12] DERRIDA, J. Firma, acontecimiento, contexto. *Op. cit.*, p. 357.

na não presença de seu "querer dizer" ou de seu "querer comunicar". Temos lido que não existe "nenhuma relação de presença entre escritura e leitura".

– Por isso o "dar a ler" é o momento em que o escritor dá as palavras perdendo todo o poder sobre o que dizem as palavras. A escritura se dá a ler no momento em que o escritor fica despossuído de toda propriedade e de toda soberania, no momento em que as palavras que se dão a ler já não são nem suas próprias palavras nem as palavras sobre as que ele poderia exercer alguma sorte de domínio nem as palavras nas que ele ainda estaria de algum modo presente. O escritor não pode possuir o momento da leitura, nunca poderá ter o momento da leitura. Por isso, ao "dar a ler", o escritor dá o que não tem, o que não sabe, o que não quer, o que não pode... nada que dependa do seu saber, do seu poder ou de sua vontade... nada que lhe seja próprio.

– Falemos agora do leitor. Qual é a paixão do leitor que "dá a ler"? Leitores que dão a ler são os professores, os críticos, os estudiosos, os eruditos, os comentaristas e, em geral, todos aqueles que dão a ler palavras que não escreveram, mas que lhes foram dadas. Demos a eles um nome único: mestres de leitura. O mestre de leitura é aquele que quer dar a ler o que ele mesmo recebeu como o dom da leitura. Então, qual é a paixão do mestre de leitura que dá a ler? Seria conveniente também a essa paixão o nome de comunicação?

– Aqui comunicação é "transmissão": mediação entre o que se recebeu e o que se dá. O mestre de leitura é o que aprende para ensinar, aquele no qual se conjugam a paixão de aprender e a paixão de ensinar. Assim Levinas[13]:

> A transmissão comporta um ensinamento que já se desenha na receptividade mesma do aprender e a prolonga: o verdadeiro aprender consiste em receber

---

[13] LEVINAS, E. *L'au –delà du verset*. Paris: Minuit, 1982, p. 99.

a leitura tão profundamente que se faz necessidade de dar-se ao outro: a verdadeira leitura não permanece na consciência de um só homem senão que explode em direção ao outro.

– A relação entre o receber e o dar, entre o aprender e o ensinar, tem sido dada a ler por Levinas com a palavra "explodir": então a transmissão é uma explosão?

– A transmissão é uma comunicação que explode. Quando existe transmissão, a noção comum de comunicação explode porque o que se comunica só se transmite transformando-se. A transmissão não é o comunicar-se de algo inerte, mas o abrir-se da possibilidade da invenção e da renovação. Por isso, no mestre de leitura, a paixão do aprender e a paixão do ensinar se conjugam na paixão do novo, do imprevisível, da leitura por vir.

– Mas, para que a paixão do mestre de leitura seja a paixão da leitura por vir, é preciso que nem a paixão do aprender nem a paixão do ensinar passem pela apropriação ou pela reprodução do mesmo. O mestre que dá a ler não sabe ler (as palavras que lê não são de sua propriedade) e não é o dono da leitura dos outros. Tanto o que recebe como o que dá lhe são alheios, diferentes. Por isso são fonte de paixão. Trías: "... essa afeição pelo diferencial é o que denominamos paixão"[14].

– Tanto aquele que aprende como aquele que ensina são, para o mestre de leitura, "o diferencial". Talvez por isso o mestre, como o escritor, mas de outra maneira, também comunica desde sua ausência e desde seu fracasso. Sua comunicação é um chamar a atenção, não sobre si mesmo, mas sobre as palavras que dá a ler. O mestre comunica por sua humildade, por seu colocar-se a serviço das palavras: sua paixão comunicativa está feita também de generosidade, de desprendimento.

---

[14] TRÍAS, E. Tratado de la pasión. *Op cit.*, p. 146.

– Uma generosidade que se dirige não só às palavras que dá a ler, mas também àqueles a quem dá a ler. Uma dupla responsabilidade, portanto, que é uma dupla desaparição e um duplo fracasso?

– O mestre de leitura se faz responsável, primeiro, das palavras que recebeu como um dom da leitura e que, por sua vez, quer dar a ler. Essa responsabilidade que se chama respeito, atenção, delicadeza ou cuidado, exige-lhe desaparecer ele mesmo das palavras que dá a ler para dá-las a ler em sua máxima pureza. E o mestre de leitura se faz responsável também dos novos leitores que deveriam produzir novas leituras. Por isso também tem de desaparecer na leitura do que dá a ler para que seja uma leitura nova e imprevisível.

– O dar a ler do mestre de leitura é um proteger as palavras e um abrir a leitura?

– Seu dar a ler implica sempre um duplo gesto. Por um lado, deve respeitar as palavras que dá a ler para protegê-las tanto do dogmatismo interpretativo como do delírio interpretativo. Por outro, deve abrir a leitura, quer dizer, deve fazer que a leitura seja ao mesmo tempo rigorosa e indecidível.

– Poderíamos escrever agora a palavra "paixão" junto a essa outra palavra com a que habitualmente costuma dar-se a ler: a palavra "amor". Talvez não estejamos totalmente desencaminhados, se recordamos a definição célebre de Lacan[15]: "o amor é dar o que não se tem". Dar as palavras poderia ser indistinguível de estar apaixonado pelas palavras, de estar enamorado das palavras. Seria o "dar a ler" a paixão do filólogo?

– Leiamos uma declaração de amor às palavras de Garcìa Calvo[16]:

---

[15] LACAN. *Écrits*. Paris: Seuil, 1966, p. 618.
[16] GARCÍA CALVO, A. *Lalia. Ensayos de estudios lingüísticos de la sociedad.* Madrid: Siglo XXI, 1973, [s.p.].

As palavras, camaradas, tomemos-las e vamos esquartejando-as uma a uma com amor, isso sim, já que temos nome de "amigos das palavras"; pois elas não têm certamente parte alguma nos males em que penamos dia após dia, e depois pelas noites nos revolvemos em sonhos, mas são os homens, maus homens, os que, escravizados às coisas ou ao dinheiro, também como escravas têm em uso as palavras. Mas elas, contudo, incorruptas e benignas: sim, é certo que por elas esta ordem ou cosmos está tecido, enganos variados todo ele; mas se, analisando-as e soltando-as, pode-se deixá-las obrar livres alguma vez, em sentido inverso vão destecendo seus próprios enganos elas, tal como Penélope de dia apaziguava aos senhores com esperanças, mas por sua vez de noite se tornava em direção ao verdadeiro.

– Aqui se nos dá a ler o "amor às palavras" como algo que não tem a ver com seu uso mas com sua liberdade, e que não tem a ver com sua vida diurna, aquela na qual as palavras trabalham a serviço da ordem e da esperança, a serviço do sentido, mas com sua vida noturna, a mais inquietante e a mais perigosa, mas também a mais benigna, a mais hospitaleira, a mais generosa e a mais verdadeira. Essa declaração de amor nos dá a pensar o ser amigo-amante-enamorado das palavras em uma forma de amor que não passa pelo conhecimento, nem pelo uso, nem pela vontade de apropriação, nem sequer pela vontade de sentido.

– Amor-paixão?

– Sim, se entendemos que a paixão dá ao amor um caráter paradoxal. O amor marcado pela paixão anula as dicotomias entre possessão e entrega, entre apropriação e desprendimento, entre satisfação e desejo, entre padecimento e afirmação, entre liberdade e cativeiro. O filólogo é um ser possuído por seu amor às palavras, padece de amor às palavras, está cativado pelas palavras. Mas é nesse padecimento e nesse cativeiro nos quais se afirma como sujeito passional: somente acede às palavras, e nunca plenamente, quando se entrega a elas; elas apenas se dão, e nunca de todo, quando ele se desprende; só lhe fazem livre, e nunca totalmente, quando as deixa livres; somente se entregam, e nunca completamente, quando anula seu saber, seu poder e sua vontade. Por isso, o amor-paixão não pode satisfazer-se, senão que só se satisfaz em sua permanente insatisfação, enquanto o desejo permanece como desejo.

– E essa noturnidade, esse amor à liberdade noturna das palavras tem também a ver com a paixão?

– O amor-paixão sempre tem algo de ilegítimo, de desventurado e de perigoso. O amor legítimo às palavras é um amor diurno que tem a ver com a apropriação, com o uso e com o trabalho do sentido: é um amor seguro, útil, que não põe nada em perigo, e que tende à segurança, à felicidade e à estabilidade do mundo. Sem dúvida, a maioria das vezes o "dar a ler" forma parte do dia: quando o dar a ler tem a ver com a escravidão das palavras à verdade comum, à beleza ou à bondade comum, à linguagem corrente, às formas eficazes, à cultura, à educação ou à história, ao diálogo público, à moral, ao conhecimento, aos negócios dos homens em suma. Mas às vezes o amor às palavras e o dar a ler que lhe corresponde está atravessado por uma paixão noturna, livre, desgraçada e inútil que interrompe por um momento, fazendo vazia e insignificante toda a segurança, toda a estabilidade, toda a felicidade e todo o sentido do dia.

– O filólogo, então, deve entregar-se também a esse amor noturno e dar a ler as palavras apaixonadas da noite. Assim Blanchot:[17]

---

[17] BLANCHOT, M. *El espacio literario. Op. Cit.*, p. 236.

quanto mais se afirma o mundo como futuro e o pleno dia da verdade onde tudo terá valor, onde tudo terá sentido, onde o todo se realizará sob o domínio do homem e para seu uso, mais parece que a palavra deve descender até esse ponto onde nada ainda tem sentido, mais importante se faz que mantenha o movimento, a insegurança e a desventura do que escapa de toda percepção e de todo fim.

– Já podemos escrever esse "talvez" que tínhamos deixado anunciado e reservado para que fosse nossa última palavra?

– Escrevamos, então: "... talvez".

– E lhe demos a ler como uma figura da descontinuidade. Por isso a palavra "talvez" venha precedida de reticências, quer dizer, de algo que permanece suspendido em um ritmo silencioso de marcas e vazios. As reticências não são vetores direcionais, não levam a nenhum lugar nem tampouco vem de nenhum lugar, não significam nada, não soam de nenhum modo. Indicam uma demora, uma espera, uma suspensão, uma pausa, uma prorrogação, um instante de atenção e escuta, uma levíssima interrupção com a que se prepara o talvez e na qual, talvez, se anuncia sua vinda.

– Essa descontinuidade do talvez, não se nos dá a ler junto com o acontecimento e com o porvir? Assim Derrida[18]:

o pensamento do talvez envolve talvez o único pensamento possível do acontecimento. E não há categoria mais justa para o porvir que o talvez. Tal pensamento conjuga o acontecimento, o porvir e o talvez para abrir-se à vinda do que vem, isto é, necessariamente sob o regime de um possível cuja possibilitação deve

---

[18] DERRIDA, J. *Políticas de la amistad*. Madrid: Trotta, 1998, p. 46.

triunfar sobre o impossível. Pois um possível que seria somente possível (não impossível), um porvir seguro e certamente possível, de antemão acessível, seria um mal possível, um possível sem porvir. Seria um programa ou uma causalidade, um desenvolvimento, um desdobrar-se sem acontecimento.

– O talvez dá a ler a interrupção, a descontinuidade, a possibilidade, talvez, do acontecimento que se abre no coração do impossível, à vinda do por-vir, quer dizer, do que não se sabe e não se espera, daquilo que não se pode projetar, nem antecipar, nem prever, nem prescrever, nem predizer, nem planificar.

– "Dar a ler... talvez" para ler no "dar a ler" o talvez do acontecimento, da descontinuidade e do por-vir.

– Também o talvez da fecundidade?

– "Dar a ler... talvez": a fecundidade do "dar a ler".

– Leiamos então a palavra "fecundidade". Levinas[19], por exemplo: "um ser capaz de outro destino que não o seu é um ser fecundo". E escrevamos algumas variações desta citação: uma vida capaz de outra vida que não a sua é uma vida fecunda; um tempo capaz de outro tempo que não o seu é um tempo fecundo; uma palavra capaz de outra palavra que não a sua é uma palavra fecunda. Não é a fecundidade uma modalidade do "dar"? Fecundidade: dar a vida, dar o tempo, dar a palavra.

– A fecundidade é dar uma vida que não será nossa vida nem a continuação de nossa vida porque será outra vida, a vida do outro. Ou dar um tempo que não será nosso tempo nem a continuação de nosso tempo porque será um tempo outro, o tempo do outro. Ou dar uma palavra que não será

---

[19] LEVINAS, E. *Totalidad e infinito*. Salamanca: Sígueme, 1997, p. 289.

nossa palavra nem a continuação de nossa palavra porque será uma palavra outra, a palavra do outro.

– "Dar a ler... talvez" tem a ver com o talvez de uma palavra que não compreendemos, mas que, ao mesmo tempo, necessita do dar-se generoso de nossa palavra.

– E é aí onde dar a ler (sem saber ler) é dar o que não se tem. Ou, ainda mais radicalmente, é aí onde dar a ler é dar a aceitação da morte das próprias palavras: esse impossível de dar ao outro a aceitação da morte própria, o silêncio, a interrupção, o talvez, o espaço vazio no qual talvez possa vir o porvir da palavra ou a palavra do porvir.

– Aqui, junto ao talvez, outra vez paixão. Trías[20]: a paixão "é um amor que se desenvolve no horizonte da morte".

– Leiamos de novo: *Dar a ler:* "a paixão do amor: a paixão da morte: a paixão da fecundidade: a paixão do talvez".

– Receber as palavras, e dá-las.

– Para que as palavras durem dizendo cada vez coisas distintas, para que uma eternidade sem consolo abra o intervalo entre cada um de seus passos, para que o devir do que é o mesmo seja, em sua volta a começar, de uma riqueza infinita, para que o porvir seja lido como o que nunca foi escrito... há que se dar as palavras.

– Talvez dar a ler?

– "Dar a ler... talvez".

---

[20] TRÍAS, E. *Tratado de la pasión. Op. cit.*, p. 26.

ENSAIOS PEDAGÓGICOS

Aprender de ouvido

Uma leitura pedagógica convencional de María Zambrano poderia ser proposta de dois pontos de vista. Poderia interrogar-se a razão poética zambraniana mesma como razão pedagógica, quer dizer, como razão mediadora entre a palavra e a vida. Ou se poderiam examinar os textos que durante seu exílio latino-americano dedicou explicitamente à educação, a pedido de algumas revistas pedagógicas. Além do mais, e posto que María Zambrano, talvez pelo caráter inclassificável de sua escritura, continua sendo uma pensadora marginal nas instituições acadêmicas, haveria que encabeçar tudo isso com uma breve apresentação da autora. Mas optei aqui por um exercício mais humilde (o que não quer dizer que seja mais fácil) e seguramente mais honesto: dar a ler um texto de María Zambrano apresentando-o, reescrevendo-o, sublinhando-o, parafraseando-o, fazendo-o ressoar com outros textos e, às vezes, estendendo-o, com a única intenção de despertar no improvável leitor algo que poderíamos chamar "vontade de seguir lendo".

O texto que quero dar a ler trata sobre o ouvido, sobre o aprender de ouvido, sobre a aula como um "dos lugares da voz onde se vai aprender de ouvido"[1]. O texto retoma por-

---

[1] ZAMBRANO, M. *Claros del bosque*. Barcelona: Seix Barral, 1977, p. 16

tanto um motivo clássico que poderíamos fazer soar junto às considerações de Nietzsche sobre "o método acromático de ensino" na última das conferências da Basileia, junto às reflexões de Heidegger sobre o "ouvir" e o "escutar" em várias seções de suas conferências sobre a linguagem, ou junto aos diversos trabalhos de Derrida sobre o privilégio do ouvido e da voz no fonocentrismo ocidental e, portanto, em uma pedagogia construída fonocentricamente. Mas, ainda que seja interessante, e seguramente necessário para evitar leituras demasiado ingênuas, traçar um contexto o mais nobre possível do motivo zambraniano da voz, vou propor aqui uma leitura imanente.

Talvez se poderia percorrer grande parte do texto zambraniano desde a problematização vital dos modos do dar-se da palavra. A de María Zambrano é uma "razão vital" que se faz, por sua própria necessidade interna, "razão poética", mas que, como razão poética, precisa interrogar constantemente os diferentes modos de sua encarnação na vida. Do que se trata é de indicar caminhos do pensamento e da palavra ("da palavra pensante, pensativa", na expressão de Heidegger) que sejam ao mesmo tempo caminhos que despertem, alberguem e transformem a vida em todas suas dimensões, sem humilhá-la e sem mutilá-la, e de indicar caminhos de vida que sejam ao mesmo tempo caminhos de fidelidade à palavra inteira, também sem humilhação e sem mutilação. A razão poética é um gesto de rebeldia ante a humilhação da vida que faz tanto o absolutismo da filosofia sistemática como o utilitarismo da razão tecnocientífica, e ante a mutilação da palavra que se produz ao escravizá-la à dupla economia da representação e da comunicação. O que interessa a María Zambrano é a conexão entre os modos do dar-se da palavra e as condições existenciais do dar-se da vida humana.

Ensaios pedagógicos – Aprender de ouvido

Existindo um falar, por que o escrever?

Antes de entrar na determinação zambraniana da oralidade, da voz, da *phoné*, e de sua relação específica com a aprendizagem, talvez se tenha de dizer algo sobre o modo como aparece a fala no que talvez seja o texto mais belo dos vários que María Zambrano dedicou à escritura, e no qual a oralidade não é outra coisa que esse falar vazio e ruidoso, meramente comunicativo e, portanto, preso às circunstâncias e à premência da vida, no interior da qual emerge a necessidade de escrever. Porque o "falar" que nos interessa não é esse "falar" ao que María Zambrano se refere quando se pergunta: "Existindo um falar, por que o escrever?"[2]. Aí o falar não é um falar necessário, um dar-se da palavra na necessidade de falar, senão essa verborreia insubstancial e sempre excessiva que a escritura deve vir precisamente interromper e salvar. A escritura aí vem "salvar as palavras" da usura do tempo e da escravidão dos negócios dos homens. Como se tivéssemos perdido as palavras e a amizade das palavras no momento mesmo em que as convertemos em um instrumento de nossas necessidades mais vãs. E como se a escritura viesse salvar as palavras libertando-as, devolvendo-as a essa liberdade que lhes tiramos desde que as arrastamos conosco na caída, quer dizer, ao trabalho e à história, desde que as fizemos humanas, demasiado humanas. Para María Zambrano, escrever é primeiro um impor silêncio: calar as palavras da comunicação mais banal, a que responde às necessidades da vida mais banais, para buscar, em uma solidão silenciosa, o que não se pode dizer: "mas isto que não se pode dizer, é o que se tem que escrever"[3]. O primeiro gesto é calar o que se diz. O segundo, escrever em solidão o que não se pode

---

[2] ZAMBRANO. M. Por qué se escribe. In: *Hacia un saber sobre el alma.* Madrid: Alianza, 1987, p. 31.

[3] ZAMBRANO, M. Por qué se escribe.*Op. cit.*, p. 33.

dizer falando. E o terceiro, recuperar depois uma comunicação mais nobre que desperte também aos homens, pelo seu intermediário, a uma vida mais nobre. A escritura é, desse ponto de vista, um movimento fundamental na aspiração impossível à vida inteira e à palavra inteira ou, dito de outro modo, o lugar no qual se inscrevem como paixão a morte e o renascimento (a impossível salvação) dessa vida sempre revelada pela metade.

O que só se dá de ouvido

O que eu quero fazer aqui é inverter a pergunta *Por que se escreve*, e perguntar: existindo um escrever, por que falar? Ou, talvez, melhor: existindo um ler, por que escutar? Porque María Zambrano diz em algum lugar que ela é uma pessoa de ouvido e não de voz. E é verdade que, quando se refere à oralidade em suas reflexões sobre as formas do dar-se da palavra, geralmente privilegia a escuta, o ouvir. E também é verdade que María Zambrano escreve muito mais e muito melhor de suas experiências de ouvinte que de suas experiências de falante. A questão geral, então, seria por que falar, por que escutar? Por que às vezes a palavra tem de passar pela voz e pelo ouvido? A que necessidade essencial responde a oralidade? Que é o que passa pela oralidade que não passa, e não pode passar, pela escritura? Por que também são necessários os lugares da voz?

A aula como lugar da voz

Vou ler agora, reescrevendo, a passagem que se dedica às aulas universitárias no final da seção que abre *Claros del bosque*. As aulas aparecem aí como "lugares da voz onde se vai aprender de ouvido". E não deixa de ser significativo que essa seção inicial, essa seção na qual aparece o motivo do *Claro,* da clareira, como cifra do aberto e, em seguida, um conjunto de reflexões sobre o *Incipit Vita Nova* como cifra de todo renascimento, termine com palavras, sem dúvida algo mais que circunstanciais, sobre a sala de aula como um dos lugares da voz, como um dos lugares em que a palavra se diz de viva voz, e se recebe de ouvido, escutando atentamente.

O primeiro parágrafo diz assim:

> E se percorrem também as clareiras do bosque com uma certa analogia a como se percorreram as aulas. Como as clareiras, as aulas são lugares vazios dispostos a se irem enchendo sucessivamente, lugares da voz onde se vai aprender de ouvido, o que resulta ser mais imediato que o aprender pela letra escrita, a qual inevitavelmente há que se restituir sotaque e voz para que assim sintamos que nos está dirigida. Com a palavra escrita temos que ir a encontrar-nos a metade do caminho. E sempre conservará a objetividade e a fixação inanimada do que foi dito, do que já é por si e em si. Enquanto que de ouvido se recebe a palavra ou o gemido, o sussurrar que nos está destinado. A voz do destino se ouve muito mais do que a figura do destino se vê.[4]

O primeiro motivo do texto determina a palavra dita como uma palavra que vem a nosso encontro, que sentimos "que nos está dirigida". Como se ao ler tivéssemos que ir de algum modo ao encontro da palavra, que por isso "temos que ir a encontrar-nos (com ela) a metade do caminho", enquanto que, na escuta, a palavra, simplesmente, vem, nos vem. Por isso a palavra ouvida é a palavra "que nos está destinada". Não a palavra que nos constrói como destinatários, quer dizer, a que se propõe fazer alguma coisa conosco, nem tampouco a que nós buscamos desde nossas perguntas, ou desde nossas inquietudes, desde o que já queremos, em suma, mas aquela

---

[4] ZAMBRANO, María. Claros del bosque. *Op. cit.*, p. 16.

na qual ouvimos "a voz do destino". Uma palavra que não se busca, mas que vem, e que só se dá àquele que entra na aula distraidamente. Distraidamente, quer dizer, com uma atenção tensionada ao máximo, mas se mantendo como atenção pura, como uma tensão que não está normatizada pelo que sabemos, pelo que queremos, pelo que buscamos ou pelo que necessitamos. O ouvido fino, atento, delicado, aberto à escuta, o ouvido distraído, seria aqui uma cifra da disponibilidade.

O segundo motivo determina a palavra dita como uma palavra não fixa, mas fluida; uma palavra que não é "em si e por si", mas que devêm; uma palavra que não aparece na forma "do que foi dito", mas na forma do que se vem dizendo, do que se dizendo vem, talvez do ainda por dizer, e uma palavra, por último, que não é inanimada, mas que está animada, viva. Aqui María Zambrano retoma o motivo clássico da solidez inalterável e um tanto marmórea, pétrea e monumental, da palavra escrita diante da fluidez contextual, líquida ou gasosa, da palavra oral. E retoma também o motivo da letra morta, do corpo da letra como uma materialidade cadavérica, sem alma, que só o hálito da voz do leitor é capaz de reviver. Como se houvesse uma vida das palavras que só está na voz, no hálito da voz, na alma da voz.

O tom de voz

O terceiro motivo, muito mais interessante, indica, de passagem, como a palavra dita conserva algo de "o gemido, o sussurrar", algo que só se pode perceber de ouvido pela simples razão que não pertence ao sistema da língua. Existe algo na voz, parece sugerir o texto, que não está na língua ou, talvez melhor, que não está na letra. Detenhamo-nos nesse ponto.

Poderia ser que María Zambrano estivesse pensando na célebre passagem de Aristóteles, em *Sobre a interpretação*, no qual se diferencia a *phoné* animal do logos humano, essa

Ensaios pedagógicos – Aprender de ouvido

passagem na qual se diz que "o que está na voz constitui o símbolo dos pathemas ou dos padecimentos da alma, e o que está escrito, o símbolo do que está na voz". Nessa passagem, o que constitui o passo da voz (animal) ao logos (humano) ou, se se quer, da natureza à cultura, é precisamente a existência das letras, dos *grammata*, que articulam a voz e convertem o *logos* humano em uma linguagem articulada. Por isso, os gramáticos opunham a voz confusa dos animais à voz humana como uma voz articulada. E, por isso, quando se examina em que consiste que a voz humana seja articulada, constata-se em seguida que é precisamente o fato de que se possa escrever, quer dizer, que esteja constituída em letra. Portanto, existem elementos da voz, precisamente os que não se podem articular, o gemido, o sussurro, o balbucio, o soluço, talvez o riso, que não se podem escrever, que necessariamente se perdem na língua escrita, assim como se perdem também os elementos estritamente musicais, como o ritmo, o sotaque, a melodia, o tom.

Podemos ler agora essa sentença zambraniana que diz que "pensar é antes de tudo – como raiz, como ato – decifrar o que se sente" à luz dessa distinção aristotélica, segundo a qual o que está na voz é justamente o que se sente, o que padece, e o que está na escritura é o articulado da voz. A partir dessa relação, uma palavra pensante que contenha só o articulado da palavra, só o meramente inteligível, seria uma palavra sem voz, uma palavra afônica, e sua afonia estaria produzida pelo silenciamento do que na voz é símbolo dos padecimentos da alma, quer dizer, o tom. Por conseguinte uma palavra apática, ou antipática, uma palavra não passional, em suma seria o sintoma de um pensar também apático, cuja apatia só se poderia expressar em um tom sem tom, em um tom atonal ou monótono, no tom dogmático desse pensamento que recusa o padecer para limitar-se a compreender. María Zambrano nos estaria recordando, então, que um pensar passional, um pensar que seja "decifrar o que se sente", pôr em letra e em cifra os padecimentos da alma, exige uma palavra tonal, ou melhor, politonal, tem de ser capaz de se expressar com um amplo registro de tons todos os matizes "do que se sente". Uma palavra, em suma, que conserva sua dimensão musical-passional, esse diapasão que Aristóteles descobriu graças à vingança dos pitagóricos[5] e que é o que nos dá o tom da voz, a mudança de tom, o contraste entre os tons, tudo o que a palavra tem de voz, o que se perde ao tomá-la ao pé da letra, sem atender à música, sem atender ao tom, calando nela tudo o que não seja inteligível.

A descontinuidade da voz

O segundo parágrafo do nosso texto começa assim:

> E assim se corre pelas clareiras do bosque analogamente a como se discorre pelas aulas, de aula em aula,

---

[5] *Quando Aristóteles subiu às altas esferas, alguns pitagóricos se encontravam em sua borda esperando-o. Tinham-lhe ao seu arbítrio, mas, pessoas de doce condição, se limitaram a pôr uma lira entre suas mãos, lhe entregaram uns papéis de música e lhe deixaram só. Ele se pôs em seguida a estudar; e aproveitou. Mas tinha os dedos um pouco duros para tocar. Ao cabo de um momento, para não se aborrecer, entusiasmou-se nisso, lentamente. Mas ninguém vinha. Ninguém deles, porque ninguém tinha que vir. A chave de tudo estava na sentença de um pitagórico para o desconhecido: 'A música é a aritmética inconsciente dos números da alma'. E só quando Aristóteles – o assim chamado pela História – encontrasse, e não em teoria, mas fazendo-os soar, os números de sua própria alma, se levantaria dali. Ninguém lhe aguardava; ninguém tinha que vir levantar-lhe. Ele sozinho se levantaria ao escutar na música os números de sua alma. E assim foi. Mas, antes... Antes teve que padecer – entendimento em suspenso – muitas coisas, teve que passar por todas; pelo amor, pela loucura, pelo inferno. Pois a escala musical completa assim o diz: 'dia-paixão'... 'Dia-paixão'. Há que se passar por tudo para se encontrar os números da própria alma* (Tres delírios: la condena de Aristóteles em *Orígenes*, n.35. La Habana, 1954). Para o tema da música e do tempo em María Zambrano como dimensão esquecida pela filosofia e, talvez, de impossível tratamento filosófico por sua não redução ao meramente inteligível, esse texto delicioso deve ser lido junto a "La condenación aristotélica de los pitagóricos" em *Del hombre y lo divino*. Madrid: Siruela, 1991 (ed. original de 1955).

Ensaios pedagógicos – Aprender de ouvido

com avivada atenção que por instantes decai – certo é – e ainda desfalece, abrindo-se assim uma clareira na continuidade do pensamento que se escuta: a palavra perdida que nunca voltará, o sentido de um pensamento que partiu. E fica também em suspenso a palavra, o discurso que cessa quando mais se esperava, quando se estava à margem de toda sua compreensão. E não é possível ir para trás. Descontinuidade irremediável do saber de ouvido, imagem fiel do viver mesmo, do próprio pensamento, da descontínua atenção, do inconcluso de todo sentir e aperceber-se, e ainda mais de toda ação. E do tempo mesmo que transcorre a saltos, deixando buracos de atemporalidade em avalanches que se extinguem, em instantes como centelhas de um incêndio distante. E do que chega falta o que ia chegar, e disso que chegou, o que sem se poder evitar se perde.[6]

O motivo central do fragmento é o da "clareira" que abre a palavra que se recebe de ouvido. Em primeiro lugar, a oralidade é o lugar da fugacidade da palavra: a palavra que se ouve é a palavra perdida que nunca voltará, a que chegou e se foi e a que, sem se poder evitar, se perde. Ao escutar existe algo que sempre fica para trás, e é impossível ir para trás para recuperá-lo. Em segundo lugar, a oralidade é o lugar da suspensão da palavra: assim a voz constitui um discurso ou um discorrer que cessa sem que se haja chegado a algum termo, sempre na borda de algo que nunca chega, sempre na imanência de uma revelação que não se produz, sempre inconcluso, deixando sempre uma falta, um desejo. Se ao escutar há algo que sempre fica para trás, também há algo que fica adiante e que fica também ouvido pela metade, como apontado ou anunciado em um brusco interromper-se da palavra dita. Por isso, a oralidade é a forma da palavra sempre ouvida pela metade, da palavra, em suma, que se dá em seu passar e que, portanto, permanece inapropriável.

---

[6] ZAMBRANO, M. Claros del bosque. *Op. cit.*, p. 17.

O motivo da fugacidade da voz ante a permanência da letra também é clássico. Mas María Zambrano o faz soar de forma peculiar. Enquanto a letra é perdurável porque está inscrita no espaço[7], a voz é fugaz porque se desdobra no tempo. Como também se desdobra no tempo a vida e tudo o que está vivo: o pensamento, a atenção, a percepção, o sentir, o atuar. Mas María Zambrano insiste, sobretudo, na descontinuidade do temporal. E é aí, nessa fugacidade e nessa descontinuidade, como "palavra no tempo", segundo a feliz expressão de Antonio Machado, que a voz pode aparentar-se com a música. A voz não só nos dá o tom passional ou afetivo do pensamento, o que daria sua relação com o sentir, com os padecimentos ou os afetos da alma, mas também seu tempo, seu ritmo, e um ritmo que seria ademais polirrítmico como polirrítmica é a vida e tudo o que lhe pertence. E assim, enquanto na palavra escrita o encadeamento das palavras, sua continuidade, faz-se por meio da lógica do conceito, ou do

---

[7] O motivo da perdurabilidade da letra, ainda latente no texto juvenil *Por qué se escribe,* aparece enormemente matizado em obras posteriores sobre a escritura. Assim, por exemplo, em *Claros del bosque,* as letras aparecem metaforizadas como pedras (letras na terra) ou como estrelas (letras no céu). Seriam então letras mudas. Além do mais o destino das pedras é se fazer pó e o das estrelas apagar-se. Reescreveremos o texto, deixando sem comentar, para que o leitor o faça ressoar com o motivo da fugacidade da voz que estamos aqui desdobrando: *"E não poderiam ser estas pedras, cada uma ou todas, algo assim como letras? Fantasmas, seres em suma que permanecem talvez condenados, talvez somente mudos a espera de que lhes chegue a hora de tomar figura e voz. Porque estas pedras não escritas ao que parece, que ninguém sabe, em suma, se estão pelo ar, pelo amanhecer, pelas estrelas, estão aparentadas com as palavras que no meio da história escrita aparecem e se apagam, se vão e voltam por muito bem escritas que estejam; as palavras sem condenar da revelação, as que pelo hálito do homem despertam com vida e sentido. As palavras de verdade e em verdade não ficam sem mais, se acendem e se apagam, se fazem pó e logo aparecem intactas: revelação, poesia, metafísica, ou elas simplesmente, elas. 'Letras de luz, mistérios acesos', canta das estrelas Francisco de Quevedo. 'Letras de luz, mistérios acesos', profecias como todo o revelado que se dá ou se deu a ver, por um instante não mais haja sido".* Op. cit., p. 92.

argumento, na palavra oral a conexão se faz por ressonâncias, por variações melódicas ou por alterações rítmicas.

O sulco no ar

> E o que apenas entrevisto ou pressentido vai se esconder sem que se saiba onde, nem se alguma vez voltará; esse sulco apenas aberto no ar, essa tremura de algumas folhas, a flecha desapercebida que deixa, no entanto, a marca de sua verdade na ferida que abre, a sombra do animal que foge, cervo talvez também ele ferido, a chaga de tudo isso fica na clareira do bosque. E o silêncio. Tudo isso não conduz à pergunta clássica que abre o filosofar, à pergunta pelo 'ser das coisas' ou pelo 'ser', apenas ele, mas irremediavelmente faz surgir do fundo dessa ferida que se abre para dentro, para dentro do ser mesmo, não uma pergunta, mas um clamor despertado por aquilo invisível que passa só roçando. 'Onde te escondeste?...' Às clareiras do bosque não se vai, como em verdade tampouco vai às aulas o bom estudante, a perguntar[8].

Ao final do parágrafo aparece o motivo central do texto e, sem dúvida, o que está apresentado com maior força metafórica. A voz, como a música, como o bater asas dos pássaros, como a fuga entrevista dos animais ou como o assobio de uma flecha, deixa em seu passar uma vibração, uma marca sonora, "um sulco apenas aberto no ar". Assim, se a escritura é como um abrir sulcos na terra (a palavra "verso" significa "sulco" em latim e, como se sabe, a palavra "página" deriva desse "pagus" que se refere ao campo e do qual também vem "paisagem"), a oralidade é como um abrir sulcos no ar. Sempre a palavra como esse "traço abridor" do qual falava Heidegger, mas um traço sonoro neste caso, e um traço vivo posto que viva é a palavra dita de viva voz.

---

[8] ZAMBRANO, M. *Claros del bosque. Op. cit.*, p. 17.

Por essa razão, esses traços, essas marcas, esses sulcos no ar convertem-se em seguida em feridas abertas. O único que fica na clareira da voz, na aula, em qualquer dos lugares da voz, é uma "ferida que se abre para dentro", "e o silêncio". Portanto, os dons da voz, o que se dá na voz, são o ressoar de duas formas de silêncio. O silêncio da clareira, conservando ainda o ressoar da palavra que o sulcou, e o silêncio interior, doído, aberto na alma por essa palavra. Não será essa ferida, esse silêncio interior, o sulco de onde se vai vir depositar a palavra concebida, a palavra fecunda, a palavra seminal, a palavra semente? Em qualquer caso, a palavra recebida faz um vazio vivo e, por isso, criador, fecundo. No cheio do saber, não pode brotar nada. Como tampouco nada pode brotar realmente novo no vazio que se abre a partir de um buscar, de um querer ou de um perguntar. A fecundidade zambraniana não nasce da vontade, mas sim da passividade, da paixão, da paciência, da abertura e da disponibilidade em suma. Por isso, escutar é se deixar dizer algo que não se busca e que não se quer, algo que definitivamente não depende de nossas perguntas.

A aula se abre como clareira. E a clareira não é o lugar da busca. Portanto, se nada se busca, a clareira pode dar o mais imprevisível, o mais ilimitado. O único que dá a clareira, a aula, ao que entra distraidamente é o nada, o vazio. Por conseguinte a clareira, a aula, não é um lugar de transmissão, mas de iniciação, de iniciação ao vazio. Mas a um vazio que é abertura e que, por isso, se abre para dentro, um vazio que se há que fazer em si mesmo, interrompendo o sempre demasiado cheio de saber e detendo o sempre demasiado ansioso do buscar. A clareira, a aula, dá-nos a voz. Mas uma voz que não se entende como uma série concreta de "ditos" ou de enunciados linguísticos mais ou menos interessantes, mais ou menos inteligíveis, mais ou menos apropriáveis, senão como o ter-lugar próprio da voz, o acontecimento da voz.

O que dá a clareira, a aula, o que necessariamente se aprende de ouvido, não é outra coisa que o que a voz tem de não linguagem, de tom e de ritmo, e o que a voz tem também de umbral entre o que se ouve e o que não se ouve, entre o que vem e se vai, entre o que se põe e o que se anuncia.

Modelando o silêncio

Vamos dar a ler, reescrevendo-o agora sem comentários, a epígrafe que se intitula "A palavra do bosque". Porque se "se corre pelas clareiras do bosque analogamente a como se discorre pelas aulas", talvez as palavras do bosque tenham também algum parentesco com as palavras que se dão de ouvido aos que entram distraídos aos lugares da voz.

Da clareira, ou de percorrer a série de clareiras que vão se abrindo em ocasiões e se fechando em outras, trazem-se algumas palavras furtivas e indeléveis ao par, inascíveis, que podem de momento reaparecer como um núcleo que pede para desenvolver-se, ainda que seja levemente; completar-se mais bem, é o que parecem pedir e ao que levam. Palavras, um bater asas do sentido, um balbucio também, ou uma palavra que fica suspendida como chave a decifrar; uma só que estava aí guardada e que se deu ao que chega distraído ela própria. Uma palavra de verdade que pelo mesmo não pode ser inteiramente entendida nem esquecida. Uma palavra para ser consumida sem que se desgaste. E que se parte para cima não se perde de vista, e se foge ao confim do horizonte não se desvanece nem se encharca. E que se descende até esconder-se entre a terra segue aí pulsando, como semente. Pois fixa, quieta, não fica, que se assim ficasse, ficaria muda. Não é palavra que se agite no que diz, diz com o seu bater de asas e tudo o que tem asa, asas, se vai, ainda que não para sempre, que pode voltar da mesma maneira ou de outra, sem deixar de ser a mesma. O que vem a suceder segundo o modo da situação de quem a recebe, segundo sua necessidade e sua possibilidade de atendê-la: se está em situação de poder somente percebê-la, ou se em disposição de sustentá-la, e se, mais felizmente, tem poder de aceitá-la plenamente, e de deixar assim, dentro de si, e que ali, a seu modo, ao da palavra, se vá fazendo indefinidamente, atravessando durações sem número, abrigada no silêncio, apagada. E dela sai, de seu silencioso palpitar, a música inesperada, pela qual a reconhecemos; lamento às vezes, chamada, a música inicial do indizível que não poderá nunca, aqui, ser dada em palavra. Mas sim com ela, a música inicial que se desvanece quando a palavra aparece ou reaparece, e que fica no ar, como seu silêncio, modelando seu silêncio, sustentando-o sobre um abismo.[9]

---

[9] ZAMBRANO, M. *Claros del bosque. Op. cit.*, p. 85-86.

ENSAIOS PEDAGÓGICOS

Ler sem saber ler

Lecteur (mais le suis-je?)

M. Blanchot

Sabemos que Maurice Blanchot frequentava o apartamento da Rue Saint-Benoît, onde, segundo contam, Marguerite Duras costumava preparar para ele um "steak grillé". Sabemos da intensidade da relação de Blanchot com dois dos homens mais importantes na vida (e na escrita) de Duras: Robert Antelme e Dionys Mascolo. Sabemos que Blanchot e Duras compartilharam algumas aventuras políticas, alguns amigos e muitas leituras. Sabemos da casa de Neauphle, onde Duras descobriu a intimidade entre escritura e solidão, e da casa de Eze, onde, quase ao mesmo tempo, Blanchot escreveu seus primeiros relatos e teve essa experiência essencial do escritor com a qual se abre *L'espace littéraire*. Sabemos de seus mútuos e às vezes apaixonados elogios. Sabemos que ambos levaram a experiência da literatura ao extremo de suas obras, a esse lugar onde se abre o silêncio, e ao extremo de suas vidas, ali onde se percebe a presença da morte. Sabemos que na escritura de Blanchot há numerosos traços de suas leituras de Duras: a julgar pelos ensaios que escreveu sobre algumas de suas obras, parece que lhe fascinava sobretudo essa comunidade no abandono que compõe os personagens durasianos, essa relação impessoal, neutra, profundamente solitária, feita de distâncias infinitas, de silêncios sem consolo. Sabemos que na escritura de Duras há rastros de Blanchot não sempre completamente apagados: a personagem de Stein en *Détruire, dit-elle,* a dedicatória e talvez algumas das vozes de *Abahn Sabana David.* Sabemos de sua comum aprendizagem do judaísmo em que ambos veem a preservação da distância na relação com o outro e com o desconhecido. Sabemos da guerra, da insônia, do álcool, da doença. Sabemos de encontros e desencontros. Sabemos que os estudiosos da obra de Duras utilizam frequentemente Blanchot como chave de leitura, e não só pelos textos que este lhe dedica explicitamente.

Para nós, leitores de Duras, é impossível não ouvir palavras de Blanchot soando nas margens e configurando, desde aí, o modo como se nos dão a ler. E como leitores de Blanchot não podemos deixar de perceber um murmúrio durasiano entre suas linhas. Às vezes é uma questão de ritmo, às vezes o tratamento do diálogo, às vezes, como sucede entre *La maladie de la mort* e *L'attente l'oubli,* uma correspondência de situações narrativas, às vezes a presença reiterada de alguns motivos, às vezes a aparição de uma voz que parece não vir de nenhum lugar e que sustenta o lugar da ausência, da perda e da desaparição. Sendo a escritura atividade essencialmente solitária, Blanchot nunca ocultou a relação sem relação que situa a sua junto à de seus amigos, entre eles, Marguerite Duras, talvez o nó neutro e invisível dessa comunidade sem comunidade "cuja evidência – a realidade última – não está nunca melhor afirmada que na eminência de sua desaparição"[1], e cujos livros "tinha amado tão perfeitamente que me faltava o poder de ir

---

[1] BLANCHOT, M. *La communauté inavouable.* Paris: Minuit, 1983, p. 88.

mais além"[2]. E Duras por sua vez, que não renunciava a vampirizar literariamente as pessoas que a impressionavam (entre elas, Maurice Blanchot: "a loucura dá voltas ao seu redor. A loucura também é a morte"[3]), costumava dizer, transformando essa nobre expressão tão francesa do *maître à penser*, que Bataille e Blanchot são talvez os dois únicos *écrivans à écrire* deste século.

Mais além do que Duras e Blanchot sejam muito mais que contemporâneos, entre suas respectivas escrituras podem escutar-se numerosas ressonâncias. Uma dessas ressonâncias, a que se pode ler entre a experiência da leitura que Blanchot constrói em *L'espace littéraire* e a figura do leitor que Duras desenha em *La pluie d'été*, é a que vou tentar dar a ler aqui a reescrevendo, propondo uma travessia "entre" os textos e procurando que essa oscilação faça soar as diferenças sem neutralizá-las. Por exemplo: "o que mais ameaça a leitura: a realidade do leitor, sua personalidade, sua imodéstia, sua maneira encarniçada de querer seguir sendo ele mesmo frente ao que lê, de querer ser um homem que sabe ler em geral"[4]. Para que a leitura seja possível, para liberar a leitura de tudo o que a ameaça, há que se suprimir o leitor. Então, suprimindo o leitor ou, ao menos, esse leitor pessoal, determinado e mundano que tem como próprias uma história,

---

[2] La maladie de la mort (étique et amour) em *Le nouveau commerce*, n.55, Printemps, 1983, p. 31. Esse texto foi reunido com leves modificações em *La communauté inavouable. Op. cit.*, p. 58-77. Curiosamente na nova versão desapareceu essa declaração pessoal de amor à obra durasiana.

[3] DURAS, M. *Escribir*. Barcelona: Tusquets, 1994, p. 47.

[4] BLANCHOT, M. *El espacio literário*. Barcelona: Paidós, 1992, p. 187. As considerações sobre a leitura que atravessam a obra de Blanchot e, naturalmente, as de *L'espace littéraire* representam apenas uma de suas múltiplas modalidades. Um exercício próximo ao que estou fazendo aqui, conectando a figura do leitor de *L'espace littéraire* com um personagem literário, concretamente com *Le dernier homme* do próprio Blanchot (Paris: Gallimard, 1957), pode ler-se em Frey, H. J. The Last man and

uma cultura, certos interesses, ideias, gostos, expectativas, preocupações, quem lê? Quem seria esse leitor sem realidade, sem personalidade, sem presença, disposto a abandonar-se na leitura, lendo sem saber ler? Ernesto talvez? "Ernesto dizia que era verdade, que não sabia como tinha podido ler sem saber ler. Inclusive a ele lhe preocupava um pouco a coisa"[5]. Mas o que é isso, ler sem saber ler? Ou, em outras palavras, quem é Ernesto? Ernesto é uma criança de idade indefinida e nem sua própria mãe está segura de seu nome. Ernesto lê (sem saber ler) um livro queimado. Ernesto permanece junto a seus pais e seus irmãos em uma passividade embotada pelo álcool, indiferente ao mundo e inundada de uma felicidade incompreensível. Ernesto abandona a escola porque ali lhe ensinam coisas que não sabe e, na sequência, empreende uma viagem na qual põe em jogo uma sorte de inteligência errante e fragmentária com a qual incorpora todo o saber e, ao mesmo tempo, sua anulação: finalmente compreende o incompreensível de todas as coisas. Ernesto vive na proximidade ígnea de um amor incestuoso cujo destino é estritamente blanchotiano: cumprir-se na própria impossibilidade de sua realização. Ernesto se vai de casa para sempre para não ser ninguém, para não querer nada, talvez para morrer, talvez para dedicar-se como cientista a uma busca indiferente e sem riscos. Ernesto, a criança, aparentada com outras figuras durasianas como o judeu, o louco, ou a mendiga, encarna também essa figura nômade, incansável e sem objetivo cujo itinerário não está estruturado pela possessão, mas pelo desejo; não pelo saber intelectual da separação, mas pela confusão corporal com o objeto; não pela vontade, mas pela paixão; não pela identidade, mas pela dissipação.

---

[5] DURAS, M.. *La lluvia de verano*. Madrid: Alianza, 1990, p. 16. A figura de Ernesto aparece pela primeira vez em um livro para crianças: *Ah! Ernesto*. Paris: Harlin Quist, 1971. Em 1985 reaparece como protagonista de um filme *Les enfants* do cual do qual *La pluie d'été* é uma tradução literária.

A abolição do leitor

O modo como Blanchot aborda a experiência da leitura forma parte de um encarniçado trabalho de despojamento. Na estela que vai do primeiro romantismo a Mallarmé, trata-se de esvaziar o espaço literário até converter-se em absoluto. Liberado do autor que lhe daria o sentido, do mundo que seria sua matéria, da mensagem que seria seu conteúdo, da cultura que determinaria sua perfeição e seus valores, e inclusive da história... só resta eliminar também ao leitor para que sua nudez seja completa. Ou melhor, só resta que a palavra literária se dê a ler para que, na leitura, seu ser se afirme sem autor, sem referente, sem conteúdo, sem valor e fora do tempo. Para que a leitura seja possível em sua máxima pureza e culmine assim nesse despojamento, é necessário que desapareça completamente esse leitor arrogante, educado, desenvolto e soberano que apenas há duzentos anos constituía o ser mesmo da literatura por meio de um saber capaz de utilizar, gozar e valorizar os tesouros das Belas Letras.

No século XVIII, a literatura se confundia com esse saber que permitia a apreciação das obras: o verdadeiro "literato" era o leitor, o homem das letras. No *Dicionário Filosófico*, e depois de lamentar a vagueza e a indeterminação da palavra "literatura", Voltaire a utiliza para designar "um conhecimento das obras do gosto, uma pátina de história, de poesia, de eloquência e de crítica"[6]. Quase ao mesmo tempo, e num movimento que vai convulsionar esse universo bem ordenado de eruditos e *amateurs*, o romantismo vai dar todos os direitos ao criador e, fazendo ao leitor indistinguível, vai fazer explodir todas as regras do gosto e vai dobrar a literatura sobre si mesma: a concepção schlege-

---

[6] Citado por Rancière, J. *La parole muette*. Paris: Hachette, 1998, p. 9.

liana da leitura como "poema do poema" e a afirmação de Novalis de "uma linguagem que só se ocupa de si mesma" são signos maiores desse deslocamento[7].

Finalmente Mallarmé leva a literatura a uma intransitividade radical e acaba expulsando o que ainda podia restar desse leitor mundano que fazia de seu "saber ler" o princípio da apropriação mundana dos textos. A parte "negativa" da experiência da leitura, o que a leitura não é, tal como aparece formulado em *L'espace littéraire* é talvez uma tradução levada a suas últimas consequências – uma reescritura deslocada e levada ao extremo – do *dictum* de Mallarmé tantas vezes citado por Blanchot:

> Impersonificado, o volume, enquanto alguém se separa como autor, não reclama a proximidade do leitor. De tal modo, saiba, que entre os acessórios humanos, existe apenas: feito, sendo.

Blanchot insiste: ler não é compreender, não é conversar, não é avaliar nem julgar; o leitor não precisa de nenhuma capacidade especial, nenhum dom, nenhum saber, nenhuma potência; o leitor é anônimo, insignificante, transparente, intercambiável; a leitura não é atividade, não é trabalho, não é produção; não faz nada, não acrescenta nada, não aporta nada; tira o leitor do mundo e, portanto, não tem nada a ver com a relação entre o texto e o mundo: nem com a verdade, nem com a bondade, nem com a beleza, nem sequer com a utilidade ou com esse adorno inútil que nós chamamos cultura; não remete a nada exterior, não serve para nada, não conecta com nada, não comunica com nada; não tem antecedentes nem consequências; não serve para a instrução nem para o autoconhecimento, nem para a formação; não tem a forma do consolo nem da diversão; nela não está presente a biblioteca universal nem a comunidade real ou ideal dos

---

[7] Ver LACOUE-LABARTHE, Ph. E Nancy, J.L. *L'absolu littéraire. Théorie de la literature du romantisme allemand.* Paris: Seuil, 1978.

leitores: nada de intertextualidade nem de intersubjetividade, posto que na leitura tanto o livro como o leitor são únicos; a leitura está fora do tempo e cada leitura é como a primeira leitura; é distraída, irresponsável, leve, inocente; dir-se-ia até que o leitor é supérfluo e desnecessário.

Blanchot é radical em suas negações: o leitor não é ninguém e a leitura não é nada; a leitura não se realiza fora de si mesma, nem no leitor, nem no mundo, nem na história; e se apesar de tudo essa leitura exterior se realiza todos os dias e "se coloca a serviço do leitor, participa no diálogo público, expressa, refuta o que se diz em geral, consola, diverte, aborrece [...], já não é seguramente a obra o que se lê, são os pensamentos de todos que voltam a ser pensados, os hábitos comuns que se tornam mais habituais, o vaivém cotidiano que segue tecendo a trama dos dias: movimento muito importante em si mesmo que não convém desacreditar, mas no que não estão presentes nem a obra de arte nem a leitura"[8].

O livro queimado

> Era um livro muito grosso encadernado em couro negro: tinha uma queimadura de capa a capa feita vá se saber por que artefato, algum de aterradora potência, algo assim como um soldador ou uma barra de ferro em vermelho. O buraco da queimadura era completamente redondo. Ao redor, o livro estava como antes que o queimassem e como se se houvesse podido ler a parte das páginas que o rodeava.[9]

O livro aparece em um espaço desolado, em Vitry, um subúrbio de Paris, sob escombros, em uma construção abandonada. Sua aparição não é luminosa, mas obscura, negra inclusive, e não é feliz mas dolorosa, como se tivesse

---

[8] BLANCHOT, M. *El espacio literario. Op. cit.*, p. 194.
[9] DURAS, M. *La lluvia de verano. Op. cit.*, p. 12.

alguma coisa de exumação, alguma coisa de luto. O livro impressiona por sua solidão, por seu abandono, pela violência e pela crueldade com que foi martirizado, pela marca do fogo, talvez porque remeta a essa misteriosa proximidade, tão profunda em nossa cultura – e tão brutalmente expressada nos campos de extermínio –, entre o livro e o fogo, o livro e a tumba, o livro e o martírio.

Sem dúvida, trata-se de um livro sagrado e, como tal, ao mesmo tempo vazio e infinito. Não tanto porque fala de um rei judeu, não tanto porque alude ao *Eclesiastes*, o livro ao qual Duras sempre voltava, não tanto porque vai lançar a Ernesto à errância e ao exílio, topologias blanchotianas da relação hebraica com o livro, não tanto porque, como a palavra profética de *Le livre à venir*, vai desconjuntar o deserto de Vitry desfazendo-o como lugar e fazendo-o ainda mais desértico, não tanto porque leva a marca da dor, da tortura e da morte, mas porque condensa tudo isso em seu centro esburacado, queimado, atravessado pelo fogo. É impossível não fazer ressoar esse oco do livro com a palavra-ausência ou a palavra-buraco de *Le ravissement de Lol V. Stein*, essa palavra "perfurada em seu centro por um buraco, um buraco em que todas as outras palavras teriam sido enterradas"[10]; ou com esse centro "cujo nome é um buraco" do qual fala Derrida a propósito de Jabès[11]; ou com o livro queimado de Rabbi Nahman de Brasla, ao que Blanchot se refere em relação à infância e a essa cumplicidade entre escritura e desaparição, entre inscrição e apagamento, em um de seus ensaios sobre L-R des Fôrets[12].

Dir-se-ia que o livro aparece em uma exumação, como quando se encontra um cadáver que tivesse sido enterrado a meio queimar: os irmãos de Ernesto choram ao descobrir

---

[10] DURAS, M. *El arrebato de Lol V. Stein*. Barcelona: Tusquets, 1997, p. 40.

[11] DERRIDA, J. *L'écriture et la différence*. Paris: Seuil, 1967, p. 433.

[12] *Une voix venue dàilleurs*. Plombières-les-Dijon, Ulysse Fin de siècle, 1992, p. 35. Sobre o livro queimado de Naham de Braslav, ver OUAKNIN, M. A. *Le livre brûlé*. Paris: Lieu Commun, 1986.

o livro e Ernesto, ao vê-lo, entra em um silêncio que dura dias enquanto o vela na construção. Durante esse luto intenso que começa a transtorná-lo, Ernesto quisera que o destino do livro penetrasse em sua cabeça e em seu corpo "até que ele pudesse subir à parte desconhecida da vida em sua totalidade"[13].

E durante o luto, a leitura: a chamada e o milagre da leitura que tem alguma coisa desse *Lazare, veni foras* no qual Blanchot situa a impossível possibilidade do retorno à vida da obra na dissolução da lápide mortuária do livro. A metáfora da morte e da ressurreição, da vida póstuma, ou da vida depois da vida é comum em relação à leitura como se a letra encarnasse o espírito e o mantivesse animado até que o leitor lhe desse, em cada leitura, uma nova vida em seu próprio interior. Mas Blanchot insiste em que a leitura não tem a ver com a revivificação de um sentido que se faria presente no momento em que a pedra que sela o sepulcro se abre ou se faz transparente, senão que ao abrir-se o livro "somente se abre o que está mais bem fechado; somente é transparente o que pertence à maior opacidade; somente se deixa admitir na leveza de um Si livre e feliz o que se tem suportado como o aplastamento de um nada sem consistência"[14]. Não se trata de uma mera inversão na qual a leitura se pensasse recorrendo ao contrário o movimento tradicional que a entende como o passo do morto ao vivo, do ausente ao presente, do desconhecido ao conhecido ou do não ao sentido, mas que se mantém nessa oscilação na qual cada palavra está posta como a distância de si mesma e remete por isso ao seu próprio vazio: ao mesmo tempo presente e ausente, conhecida e desconhecida, transparente e opaca, aberta e fechada, legível e ilegível.

Um livro que não estivesse esburacado seria simplesmente legível e, portanto, não dissimularia uma obra sempre

---

[13] DURAS, M. *La lluvia de verano. Op. cit.*, p. 14.
[14] BLANCHOT, M. *El espacio literario. Op. cit.*, p. 183.

inalcançável, sempre porvir. O leitor "quer ler aquilo que no entanto não está escrito"[15]. Talvez por isso o buraco, que é a marca da violência e do sofrimento na escritura, mas também a marca do lugar vazio do sentido ou da alteridade constitutiva da linguagem, é acolhido tão serenamente na leitura-luto de Ernesto. Ernesto não tenta encher o oco do livro queimado, nem tampouco descarta a parte que se pode ler por considerá-la incompleta e portanto ilegível. Na leitura, o luto pelo centro inexistente deve converter-se na afirmação de suas possibilidades, em sua dupla abertura ao começo e ao porvir. Na leitura o lugar queimado está também aí como esse centro ilocalizável que imanta a todas as demais palavras e lhes dá o que tem de jogo, de promessa e de infinito. Quando Ernesto transforma o luto pelo centro desaparecido na leitura de sua dispersão possível, o livro queimado se converte justamente no livro no qual se lê sem saber ler.

Ler sem saber ler

> Dizia que o havia tentado do seguinte modo: tinha dado a determinado desenho de palavra, de forma totalmente arbitrária, um primeiro sentido, à palavra que vinha logo detrás havia dado outro sentido, mas em função do primeiro sentido do qual havia dotado a primeira palavra, e assim sucessivamente até que toda a frase quisesse dizer algo sensato. Assim era como tinha entendido que a leitura era uma espécie de desenvolvimento contínuo dentro do próprio corpo, de uma história que alguém inventava.[16]

A leitura estende o vazio que constitui o centro inacessível do livro e o dispersa, levando-o à máxima exterioridade. O livro queimado não é compreensível por nenhum código que lhe preexista, mas isso não significa que não dê nada a

---

[15] BLANCHOT, M. *El espaio literario. Op. cit.*, p. 183.
[16] DURAS, M. *La lluvia de verano. Op. cit.*, p. 15.

ler. Ernesto pratica uma arte adivinhatória e trata o texto como um criptograma, cuja chave não conhece mas inventa. Ernesto não possui nenhum código de deciframento, simplesmente porque aceita de forma incondicional essa característica da palavra literária que consiste em que "inscreve nela mesma seu princípio de deciframento"[17]. Justamente porque a palavra literária suspende todo código exterior a ela mesma, o sentido se produz como arbitrário e vertiginoso. Quando Ernesto tenta explicar o que lhe aconteceu com o livro queimado, diz:

> com esse livro... precisamente... é como se o conhecimento mudasse de rosto... Enquanto alguém entra nessa espécie de luz do livro... vive deslumbrado... resulta difícil de dizer... Aqui as palavras não mudam de forma, mas de sentido..., de função... Já não têm sentido próprio, sabe? Remetem a outras palavras que não se reconhece, que nunca se leu nem ouviu... cuja forma não se viu nunca, mas das quais se sente... suspeita... o lugar vazio em um próprio alguém... ou no universo... não sei.[18]

Visto que as palavras não têm sentido próprio, Ernesto permite que essa linguagem que não lhe pertence lhe diga palavras que não reconhece e que, no entanto, abrem um lugar vazio nele mesmo e no universo.

Ernesto lê com uma mescla de atenção e de distração, interrompido por longas ausências, em uma intensa escuta e em uma desconcentração extrema, abandonando-se na leitura, sem tratar de apropriar-se do que lê, mas entrando na luz do livro. Também para Blanchot a proximidade da obra é luz, mas não uma luz doadora de ser e de sentido, como em Heidegger, senão uma "luz negra, noite que vem de baixo,

---

[17] A expressão é de M. Foucault, La folie, l'absense d'ouvre. In: *La table ronde*, n. 196, p. 16.
[18] DURAS, M. *La lluvia de verano. Op. cit.*, p. 93.

luz que desfaz o mundo"[19]. Por isso a leitura não é experiência de plenitude, mas de vazio, e o que Ernesto acolhe no deslumbramento são as palavras de uma língua que não conhece.

Talvez aprendeu a ler assim, sem se dar conta, articulando o vazio do corpo com a textura insignificante da língua, deixando-se levar por essa língua desconhecida, das cantorias de sua mãe, dessas embriaguezes "que umedecem o interior da voz, e que fazem com que as palavras saiam do seu corpo sem que, às vezes, ela se dê conta, como se a visitasse a lembrança de uma língua abandonada"[20] e cujo efeito em Ernesto lembra tanto a voz das sereias, essa "voz que 'canta sem palavras' e que deixa ouvir tão pouco [...], da qual toda sedução consiste no vazio que abre, na imobilidade fascinante que provoca naqueles que a escutam"[21].

O abandono da escola

Ernesto nunca tinha ido à escola porque seus pais tinham esquecido-se de mandá-lo. Mas depois da história com o livro, Ernesto passou ali dez dias, em silêncio, escutando o professor muito atentamente. E na manhã do décimo dia se levantou, saiu da aula, voltou para casa e disse a sua mãe essa frase enigmática: "Mamãe, te diria, mamãe... mamãe, não vou voltar ao colégio, porque no colégio me ensinam coisas que não sei"[22].

Depois de ler (sem saber ler) o livro queimado, Ernesto sente uma ânsia voraz de conhecimento. Mas, para que seu itinerário de formação seja possível, deverá negar primeiro a aprendizagem entendida como aquisição intelectual e individual de um conteúdo qualquer. A "leitura" do saber a qual

---

[19] LÉVINAS, E. *Sur Maurice Blanchot*. Paris: Fata Morgana, 1975, p. 23. Como se sabe, *L'espace littéraire* está atravessado por uma oscilação não dialética entre a luz e a escuridão, o dia e a noite.

[20] DURAS, M. *La lluvia de verano. Op. cit.*, p. 24.

[21] FOUCAULT, M. *El pensamiento del afuera.* Valencia: Pretextos, 1988, p. 62.

[22] DURAS, M. *La lluvia de verano. Op. cit.*, p. 20.

Ernesto se entrega não passa pela possessão, senão pelo desejo, não se dirige a nada que possa ser assimilado ou retido, mas que se conserva em um impulso que não se fixa em nenhuma captação concreta. Ernesto não quer aprender as coisas que não sabe. Ernesto rechaça a aprendizagem de conhecimentos particulares, como se quisesse conservar essa inteligência sem limites nem contornos, essa passividade essencial que lhe permite incorporar o incompreensível. Ernesto quer conservar a infância e essa porosidade sem determinação que vai permitir-lhe aprender de outro modo: permanecendo no exterior dos lugares do saber, passeando pelas portas e pelos corredores dos institutos e das universidades, grudando a orelha nas paredes das aulas, errando sempre pelos espaços intermediários, ali onde o conhecimento ressoa com a vida e se encontra com o desconhecido, com uma curiosidade insaciável que não é ativa mas receptiva, passional, Ernesto aprenderá sem resistência tudo o que se pode saber e, sobretudo, a inexistência de Deus, o abandono comum dos homens e a falta de valor de todas as coisas, a sabedoria última do rei David que já havia lido na escritura indecifrável e, no entanto, tão clara do livro queimado: que tudo é vaidade, vaidade de vaidades, e perseguir ventos, que o que está torto não se pode endireitar, e que o que falta não se pode contar.

No final de sua aprendizagem, Ernesto captou a totalidade do sentido e, ao mesmo tempo, sua ausência. Sabe tudo e sabe também que esse tudo do qual se pode saber tudo não é nada. Experimentou esse "desastre que arruína tudo deixando tudo como estava"[23]. Por isso poderia dizer: "tudo o que se pode saber quando não se sabe nada, eu sei"[24], ou como em um eco, tudo o que se pode ignorar quando não se ignora nada, eu ignoro. Ou, em outro eco que sem dúvida não são alheios aos paradoxos interruptores e hipnóticos da escritura de Blanchot: "tudo o que se pode

---

[23] BLANCHOT, M. *L'écriture du désastre*. Paris: Gallimard, 1980, p. 7.
[24] DURAS, M. *La douleur*. Paris: POL, 1985, p.14.

ler quando não se lê nada, eu leio... tudo o que não se pode ler quando se leu tudo, eu leio".

A pergunta, no entanto, segue aberta: quem é esse eu que lê o que não se pode ler, e que não lê nada lendo tudo?

"Lecteur (mais le suis-je?)"

Quem é Blanchot-leitor? Quem é esse leitor tão inseguro ou tão ausente de si mesmo que se põe entre parênteses para se perguntar se ele – Blanchot – o leitor que assina Blanchot o é?

Blanchot, em sua obra crítica, é sem dúvida um leitor gigantesco e um mestre de leitura exigente e cativante: "sobre a extensão da Biblioteca contemporânea, M. Blanchot exerceu um magistério induvidável"[25]. Não só estabeleceu os textos canônicos dessa Biblioteca, mas abriu um modo de leitura que, interrogando uma e outra vez a profundidade sem fundo da palavra literária e as impossíveis condições de possibilidade da experiência da escritura, marcou todas essas formas de ler que fizeram explodir o que ainda restava da velha hermenêutica: a acumulação, o sentido, a presença, a comunicação, a reflexão, o diálogo, a luz, o comentário, a apropriação, todos os nomes da compreensão em suma. A leitura crítica foi praticada por Blanchot como escritura do traço produzido em um "movimento de paixão" que se dirige, sem encontrá-lo nunca mas irresistivelmente atraído por ele, mais aquém ou mais além da obra, à obra como gênese e à obra como porvir: na leitura, o livro "recupera a indecisão do incerto, do que ainda está totalmente por fazer. E a obra recupera assim a inquietude, a riqueza de sua indigência, a insegurança de seu vazio, enquanto a leitura, unindo-se a esta inquietude e abraçando esta indigência, torna-se

---

[25] POCA, A. De la literatura como experiencia anónima del pensamiento. Prólogo da edição espanhola de *El Espacio Literário. Op. cit.*, p. 11.

semelhante ao desejo, angústia e leveza de um movimento de paixão"[26]. Mas esse leitor que é atraído incessantemente pelo que não pode encontrar, pelo vazio que está antes ou depois da obra (e que por isso carece de positividade e não é citável nem parafraseável), e que escreve sem descanso sua travessia desse vazio, seu "movimento de paixão", esse leitor que em certo sentido ainda é Maurice Blanchot, ainda pode dizer eu (como também podem dizer eu e afirmar com seu próprio nome – Lévinas, Derrida, Collin, Laporte, Nöel... – os poucos que ousaram fazer "leitura crítica" de sua obra), não pratica uma leitura não muito distinta dessa na qual "o conhecimento muda de rosto" e se suspeita "o lugar vazio em um próprio alguém... ou no universo?"

Blanchot, em sua obra narrativa, exige sem dúvida certo tipo de leitura. Talvez o leitor blanchotiano esteja no modo como seus relatos se dão a ler, na experiência que faz ao lê--los o leitor dessa peculiaríssima voz narrativa de Blanchot: um movimento monótono que se move mas não avança, que não leva a nenhuma parte, que não pode ser concebido como compreensão, mas não porque seja incompreensível, mas porque aponta a uma compreensão sempre prorrogada, suspendida, constantemente interrompida quando parecia a ponto de cristalizar-se, apontando ao que não pode ser dito mas sem perdê-lo como indizível. Lévinas poderia ser sensível a essa modalidade de leitura quando se pergunta se o trabalho "de mãos sujas" da leitura crítica (que requereria no caso de Blanchot "recursos intelectuais consideráveis, talvez desmesurados") não se deveria esquecer para "fazer possível de novo a aproximação a essa escritura em sua sig-nificância sem significado, isto é, em sua musicalidade"[27]. Uma modalidade de leitura não muito distinta da que des-cobriu Ernesto enquanto lia sem saber ler: "essa espécie de

---

[26] BLANCHOT, M. *El espacio literario. Op. cit.*, p. 191.
[27] LÉVINAS, E. *Sur Maurice Blanchot. Op. cit.*, p. 57.

desenvolvimento contínuo, dentro do próprio corpo, de uma história que alguém se inventava".

A leitura crítica como o "movimento de paixão" de um leitor que busca sem encontrar o que a obra tem de ausência e assim inscrever a marca dessa ausência sobre o mundo e sobre o leitor ainda demasiado mundano para esvaziá-los de qualquer sentido e fazê-los retornar ao insignificante. A leitura sem significado como a experiência do leitor ao qual se dá a ler a prorrogação e a interrupção permanente de qualquer forma de compreensão. Mas há que se seguir insistindo: a leitura não é nada e o leitor não é ninguém.

"Ler" é o título de um dos ensaios de *L'espace littéraire*. "Ler" no infinitivo, evitando a substantivação, sem sujeito, sem atribuição a pessoas gramaticais, sem definição de tempo, desprovido de todo modo de emprego, aludindo a um puro movimento que não é nem ativo nem passivo, quase silencioso, tão leve como um deslizamento. Nesse ensaio se dão a ler palavras como inocência, felicidade, leveza, distração, passividade, irresponsabilidade, liberdade, facilidade, plenitude, transparência, imediatez, afirmação, impessoalidade, esquecimento-da-própria-pessoa, aceitação, jogo, dança, acolhida. Figuras da infância? Sem dúvida. Mas não da infância como paraíso perdido ou como antecipação de um futuro mais ou menos utópico, senão essa infância cuja primeira figura é a criança do primeiro discurso de Zaratustra: "...a criança é inocente e esquece; é uma primavera e um jogo, uma roda que gira sobre si mesma, um primeiro movimento, uma santa afirmação"[28]. Ernesto? Talvez.

---

[28] NIETZSCHE, F. *Así habló Zaratustra*. Barcelona: Círculo de lectores, 1973, p. 40.

ENSAIOS BABÉLICOS

Ler é traduzir

> Cada poesia é uma leitura da realidade,
> e toda leitura de um poema é uma
> tradução que transforma a poesia do
> poeta na poesia do leitor.
>
> Octavio Paz

Resulta comum à grande parte do pensamento contemporâneo estender o que seja o traduzir a qualquer fenômeno comunicativo. Poderíamos dizer que a reflexão sobre a experiência da tradução, ou sobre a possibilidade/impossibilidade da tradução, não tem somente a ver com o que acontece na mediação entre as línguas, mas se amplia a qualquer processo de transmissão ou de transporte de sentido. Começarei com algumas citações, a modo de exemplo, e as deixarei sem comentar e sem desenvolver, ainda que, sim, me permitirei algumas digressões, só para dar uma primeira ideia da enorme generalidade do problema da tradução, para induzir algumas perplexidades, e para produzir ressonâncias entre essas citações e o resto do texto.

As primeiras serão duas citações de um autor procedente da teoria literária, de um dos maiores, de George

Steiner, e concretamente de um dos livros mais importantes que se escreveram sobre o tema, *Después de Babel. Aspectos del lenguaje y la traducción*, cujo primeiro capítulo se intitula, precisamente, "Comprender es traducir". Steiner se define a si próprio como "mestre de leitura", o qual é um gesto que lhe honra em uma época em que todos queremos ser autores, em que todos colocamos a biblioteca a nosso serviço em lugar de nos colocar a serviço da biblioteca, e em que se está perdendo a humildade do estudo, a generosidade do estudo.

Além do mais, Steiner é um escritor enormemente lúcido que, em que pese a todas as evidências contrárias, continua empenhado em dar à leitura um conteúdo ético e civilizatório fundamental. E empenhado também em manter uma dignidade da leitura, uma ascese da leitura, que dificilmente se ajusta ao triunfo contemporâneo da trivialidade, da superficialidade e do lúdico. No prólogo da segunda edição de seu livro, diz Steiner: "A tradução se acha formal e pragmaticamente implícita em todo ato de comunicação, na emissão e recepção de qualquer modo de significado. [...] compreender é decifrar. Ouvir um significado é traduzir"[1]. E como um eco, no capítulo VI do livro, no início de um capítulo que se intitula "Topologías de la cultura", Steiner escreve:

> esse estudo se iniciou com a tentativa de demonstrar que a tradução propriamente dita, isto é, a interpretação dos signos verbais de uma língua por meio dos signos verbais de outra, é um caso particular e privilegiado do processo de comunicação e recepção em qualquer ato da fala humana. Os problemas epistemológicos e linguísticos fundamentais que implicam a tradução de uma língua a outra são fundamentais

---

[1] STEINER, G. *After Babel. Aspects of language and translation*. Nova York: Oxford University Press, 1977, p. xii.

precisamente porque já se encontram contidos em todo discurso confinado a uma só língua. Uma teoria da tradução não pode ser mais que uma teoria das operações da língua mesma, uma compreensão da compreensão. [...] Interrogar-se sobre as condições e a validez da significação, equivale a estudar a substância e os limites da tradução.[2]

O outro autor que citarei é Hans-George Gadamer, o grande mestre alemão da hermenêutica filosófica, um pensador já centenário que passou a vida reflexionando sobre todas as implicações culturais, históricas, éticas, políticas ou estéticas desse mistério cotidiano a que chamamos "leitura". Uma coisa que me comove em Gadamer é o modo encarniçado de como mantém esse 'gesto filosófico(?)' de fazer desconhecido o demasiado conhecido, aquilo que acreditamos saber porque nunca paramos para pensar. Depois de uma vida longuíssima dedicada a pensar a leitura, Gadamer escreveu algo tão formoso como: "que coisa seja ler, e como tem lugar a leitura, é uma das coisas mais obscuras". O primeiro texto pertence ao capítulo 12 de *Verdad y Método*, a esse capítulo fundamental que se intitula "El lenguaje como medio de la experiencia hermenéutica". Ali Gadamer escreve

o exemplo do tradutor que tem que superar o abismo das línguas mostra com particular propriedade a relação recíproca que se desenvolve entre o intérprete e o texto, que se corresponde com uma reciprocidade do acordo na conversação. Todo tradutor é intérprete. Que algo esteja em uma língua estranha não é senão um caso extremo de dificuldade hermenêutica, isto é, da estranheza e a superação da estranheza. A tarefa própria do tradutor não se distingue qualitativamente,

---

[2] STEINER, G. *Después de Babel. Aspectos sobre el lenguaje y la traducción*. México: Fondos de Cultura Económica, 1981, p. 477.

mas apenas gradualmente, da tarefa hermenêutica geral que propõe qualquer texto.[3]

A segunda citação de Gadamer, muito breve, quase uma sentença, pertence a um artigo de 1989 que se intitula como este texto, "Leer es como traducir", e diz assim: "entranha a tradução todo o mistério da comunicação social e da compreensão humana"[4].

Na sequência, duas citações de Martin Heidegger, desse enorme filósofo que nos deu, entre outras muitas coisas, uma prática do pensamento mesmo como leitura e tradução. O que Heidegger nos ensinou é que a escritura filosófica é inseparável de operações de leitura, tradução e reescritura. E que o pensamento não é outra coisa que um trabalho sobre os textos e sobre a língua dos textos. O que é comovedor em Heidegger é o modo como sua própria voz se vai fazendo pouco a pouco uma voz subordinada, uma voz em aprendizagem, uma voz que se põe a escutar a língua e a aprender da língua. A primeira está em uma nota de rodapé que aparece no curso de 1942, em um curso que foi todo ele uma leitura do poema de Höerderlin "Der Ister", e no contexto de alguns comentários à versão do primeiro coro da *Antígona* de Sófocles. Ali Heidegger escreve:

> Todo traduzir deve ser um interpretar. E vale também o contrário: toda interpretação, e tudo o que está a seu serviço, é um traduzir. Do qual se deriva que o traduzir não se move unicamente entre duas línguas, mas que também é um traduzir o mover-se no interior da mesma língua. A interpretação dos Himnos de Höerderlin é um traduzir no interior de

---

[3] GADAMER, H.-G. *Verdad y método*. Salamanca: Sígueme, 1984, p. 465-466.

[4] GADAMER, H.-G. Leer es como traducir. In: *Arte y verdad de la palabra*. Barcelona: Paidós, 1998, p. 84.

Ensaios babélicos – Ler é traduzir

nossa língua alemã. E o mesmo vale para a interpretação, por exemplo, da Crítica de la Razón Pura de Kant ou da Fenomenología del Espíritu de Hegel.[5]

A segunda citação pertence ao curso sobre Parmênides do inverno de 1942-43 e diz assim:

> A tradução da própria língua em sua palavra mais própria permanece sempre como o mais difícil. Por exemplo, a tradução da palavra alemã de um pensador alemão é particularmente difícil porque se afirma a convicção obstinada de que nós já compreendemos a palavra alemã dado que pertence a nossa língua, enquanto que para traduzir a palavra grega devemos primeiro aprender a língua estrangeira.

E um pouco mais adiante:

> Estamos traduzindo constantemente também nossa própria língua, a língua materna, a sua própria palavra. Em todo diálogo e em toda conversação consigo mesmo se faz valer um originário traduzir.[6]

A próxima citação é de um dos maiores poetas-tradutores da língua castelhana, do mexicano Octavio Paz, e pertence a um artigo intitulado "Tradução: literatura e literalidade". Octavio Paz é um poeta profundamente mexicano, que fez soar inclusive a velha cultura asteca diante das pretensões superficialmente europeístas da maioria de seus contemporâneos, e que trabalhou também profundamente textos orientais, japoneses e hindus fundamentalmente, até fazer soar o castelhano de um modo profundamente desconcertante. É um desses escritores cuja língua poética está atravessada de muitas línguas (como alguns dos grandes

---

[5] HEIDEGGER, M. Höerderlin Hymne der Ister. In: *Heideggers Gesammtausgabe. Band 53*. Frankfurt and Main: Klostermann, 1982, p. 75-76.

[6] HEIDEGGER, M. Parménides. In: *Heideggers Gesammtausgabe. Band 54*. Frankfurt and main: Klostermann, 1982, p. 18-19.

americanos: Guimarães Rosa, Roa Bastos, Cabrera Infante). Paz começa seu texto com essas palavras:

> Aprender a falar é aprender a traduzir; quando a criança pergunta a sua mãe pelo significado desta ou daquela palavra, o que realmente pede é que traduza a sua linguagem o termo desconhecido. A tradução dentro de uma língua não é, neste sentido, essencialmente distinta à tradução entre duas línguas.

E um pouco mais adiante, uma frase rotunda: "a linguagem mesma, em sua essência, já é tradução"[7].

A última citação é de um dos clássicos em teoria da tradução, de Henri Meschonnic, e pertence ao segundo volume do livro *Por la poética*, concretamente de um capítulo intitulado "Poética de la traducción". Meschonnic é um dos poucos linguistas que se deixou contaminar de verdade pela poesia e foi capaz de pensar radicalmente a língua a partir de seu funcionamento constitutivamente poético. O fragmento diz assim:

> A teoria da tradução não é uma linguística aplicada. É um campo novo na teoria e na prática da literatura. Sua importância epistemológica reside em sua contribuição à compreensão dessas práticas sociais às que chamamos escritura e leitura.[8]

Poderíamos seguir indefinidamente, e construir um texto feito eternamente de citações, ou poderíamos deter-nos em desenvolver e comentar cada uma das citações anteriores e o modo como, a partir delas, podem pensar-se, desde distintos pontos de vista, os problemas implicados na

---

[7] PAZ, O. *Traducción: literatura y literalidad*. Barcelona: Tusquets, 1971, p. 9 e 13.
[8] MESCHONNIC, H. *Pour la poétique II*. Paris: PUF, 1973, p. 67.

relação entre tradução e leitura. Mas deixemos aí todos esses fragmentos como uma lista heterogênea e desordenada de testemunhos sobre a generalidade do problema da tradução e como uma indicação de sua possível fecundidade para uma teoria da leitura.

A condição babélica da língua

Com a expressão "ler é como traduzir", quero dar a pensar a leitura como uma operação na qual a linguagem se dá em sua condição babélica ou, dito de outro modo, quero sugerir que a leitura não é uma operação que se dá *na* língua, nem sequer em *uma* língua, mas uma operação que se dá *entre* as línguas, e entre línguas, além do mais, que levam em si, todas e cada uma delas, as marcas babélicas da pluralidade, da contaminação, da instabilidade e da confusão. A tradução, e como tentarei mostrar, também a leitura, não se podem pensar fora da condição babélica da linguagem humana. Essa condição babélica significa várias coisas.

Babel significa que não existe tal coisa como a linguagem. A Linguagem, assim no singular e com maiúscula, é uma invenção dos filósofos e um sintoma mais de sua forte tendência a trabalhar como funcionários da Unidade. Como também são invenções dos filósofos essas outras estranhas abstrações como o homem, a razão, a história ou a realidade. Hannah Arendt escreveu que a condição humana da pluralidade deriva do fato de que "são os homens, não o Homem, os que vivem na Terra e habitam no mundo"[9]. A condição humana da pluralidade, poderíamos acrescentar, deriva do fato de que o que há são muitos homens, muitas histórias, muitos modos de racionalidade, muitas línguas e, seguramente, muitos mundos e muitas realidades. Isso é óbvio, ainda que nunca é demais lembrá-lo contra todos

---

[9] ARENDT, H. *La condición humana*. Barcelona: Paidós, 1993, p. 22.

aqueles que querem meter-nos em sua realidade com pretensões de ser *a* realidade, em seu mundo com pretensões de ser *o* mundo, em sua linguagem com pretensões de ser *a* linguagem, em sua razão com pretensões de ser *a* razão, em sua história com pretensões de ser *a* história ou em sua humanidade com pretensões de ser *a* humanidade.

Babel significa também que não contamos com uma coisa tal como a possibilidade não problemática da traduzibilidade generalizada. No texto muito interessante que se intitula "Apuntes para una historia de la traducción", Augustín García Calvo faz notar o caráter antibabélico tanto do milagre de Pentecostes como da "primeira tradução verdadeira da qual temos notícia"[10]: a tradução ao grego de alguns livros do *Pentateuco* por parte de um grupo de judeus helenizados da comunidade de Alexandria que se conhece como *Septuaginta*, a dos Setenta. E não deixa de ser interessante que a tradição oral talmúdica, que se refere à dita tradução, considere-a como de inspiração divina, posto que os diferentes tradutores, representantes das doze tribos de Israel, redigiram todos idêntica versão, exatamente igual, apesar de trabalharem em celas separadas. Assim, ao mito babélico que dá conta da perda da linguagem comum, sucede o duplo milagre judeu e cristão da tradução entre as línguas como um sinal de redenção. A possibilidade da tradução aparece como uma boa nova, como a demonstração da possibilidade da unidade do espírito humano acima de qualquer diferença.

Não existe coisa tal como a linguagem nem tampouco coisa tal como uma intertradução não problemática: não existe coisa tal como uma língua de todas as línguas, nem sequer como horizonte ou como tendência. Mas tampouco

---

[10] CALVO, A. G. *Lalia. Ensayos de estudios lingüísticos de la sociedad*. Madrid: Siglo XXI, p. 50.

existe uma coisa tal como uma série de línguas particulares, de idiomas distintos. A condição babélica da língua não significa somente a diferença *entre* as línguas, mas a irrupção da multiplicidade da língua *na* língua, em qualquer língua. Por isso, qualquer língua é múltipla e algo assim como *uma* língua singular é também um invento dos filósofos e dos linguistas a serviço do Estado. Naturalmente estão os dicionários, as gramáticas e as Academias da Língua, todos eles inventos recentes, mais ou menos contemporâneos ao surgimento do Estado moderno. Também existem instituições, tais como escolas de inglês, antologias de poesia catalã, congressos de hispanistas ou histórias da literatura brasileira. E naturalmente existem aparatos educativos e culturais, também de Estado, que constroem constantemente línguas normalizadas e falantes igualmente normalizados. As línguas nacionais são línguas de Estado, e talvez não seja demais lembrar todo o poder e toda a violência que existe detrás disso a que chamamos mapas linguísticos, ao menos o mesmo poder e a mesma violência que existe detrás dos mapas políticos.

Nessa época na qual existe toda uma retórica da língua como lugar de encontro, haveria que se lembrar as palavras certeiras de Canetti:

> Não há nenhum historiador que, pelo menos, não ponha isto na conta de César como mérito: que os franceses de hoje falem francês. Como se, se não tivesse César matado a um milhão deles, houvessem sido mudos![11]

Ao que se teria que acrescentar que o francês atual não só se edifica sobre a imposição genocida do latim no século primeiro, mas também sobre a imposição centralista e

---

[11] CANETTI, E. *La provincia del hombre*. Madrid: Taurus, 1982, p. 197.

ilustrada do francês central sobre as aproximadamente vinte línguas que se falavam no século XVII nesse território a que hoje chamamos França e, além do mais, sobre a imposição do francês culto e estândar e a deslegitimação correlativa de todas as outras formas linguísticas que o constituem.

Não se há de esquecer que as línguas vivem em uma mutação perpétua que faz que não sejam as mesmas em dois cortes históricos quaisquer. Além do mais, no interior de cada língua, existem enormes diferenças entre os grupos sociais que remetem a fatores como o lugar geográfico, o estrato social, a ideologia, os estudos realizados, a profissão, a idade, o gênero, etc... E tanto é assim que poderíamos dizer que, no limite, cada falante fala uma língua particular. E mais, cada falante fala várias línguas, se consideramos sua capacidade de adaptar sua língua a diferentes contextos e diferentes interlocutores. A tradução, portanto, é inerente à expressão e à compreensão humana, a qualquer forma de intersubjetividade, e existe tradução de uma língua à outra, mas também de um momento a outro da mesma língua, de um grupo de falantes a outro e, no limite, de qualquer texto (oral ou escrito) a seu receptor. Se existe um argumento empírico para provar a multiplicidade e a mutabilidade infinita da experiência humana, esse é o fato de que dezenas de milhares de línguas se falaram e se falem no mundo, e cada uma delas com enormes variações temporais, socioculturais e individuais.

Mas a confusão e a dispersão babélica não é somente essa pluralidade quase infinita de línguas e de variantes de línguas. Babel quer dizer também, e sobretudo, que a língua, qualquer língua, em qualquer momento de sua história e em qualquer contexto de uso, dá-se em estado de confusão, em estado de dispersão; Babel significa que a palavra humana se dá como confusa, como dispersa, como

Ensaios babélicos – Ler é traduzir

instável e, portanto, como infinita. Babel atravessa qualquer fenômeno humano de comunicação, ou de transporte ou de transmissão de sentido. E, naturalmente, qualquer ato de leitura. O que ocorre é que existem distintas atitudes ante Babel, ante o significado do "fato" Babel, ante o escândalo ou a bendição de Babel, ante o remediável ou o irremediável de Babel, ante a radicalidade e o alcance da condição babélica da palavra humana.

Hermenêutica e mediação

A interpretação dominante do mito de Babel em termos de culpa, castigo e expiação, como se fosse uma segunda versão da expulsão do Paraíso, apresentou a condição babélica como uma catástrofe que se teria de remediar. Daí esse antibabelismo difuso que atravessa o Ocidente segundo o qual a pluralidade e a multiplicidade da língua, de qualquer língua, é algo meramente fático e transitório, cujo destino é sua própria superação e, no limite, sua própria supressão. A tradição hermenêutica, que é a que aqui nos interessa posto que tratamos de pensar a leitura, é um pensamento da mediação, da diferença mediada. Daí que seja um pensamento do diálogo, da leitura e também da tradução como práticas linguísticas de mediação, de comunicação, de construção do comum, tanto no espaço como no tempo. E isso independentemente de suas enormes dificuldades. A hermenêutica é um pensamento do trabalho da mediação, do esforço da mediação, da difícil possibilidade da mediação entre as línguas, entre os indivíduos, entre o passado e o presente, entre as culturas.

No interior dessa lógica, ou dessa dialógica, antibabélica, que atravessa o Ocidente, poder-se-ia situar sem dúvida ao sujeito da compreensão, tal como se constitui em certo sentido comum que permeia o político, o cultural, o social, o pedagógico e inclusive o estético. E que permeia também, naturalmente, as teorias da leitura implícitas a todos esses domínios. O sujeito da compreensão é um sujeito que habita a língua desde o ponto de vista da compreensão, um sujeito que quer compreender, que está constituído com base na boa vontade de compreender, na arrogância de sua vontade de compreender, na confiança no poder de sua capacidade de compreender. De um modo um tanto caricaturesco, poderíamos dizer que o sujeito da compreensão, pelo menos o que se pressupõe em certo sentido comum, é aquele que pretende abolir a distância no tempo e no espaço, aquele que quer apropriar-se da totalidade do tempo e da totalidade do espaço. O sujeito da compreensão se crê capaz de converter o passado em seu próprio passado, de apropriar-se do passado compreendendo-o, fazendo-o seu. E também se crê capaz de mediar qualquer diferença: entre as línguas, entre os indivíduos, entre as culturas. A compreensão é mediação, um estender pontes no espaço e no tempo, mas pontes de uma só direção: todos os caminhos conduzem ao sujeito da compreensão e ele é o centro de todos os caminhos. O que quer, ao compreender, é converter o passado em presente, o distante em próximo, o estranho em familiar, o outro no mesmo, o fora no dentro, o que não é seu em seu, todas as línguas em sua língua. Por isso tudo converte em propriedade, em identidade, em riqueza. O que compreende lhe faz melhor: mais culto, mais sensível, mais inteligente, mais rico, mais cheio, maior, mais alto, mais maduro. Talvez por isso compreende tudo baseando-se em sua cultura, em sua sensibilidade, em sua inteligência, em sua riqueza, em sua plenitude, em sua grandeza, em sua altura, em sua maturidade. Por isso, o sujeito da compreensão é o tradutor etnocêntrico e o leitor etnocêntrico: não o que nega a diferença, mas o que se apropria da diferença, traduzindo-a a sua própria linguagem.

Em Gadamer, os textos sobre a tradução são relativamente poucos para a importância do assunto. Se for verdade, como Gadamer indica na citação de Schleiermacher que coloca como emblema da terceira parte de *Verdad y Método*, que "tudo o que há que pressupor na hermenêutica é unicamente linguagem", parece que deveria ser importante o fato de que a linguagem se dá em sua condição babélica, quer dizer, que não existe algo assim como a linguagem independente da pluralidade das línguas ou, o que é o mesmo, que não existe linguagem independente de uma língua histórica e particular. É evidente que não falamos a linguagem, mas um idioma. E, desse ponto de vista, o tema da traduzibilidade e da intraduzibilidade, o tema do idioma e do idiomático do idioma, parece que deveria ser essencial. Como se Babel ameaçasse a compreensão e pusesse em perigo a boa vontade do sujeito da compreensão. Poderíamos dizer que o problema da tradução inscreve Babel na hermenêutica e a põe em perigo. E que todo o esforço de Gadamer se encaminha a obviar ou a conjurar esse perigo. Digamos que Gadamer sobrevoa a condição babélica da linguagem e a condição textual da linguagem. Três condições que, tomadas em sua radicalidade, fariam explodir a própria hermenêutica: não só a hermenêutica gadameriana, mas grande parte das teorias que compõem essa *koiné* hermenêutica da qual fala Vattimo e que incluem tanto a Teoria da Ação Comunicativa de Appel-Habermas como alguns enfoques do pragmatismo linguístico norte-americano[12].

Visto que desenvolver o tema da escritura seria um pouco prolixo, permitam-me ao menos um parêntese com respeito à poesia. Às vezes soa em Gadamer um otimismo

---

[12] Ver VATTIMO, G. *Ética de la interpretación*. Barcelona: Paidós, 1991. Também *Más allá de la interpretación*. Barcelona: Paidós, 1995

resolvido com respeito à compreensão: sempre é possível chegar a se entender, sempre se pode compreender um texto. E estende esse otimismo com respeito à tradução: tudo é traduzível, sempre se pode entender mais além dos limites da própria língua, sempre é possível abrir a própria língua a outras línguas, o próprio ao alheio, o familiar ao estranho. Mas outras vezes Gadamer faz declarações muito mais pessimistas, precisamente quando fala da poesia e da compreensibilidade/traduzibilidade dos textos literários. O que ocorre é que a poesia não é um caso particular da linguagem, senão que toda linguagem tem caráter poético. A intraduzibilidade da poesia se estende, portanto, a toda a linguagem por muito que queiramos tapar os furos. Por isso o tema clássico de Filosofia e Poesia ou, dito de outro modo, o tema clássico de Conceito e Metáfora, é chave com respeito à inscrição de Babel na língua, em qualquer língua. Portanto todos os filósofos antibabélicos vão-se esforçar em manter bem nítidas as fronteiras, enquanto que os pensadores babélicos vão-se encarregar de fazê-las borrosas.

Mas voltemos à Babel, à pluralidade das línguas e ao problema da tradução. O primeiro texto que quero comentar está no princípio do capítulo 12 de *Verdad y Método*, um dos capítulos fundamentais do livro, esse que se intitula precisamente "El lenguaje como medio de la experiencia hermenéutica". Aí o tema da tradução aparece na relação às dificuldades da compreensão. Gadamer começa afirmando que a linguagem é o meio no qual se realiza o acordo dos interlocutores e o consenso sobre a coisa". E continua:

> são as situações nas quais se altera ou dificulta o pôr-se de acordo as que com mais facilidade permitem fazer conscientes as condições sob as quais se realiza qualquer consenso. Por exemplo: resulta particularmente ilustrador o processo linguístico no qual por tradução

ou por translação se faz possível uma conversação em duas línguas distintas.[13]

O tema da tradução aparece para ilustrar uma comunicação difícil. Como se a pluralidade das línguas fosse um obstáculo acrescentado ao já por si difícil trabalho da mediação, e como se a tradução, como mediação entre as línguas, expressasse essa dificuldade suplementar. Em seguida Gadamer define a tarefa do tradutor como um

> transladar o sentido que se trata de compreender ao contexto no qual vive o outro interlocutor. Mas isto não quer dizer que lhe esteja permitido falsear o sentido. Precisamente o que se tem que manter é o sentido, mas como tem que compreender-se em um mundo linguístico novo, tem que se fazer valer nele de uma forma nova.[14]

A tradução aparece aqui como transporte de sentido, como um transporte no qual o sentido adota outra materialidade linguística e se entrega, ou se dá a entender, em outro contexto vital. A tradução é um transporte de uma língua a outra língua e de um contexto vital a outro contexto vital.

Gadamer reproduz aqui todo o imaginário clássico da condução de alguma coisa de um lugar a outro (isso seria o significado literal de *tra-ducere*), do transporte, da transferência, do translado (tradução em inglês é *translation*), da transposição (tradução em alemão é *übersetzung*, um decalque semântico do composto latino *trans-positio,* do qual deriva transposição, mas também um decalque semântico do composto grego *meta-phorein*, que ainda em grego moderno significa transporte) e também da transmissão. Na

---

[13] GADAMER, H.-G. *Verdad y Método*. Salamanca: Síextraueme, 1984, p. 462.
[14] GADAMER, H.-G. *Verdad y Método. Op. Cit.*, p. 462.

tradução existe algo, o sentido, que se transporta e que, ao transportar-se, conserva-se e ao mesmo tempo se transforma, metamorfoseia-se, modifica-se. Como se na tradução se conservasse o significado e se transformasse o significante, a materialidade concreta que porta ou suporta o sentido, o suporte que tem ou contém o conteúdo. Esse imaginário seria exclusivamente técnico e se adaptaria sem problemas à teoria técnica da comunicação e às tecnologias da informação, se não fosse por duas questões. Primeiro pelo tema da vida, pelo modo como a língua está ancorada no mundo da vida. E segundo pelo tema da inseparabilidade do significante do significado. Porque o que se há de traduzir, o sentido, não é mera informação.

O tradutor, dizia Gadamer, experimenta a dificuldade da compreensão. O que ocorre é que precisamente pela diferença entre as línguas, a linguisticidade mesma da compreensão se faz consciente: "O caso da tradução faz consciente a linguisticidade como meio do acordo possível, porque nela este meio tem que ser produzido artificiosamente através de uma mediação expressa"[15]. Aí Gadamer parece pressupor certa inconsciência da língua, certa naturalidade da língua. Como se os falantes da mesma língua se entendessem como se não houvesse língua, como se entre eles houvesse um meio natural e aproblemático, esquecendo o caráter linguístico da compreensão. Poderíamos dizer que os falantes normalmente vivem em sua própria língua com absoluta naturalidade, inconscientemente, sem nenhuma distância. Como quem vive naturalmente a natureza porque ainda não se distanciou dela, porque ainda não a converteu em natureza. E realmente, em muitas ocasiões, quando falamos não vemos nem ouvimos nem tocamos a língua, mas vivemos nela naturalmente, quer dizer, sem ter consciência dela. A língua somente aparece como tal quando se dá em sua dificuldade, quando nos faltam

---

[15] GADAMER, H.-G. *Verdad y Método. Op. Cit.*, p. 462.

as palavras ou quando nos traem as palavras ou quando nos resistem as palavras. E isso é especialmente intenso na tradução. A tradução faz palpável a língua, a materialidade mesma da língua e, ao chamar a atenção sobre essa materialidade, a tradução faz consciente a condição babélica da língua. Dá a impressão de que o falante que vive a língua naturalmente vive em uma situação pré-babélica. Que é o esforço na compreensão (inclusive na mesma língua) o que já manifesta certo babelismo. E que a tradução entre línguas mostra de forma particularmente penosa por que exige uma dupla mediação.

E algo parecido sucede um pouco mais adiante quando Gadamer já não se refere ao intérprete entre falantes, mas ao tradutor de textos, a esse personagem modesto, anônimo e necessariamente orientado ao fracasso que lê dando a ler, fazendo possível a leitura. Gadamer não tira todas as consequências do caráter textual da língua. De fato, enfrenta-se ao conceito de texto quando se vê obrigado a isso por seus debates com a desconstrução e tende a pensar a leitura do ponto de vista do diálogo e da conversação. A única coisa que, segundo Gadamer, diferencia a leitura do tradutor de textos da do intérprete, entre falantes, é que a tradução não se refere ao querer-dizer do autor, mas ao que o texto diz, ao que põe no texto. E, nessa referência privilegiada ao texto, nessa exigência de fidelidade ao texto, o tradutor "não pode neutralizar a diferença fundamental entre as línguas"[16]. Por isso, o drama do tradutor está em ter de realizar um esforço orientado ao fracasso: "manter ao mesmo tempo o direito da língua a qual traduz e no entanto deixar valer em si o estranho e inclusive adverso do texto [...]. Somente reproduzirá de verdade aquele tradutor que dê com uma língua que não só seja a sua mas também a adequada ao original"[17].

---

[16] GADAMER, H.-G. *Verdad y Método. Op. Cit.*, p. 464.
[17] GADAMER, H.-G. *Verdad y Método. Op. Cit.*, p. 465.

No mesmo capítulo 12, e um pouco mais adiante, no contexto de uma discussão sobre a íntima relação entre linguagem e razão e entre a linguagem e as coisas que nomeia, no contexto da relação entre linguagem, pensamento e realidade, Gadamer escreve o seguinte:

> com isso a linguagem ganha tal proximidade com a razão, isto é, com as coisas que designa, que se torna um verdadeiro enigma como pode haver diversas línguas, se todas elas têm que valer como igualmente próximas à razão e às coisas. O que vive em uma linguagem está penetrado pela insuperável adequação das palavras que usa para as coisas as que se refere. Parece impossível que outras palavras de línguas distintas estejam em condições de nomear as mesmas coisas de uma maneira adequada. Só parece justa a palavra própria [...]. Inclusive a tortura do traduzir tem a ver em último extremo com o fato de que as palavras originais parecem inseparáveis dos conteúdos aos que se referem [...]. Quanto mais sensível se mostra nossa consciência histórica em suas reações, tanto mais intensamente parece experimentar o intraduzível do estranho. Mas com isso a unidade íntima de palavra e coisa se converte em um escândalo hermenêutico. Como ia ser possível chegar simplesmente a compreender uma tradição estranha se estamos tão amarrados à língua que falamos?[18]

Nesse fragmento, aparece nitidamente o tema da conexão entre a linguagem e o mundo da vida e o tema da inseparabilidade da palavra e a coisa ou, de outro modo, da língua e do sentido. Por isso o escândalo hermenêutico e a impossibilidade da tradução. Mas Gadamer dissolve imediatamente esse escândalo:

> O esforço por compreender e interpretar sempre tem sentido. Nisso se mostra evidentemente a generalidade

---

[18] GADAMER, H.-G. *Verdad y Método. Op. Cit.*, p. 482.

superior com que a razão se eleva por cima das barreiras de toda constituição linguística dada. A experiência hermenêutica é o corretivo pelo que a razão pensante se subtrai ao conjuro do linguístico, e ela mesma tem caráter linguístico.[19]

O trabalho da compreensão converte Babel e a pluralidade das línguas em um mero ponto de partida desde o qual a razão mesma se desata linguisticamente de uma língua particular e se eleva acima de suas determinações. O problema já não é o da diversidade das línguas, mas o modo como na multiplicidade das línguas se dá a mesma unidade de pensamento e linguagem. A tradução, parece dizer Gadamer, desata a língua de suas determinações vitais concretas e desata o vínculo entre o sentido e a língua. E por isso amplia o mundo da vida e amplia também as possibilidades da própria língua. O próprio mundo linguístico no qual alguém vive não é uma barreira que lhe impeça o conhecimento do mundo de outra língua.

O segundo texto que queria comentar se intitula "La diversidad de las lenguas y la comprensión del mundo" e é uma conferência de 1990. É um texto que percorre temas clássicos da hermenêutica gadameriana como a compreensão de si e a compreensão do mundo, o diálogo como fundador da comunidade, ou a diferença entre a linguagem natural e a linguagem da ciência. Mas, curiosamente, o texto não contém uma negação de Babel, o tópico clássico do difícil trabalho da compreensão como remédio à catástrofe de Babel, mas uma afirmação babélica, algo assim como babilônicos somos, graças a Deus, e tomara sigamos sendo. O texto começa afirmando o caráter político do problema da diversidade e da comunidade. E é aí onde aparece Babel. Babel representa a busca de uma língua única, totalitária,

---

[19] GADAMER, H.-G. *Verdad y Método. Op. Cit.*, p. 483.

monológica, objetivante e orientada à dominação e, por outro lado, representa também a produtividade dialógica, não objetivante e orientada à compreensão da situação babélica mesma. Para uma língua única, que no texto de Gadamer aparece atualizada na linguagem da ciência, o mundo é objeto. No entanto, em Babel há que se entender uns aos outros no mundo e em uma pluralidade de interpretações do mundo. E é aí onde aparece o parágrafo que me interessa:

> Ocorre entre tu e eu a mesma coisa que entre os povos ou entre os círculos culturais e comunidades religiosas. Onde quer que nos enfrentemos ao mesmo problema: devemos aprender que escutando ao outro se abre o verdadeiro caminho no qual se forma a solidariedade. Sucede exatamente o contrário daquilo que no relato da torre de Babel tinham em mente as pessoas como ideal delirante. Ali se dizia: 'temos que nos fazer um nome, para se acaso nos dispersamos pela face da terra'. Sob que nome queremos permanecer juntos? É o nome que se tem e que lhe permite a alguém, por assim dizê-lo, já não escutar ao outro.[20]

Agarrar-se ao próprio nome, ao nome que se tem, ao que nos faz permanecer juntos, é o ideal delirante daquele que não escuta. E escutar é perder o próprio nome, dispersar-se pela face da Terra, atender ao outro como outro. Mas o que nos faz querer permanecer juntos não é só o nome próprio, mas também a língua própria e a cidade própria. O ideal delirante é também se agarrar à própria língua e à própria cidade. Por isso escutar talvez exija também a disposição a perder a própria língua e a perder a própria cidade. Algo parecido, talvez, a isso que em outro contexto alguns babilônicos chamaram hospitalidade.

---

[20] GADAMER, H.-G. La diversidad de las lenguas y la comprensión del mundo. In: *Arte y verdad de la palabra*. Barcelona: Paidós, 1998, p. 125.

Nesse parágrafo babélico de Gadamer, a unidade e a aspiração à unidade são o perigo e a pluralidade é sua superação. Além do mais, continua Gadamer, a pluralidade não deve se burocratizar ou racionalizar-se, mas deve manter-se viva. A pluralidade das línguas não é irracional, mas o elemento de uma razão dialógica e mediadora, de uma razão viva, de uma razão de mil caras. E a pluralidade não é tampouco um problema que se deva administrar politicamente, mas é a vida mesma do homem e da linguagem em seu estado de dispersão.

Desconstrução e diferença

Diante desse babelismo generalizado, começa a apontar um pensamento da diferença não mediada. Um pensamento mais heterológico que dialógico, mais babelizante que antibabelizante, um pensamento que não tenha a ver com a dificuldade, trabalhosa e até desesperada, da mediação, mas com a responsabilidade da diferença e com a diferença. Um pensamento, enfim, que se aparte definitivamente da nostalgia de ou da esperança na compreensão, que se aparte até mesmo do ponto de vista da compreensão. E isso porque o ponto de vista da compreensão contém a pior das violências tanto para a língua como para a condição humana mesma como condição babélica. O convite não é tanto pensar a língua apesar de Babel como responder ao destino babélico da linguagem: responder a e fazer-se responsável da pluralidade das línguas, a estranheza das línguas, a confusão, a dispersão e a instabilidade das línguas, e também responder a e fazer-se responsável da exigência de comunidade que se dá na pluralidade, na estranheza, na confusão, na dispersão e na estabilidade das línguas. O convite é, enfim, pensar uma comunidade realmente plural, uma comunidade babélica, e aprender a habitar Babel babelicamente, afirmando e não negando a condição babélica de todo o humano.

Nesse contexto, a tradução aparece de um modo paradoxal: sua possibilidade se deriva de sua impossibilidade, sua produtividade se deriva de seu fracasso. E não se pensa à contrapelo da condição babélica da língua, orientada a superá-la ou corrigi-la ou remediá-la, não para lamentá-la, para lutar contra ela, para evitá-la ou ignorá-la, mas, como prática afirmativa, como trabalho de uma língua sobre a outra e sobre si mesma, como prática da diferença e da multiplicidade, a tradução insiste e aprofunda as estratégias disseminadoras e pluralizantes da língua mesma. A tradução não é em absoluto uma prática antibabélica mas, pelo contrário, babeliza ela mesma: a tradução é a experiência babélica de Babel.

Se existe um pressuposto não problematizado em todas as teorias da compreensão, este pressuposto é que, se bem não existe uma língua universal, se bem a língua humana se dá na multiplicidade das línguas, se a compreensão é difícil, isso não impede que os homens, vencidas certas dificuldades, possam entender-se. A universalidade e a unidade essencial do espírito humano são a resposta à confusão babélica. E tanto a tradução como a leitura são práticas orientadas a produzir e fazer possível essa universalidade e essa unidade do espírito. O que ocorre é que essa confiança em um espírito comum que se revelaria na tradução, na leitura, e em todas as práticas comunicativas, deixou de ser uma evidência e, o que é pior, aparece como gesto etnocêntrico e arrogante dessa parte da humanidade que pretende identificar-se com a Humanidade. Para nós, tanto a tradução como a leitura já não são práticas nas quais se produz o comum, mas práticas nas quais se produz o diferente, práticas de singularização e de diferenciação. O tradutor já não trabalha para borrar a diferença, mas para fazê-la produzir.

Qualquer comunicação é babélica porque, no ato mesmo de comunicar-se, qualquer sentido se multiplica e nos multiplica, confunde-se e nos confunde. É ao comunicar-se, ao fazer-se comum, quer dizer, ao fazer-se de cada um, que o sentido já se dá como dividido, confundido, disseminado, multiplicado, transportado, transtornado ou talvez, em uma só palavra, traduzido. Enquanto o pensamento antibabélico se esforça por compreender e explicar, por fazer os textos legíveis e compreensíveis, o pensamento babélico insiste no que os textos têm de ilegíveis, de intraduzíveis, de incompreensíveis, mas para lê-los e traduzi-los e compreendê-los com base nessa impossibilidade, conservando ou respeitando ou guardando essa impossibilidade, quer dizer, babelicamente.

Derrida se afasta definitivamente da nostalgia de ou da esperança em uma língua pura, transparente, única, idêntica a si mesma, sem diferença, sem escritura no sentido em que ele, Derrida, entende a palavra 'escritura'. E isso porque considera que essa nostalgia ou essa esperança são enormemente perigosas porque contêm a pior das violências tanto para a língua como para a condição humana mesma como condição babélica. A língua se dá em estado de pluralidade. Por isso o convite de Derrida não é tanto pensar a língua apesar de Babel como responder ao destino babélico da linguagem: responder a e fazer-se responsável da pluralidade das línguas, da estranheza das línguas, da confusão e da dispersão das línguas, e também responder a e fazer-se responsável da exigência de comunidade que se dá na pluralidade, na estranheza, na confusão e na dispersão das línguas. Daí que a tradução apareça de um modo paradoxal (sua possibilidade se deriva de sua impossibilidade, sua produtividade se deriva de seu fracasso) e daí também que a tradução não vá à contrapelo da condição babélica da língua, não a supere ou corrija ou remedeie, não a lamente, não lute contra ela, não a evite, não ignore, mas que, como prática afirmativa e desconstrutiva, como trabalho de uma língua sobre outra língua e sobre si mesma, como prática da diferença e da multiplicidade, insista e aprofunde as estratégias disseminadoras e pluralizadoras da língua em geral. A tradução, em Derrida, não é em absoluto uma prática antibabélica mas, pelo contrário, babeliza ela mesma: a tradução é a experiência babélica de Babel.

E assim até o ponto em que tanto a tradução como a mesma Babel se convertem às vezes na desconstrução mesma. Por exemplo: "A questão da tradução é também, de parte a parte, a questão da desconstrução"[21]. Ou, em um enunciado que é ele mesmo babélico: "Se tivesse que arriscar, Deus me livre, uma só definição da desconstrução, breve, elíptica, econômica como uma ordem, diria sem frase: *plus d'une langue*"[22]. Por que "sem frase"? Talvez porque assim, sem frase, "*plus d'une langue*" poderia traduzir-se, ou babelizar-se, pelo menos, de três maneiras.

- Primeiro como "mais de uma língua", quer dizer, que o que existe é sempre mais de uma língua, que o que existe são línguas particulares, idiomas, o francês e o espanhol, por exemplo, mas também que existe mais de uma língua em cada língua, que o espanhol, por exemplo, não é uma só língua, senão mais de uma língua, uma série de variantes híbridas e excêntricas irredutíveis a um sistema centrado e fechado, e também que qualquer enunciado se dá sempre dividido e pluralizado, em mais de uma língua, e também que todo falante, qualquer falante, quando fala ou escreve em sua língua fala ou escreve sempre mais de uma língua.

- "*Plus d'une langue*" pode traduzir-se, em segundo lugar, como "plus de uma língua", quer dizer, como suplemento ou excesso ou prótese de uma língua, como tudo o que na língua excede a uma língua.

---

[21] DERRIDA, J. *Psyché. Línvention de l'autre*. Paris: Galilée, 1987, p. 324.

[22] DERRIDA, J. *Mémoires – for Paul de Man*. New York: Columbia University Press, p. 38.

● E, em terceiro lugar, *"plus d'une langue"* é também "basta de uma língua". No *post-scriptum* ao relato *"Le dernier mot"*, "A última palavra", Blanchot escreve, nesse último sentido, em uma frase, esse enunciado: *"plus de langage contraignant ou affirmative, c'est-à-dire plus de langage —mais non: toujours une parole pour le dire et ne pas le dire"*.[23] O que poderia soar assim: basta de linguagem repressiva ou afirmativa, quer dizer, basta de linguagem porque, inclusive se não há linguagem que não seja repressiva ou afirmativa, se a linguagem não repressiva ou não afirmativa não está, porque toda linguagem é repressiva ou afirmativa, a linguagem, o basta de linguagem, ao mesmo tempo diz (repressiva e afirmativamente) e não diz, quer dizer, diz em uma língua repressiva e afirmativa o que vai mais além de uma língua repressiva e afirmativa, o que não se pode dizer, o plus da linguagem, a outra linguagem, o outro da linguagem, o impossível da linguagem... e com isso o basta da linguagem anuncia, ou promete, ou diz ao mesmo tempo que não diz, ou diz sem dizer: uma linguagem mais além da linguagem, uma linguagem outra, uma linguagem impossível, uma linguagem por-vir.

Portanto e para começar, Babel, quer dizer, *plus d'une langue*, mais de uma língua, ou plus de uma língua, ou basta de uma língua: uma *pluralidade de línguas*, e uma *língua plural,* e uma língua que é sempre mais e outra coisa que ela mesma, porque não se pode fechar ou totalizar ou identificar, ou uma língua que se nega ou borra ou interrompe a si mesma no mesmo movimento em que se abre a outra coisa impredizível e incalculável, ou em apenas uma frase: uma língua que não é *uma* língua.

E como Babel não fala apenas de uma língua mas também da cidade (ou da comunidade) e do homem (ou da

---

[23] BLANCHOT, M. *Après coup*. Paris: Minuit, 1983, p. 93.

identidade própria do portador de um nome próprio e da identidade comum dos portadores de um nome comum), talvez poderíamos variar o enunciado anterior, e dizer por exemplo:

Babel, quer dizer, *"plus d'une communauté"*, mais de uma comunidade ou plus de uma comunidade ou basta de uma comunidade: uma pluralidade de comunidades e uma comunidade plural, e uma comunidade que é sempre mais e outra coisa que ela mesma, ou uma comunidade que não se pode fechar ou totalizar ou identificar, ou uma comunidade que se nega ou borra ou interrompe a si mesma no mesmo movimento em que se abre a outra coisa impredizível e incalculável, ou em apenas uma frase: uma comunidade que não é *uma* comunidade.

Ou Babel, quer dizer, *"plus d'une nom"*, mais de um nome ou plus de um nome ou basta de um nome: uma pluralidade de nomes, e um nome plural, e um nome que é sempre mais e outra coisa que ele mesmo, ou um nome que não se pode fechar ou tonalizar ou identificar, ou um nome que se nega ou borra ou interrompe a si mesmo no mesmo movimento em que se abre a outra coisa impredizível e incalculável, ou em apenas uma frase: um nome que não é *um* nome.

O mito babélico é visitado por Derrida em várias ocasiões e em contextos distintos. Vou-me referir primeiro, muito brevemente, a esse texto de título também confuso e babélico, "Des tours de Babel", um título que se poderia traduzir como "Sobre as torres de Babel", ou "Das torres de Babel", mas também "Das voltas, ou os giros ou os regressos de Babel", ou, inclusive, como "As desviações ou os rodeios de Babel"; esse texto no qual se comenta o relato do Gênesis antes de empreender uma leitura que é ao mesmo tempo um comentário e uma tradução do célebre artigo de Walter Benjamin intitulado "A tarefa do tradutor"; e esse texto no qual já desde o título a torre é muitas torres e muitas torres que voltam, ou regressam, mas desviando-se, fazendo rodeios. E qualquer leitor de Derrida um pouco sensível à vertigem da prosa de Derrida, reconhecerá em seguida no motivo da volta e do regresso todo esse imaginário do espectro, ou do fantasma, do que volta ou regressa mas como espectro, e todo esse imaginário do envio e do desvio, do desvio que leva inscrito o desviar-se sempre de qualquer destinatário preestabelecido, de qualquer pretensão de fixar ou de controlar o destinatário.

Nesse texto, Derrida coloca sob o signo de Babel uma série de impossibilidades: a impossibilidade de mediar a irremediável multiplicidade das línguas; a impossibilidade de fechar um contexto, uma estrutura ou um sistema; a impossibilidade de se dar um nome, uma identidade centrada, um nome próprio tanto como um nome comum, quer dizer, tanto uma identidade pessoal como uma identidade coletiva; a impossibilidade de se dar uma filiação ou uma genealogia linear contínua e reconhecível; e a impossibilidade de se representar a origem, o pai, a lei, a doação original de uma língua ou de uma identidade ou de uma pátria ou de uma terra ou de um nome ou de uma origem ou de uma tarefa ou de um destino.

E para dar a ler todas essas impossibilidades, Derrida desenvolve o tema clássico do dom ou da doação das línguas e o faz tomando como tema, ou como "pre-texto", a tradução do nome próprio de Babel em um nome comum que "significa" confusão. O que faz Derrida é desviar, rodear, fazer voltar ou fazer regressar uma só expressão: 'Babel significa confusão'; e uma só expressão que só tem sentido em uma língua, na língua em cujo seio o nome próprio de Babel podia, por confusão, traduzir-se como 'confusão'. A primeira frase do texto é a seguinte: "Babel: em primeiro lugar um nome próprio, seja. Mas quando decidimos Babel hoje, sabemos o que estamos nomeando? Sabemos a quem?"[24]. O relato derridiano poderia resumir-se assim: ante a pretensão dos homens de construir uma torre, de edificar uma cidade, de se dar um nome e de se impor uma língua única, Deus clama seu nome, e esse nome próprio, que é ao mesmo tempo o nome do Pai e o nome da cidade, descende sobre a terra e é traduzido ou comunicado ou compreendido confusamente como "confusão", e assim, ao confundir-se, confunde a língua dos homens, interrompe a construção da cidade e dispersa os povos pela face da terra.

> A cidade levaria o nome de Deus pai, e do pai da cidade que se chama confusão. Deus, o Deus haveria marcado com seu patronímico um espaço comunitário, esta cidade na qual as pessoas já não podem se entender. E alguém já não pode se entender quando só existe nome próprio, e alguém já não pode se entender quando já não existe nome próprio. Ao dar seu nome, ao dar todos os nomes, o pai daria origem à linguagem e este poder pertenceria de direito a Deus pai. E o nome de Deus pai seria o nome desta origem das línguas. Mas este Deus, sob o impulso de sua cólera (como o Deus de Boheme ou de Hegel, o que sai de si, determina-se em sua finitude e produz assim a história) também anula o dom das línguas, ou pelo menos o transtorna, semeia a confusão entre seus filhos e envenena o presente.[25]

Os familiarizados com o vertiginoso vocabulário de Derrida reconhecerão também, nesta última frase, o motivo do dom, o motivo da semente ou da disseminação, e o motivo do veneno ou do fármaco, todos eles motivos pluralizadores e babelizantes do funcionamento mesmo da

---

[24] DERRIDA, J. Torres de Babel. In: *Er. Revista de Filosofia*, n. 5, 1987, p. 35.
[25] DERRIDA, J. Torres de Babel. *Op. Cit.*, p. 36.

Babel, entre outras muitas coisas, é para Derrida a tradução de um nome próprio (e, como tal, intraduzível, sem valor semântico, ao mesmo tempo dentro e fora da língua) a um nome comum. O que faz Derrida é comunicar seu nome. E nessa comunicação, nessa tradução a nome comunicado e, portanto, comum, o nome se confunde e nos confunde. Por isso, é o comunicar-se, o dar-se em comum da língua, o que dá o nome dividido, confundido, envenenado, disseminado, multiplicado, transtornado ou talvez, em uma só palavra, traduzido. O tratamento do nome próprio em "Torres de Babel" poderia ser, simplificando-o muito, o seguinte: 1) o nome próprio é intraduzível porque é "a referência de um significante puro a uma existência singular"; 2) mas, no entanto, traduz-se e se converte assim em um nome comum que contém uma generalidade de sentido; 3) nesse movimento que comunica ou traduz o nome próprio e o faz comum, o nome próprio perde sua singularidade, seu caráter de próprio; 4) mas perde também seu caráter de comum posto que, ao comunicar-se, se dá dispersado, multiplicado e confundido, como uma pluralidade infinita de sentidos. E sem dúvida esse tratamento pode generalizar-se a todos os nomes próprios assim como a outros lugares singulares da língua.

Por exemplo, essa modalidade do nome próprio que é a assinatura. Saberão vocês, e se não o sabem eu, Jorge Larrosa, os digo agora, que o tratamento da assinatura é enormemente sofisticado e complexo em Derrida, nesse texto prolífico e proliferante que leva a assinatura "Derrida". E terão se dado conta, suponho, que o que eu estou fazendo agora é explicar a Derrida, dá-lo a ler ou traduzi-lo explicando-o,

COLEÇÃO "EDUCAÇÃO: EXPERIÊNCIA E SENTIDO"

isto é, dizendo o que sua escritura quer dizer, ou melhor, sublinhando o que sua escritura tem (para mim e para o que eu imagino de vocês em minha ignorância ou em minha arrogância, ou em meu paternalismo, posto que o paternalismo de todos os pais e de todos os mestres e de todos os padres é uma mescla de ignorância e de arrogância) de legível ou de inteligível, e elidindo ou eludindo o que, também para mim (e para o que eu em minha ignorância e em minha arrogância e em meu paternalismo imagino de vocês) tem de ilegível e de inteligível, isto é, eliminando as arestas, as torções, as obscuridades, as ambiguidades, as dificuldades da letra para dar a clareza, a univocidade ou a familiaridade de um presumido sentido, de um presumido querer dizer que Derrida daria de forma difícil e eu de forma fácil, que ele daria por extenso e eu em resumo, que ele daria de forma complexa e eu de forma simples, que ele daria intraduzível e eu traduzido, que ele daria em francês e eu em espanhol, de maneira que vocês já não tenham que ler ou traduzir a Derrida. Terão se dado conta, suponho, de que estou me comportando como um sujeito da compreensão, como um sujeito da dificuldade do compreender e da dificuldade de dar a compreender, como um mediador da compreensão que se esforça em explicar o que ele compreendeu para que os demais, que não leram ou que não compreenderam, compreendam-no. E terão se dado conta, e se não os digo agora, que já estou cansado disso, que cada vez me incomoda mais esse tom didático ou professoral, que é o meu, mas do qual ao mesmo tempo começo a conhecer todas as trampas, todas as limitações e todas as imposturas. Tão cansado, que estou tentado a inscrever aqui e agora *plus d'explication* ou mais de explicação ou plus de explicação ou basta de explicação. Mas vou continuar explicando esse tema da assinatura de Derrida, simplificando e traduzindo para fazê-lo legível e, ao mesmo tempo, digamos que um pouco desviado, digamos que um pouco a minha maneira, um pouco com minhas próprias palavras ou com minha própria língua ou em meu próprio nome ou com minha própria assinatura. E a coisa poderia soar como segue.

Seja uma assinatura, a assinatura de Jacques Derrida, por exemplo, a assinatura de um texto que foi escrito no próprio nome e na própria língua, seja a assinatura que faz que um texto, este texto, seja de Jacques Derrida, seja essa assinatura que, como tal, é intraduzível. E seja uma tradução dessa assinatura, a tradução que se produz cada vez que eu, leitor de Derrida, digo 'Derrida', o que Derrida quer dizer. Nessa tradução o nome próprio Derrida, o que é traduzível porque é a referência de um significante puro a uma experiência singular, faz-se comum, comunica-se, e perde, portanto, sua singularidade. Cada vez que alguém, sem traduzir, traduz a assinatura 'Derrida' em uma nota de rodapé, ou em uma conferência, essa assinatura funciona como um nome comum, como o nome do que o texto de Derrida significa, como o nome de um sentido genérico. Dar a ler significa dar como comum um texto próprio, dar como comum um nome próprio. Mas esse sentido que já não é próprio, já não é tampouco comum, posto que se multiplica, divide-se, dispersa-se, confunde-se, dissemina-se, trai-se e se envenena nessa tradução. Vou pronunciar, outra vez, a frase com a que comecei essa seção, essa frase que dizia "Derrida se aparta definitivamente da nostalgia de ou da esperança em uma língua pura, transparente, única, idêntica a si mesma, sem diferença, sem escritura no sentido em que ele, Derrida, entende a palavra 'escritura'". Nessa frase eu traduzi o nome próprio da assinatura no nome comum de um sentido comunicável, nessa frase eu disse que "Derrida" quer dizer "apartar-se definitivamente da nostalgia ou da esperança em uma língua pura", e disse também que nessa frase a palavra "escritura" deve-se ler no sentido de Derrida, como uma palavra de Derrida, assinada "Derrida". Nessa primeira frase, eu traduzi uma assinatura singular a um significado genérico. E nessa operação dispersei, disseminei e confundi a assinatura. Do mesmo modo que Deus, ao dar seu nome, ao traduzir seu nome próprio em um nome comum, multiplica-o e o confunde, também ao traduzir uma assinatura, ao eliminar o que a assinatura tem de próprio, a assinatura se multiplica e confunde.

Alguma coisa parecida sucede com o motivo da data desse livro sobre a leitura, sobre a tradução, sobre a impossibilidade de qualquer totalização interpretativa, sobre o legível e o ilegível, o traduzível e o intraduzível, o compreensível e o incompreensível, o escondido e o mostrado, o fechado e o aberto, o segredo e a revelação do segredo, que é *Schibboleth. Pour Paul Celan*. (E direi entre parênteses que um bom exercício para captar a diferença entre hermenêutica e desconstrução é comparar as respectivas leituras de Celan que faz Gadamer e Derrida, Gadamer em *Quem sou eu e quem és tu? Comentário a "Cristal de aliento" de Paul Celan*, e Derrida no texto que acabo de citar. Enquanto Gadamer se esforça por compreender e explicar a Celan, por fazê-lo legível[26], Derrida insiste no que Celan tem de ilegível, de intraduzível, de incompreensível, mas para lê-lo e traduzi-lo e compreendê-lo valendo-se dessa impossibilidade, conservando ou respeitando ou guardando essa impossibilidade, quer dizer, babelicamente.)

O motivo agora é como se lê ou traduz ou compreende uma data, por exemplo, uma data de um poema de Celan. E a primeira citação poderia ser a seguinte: "Pertence à

---

[26] O livro de Gadamer sobre Celan foi pulicado em espanhol em Barcelona: Herder, 1999.

essência sempre acidentada da data o não devir legível e comemorativa mais que no apagado disso mesmo que terá designado, devindo a cada vez a data de ninguém". O que se joga na leitura de Celan é o devir legível da data, esse devir legível que só se produz no apagamento de sua singularidade absoluta, disso que a data quer conservar mas que só permanece apagando-se. É claro que uma data designa um acontecimento único que só sucedeu uma vez. Mas, ao escrever-se, uma data só pode voltar a modo de comemoração, de lembrança, de espectro ou de cinza. A data deve apagar-se de sua singularidade absoluta para devir legível, para devir compartilhada, mas guardando ao mesmo tempo o acontecimento que guarda, quer dizer, seu segredo, sua ilegibilidade. A data, como o nome, como a assinatura, é ao mesmo tempo legível, traduzível e intraduzível, compreensível e incompreensível. Na data, como no nome e como na assinatura, cruza-se uma singularidade ilegível, intraduzível, incomunicável e incompreensível com o apagamento dessa singularidade em uma inscrição ou uma marca legível, traduzível, comunicável e compreensível. De fato a data, como o nome ou como a assinatura, é sempre um limite e um vínculo (um passo de fronteira, um passo que constitui a fronteira no mesmo movimento em que a transpassa) entre legibilidade e ilegibilidade, traduzibilidade e intraduzibilidade, compreensibilidade e incompreensibilidade. Em palavras de Derrida,

> arriscando a anulação do que salva do esquecimento, pode sempre devir a data de nada e de ninguém, essência sem essência da cinza da qual não se sabe mais que o que foi um dia, uma só vez, sob um nome próprio consumido. O nome compartilha este destino de cinza com a data.[27]

---

[27] DERRIDA, J. *Schiboleth. Pour Paul Celan.* Paris: Galilée, 1986, p. 66.

Habitar Babel babelicamente

Do que se trata é de habitar babelicamente nossa condição babélica. E isso significa várias coisas.

Em primeiro lugar, habitar Babel babelicamente significa habitar uma língua múltipla, fazer a experiência da multiplicidade da língua. O que Babel nos dá não é só a multiplicidade e a divisão entre as línguas mas, sobretudo, a multiplicidade e a divisão da língua, de qualquer língua. Toda língua está atravessada por muitas línguas e está, portanto, multiplicada e dividida em seu interior.

Habitar Babel babelicamente significa também habitar uma língua que não é nunca idêntica a si mesma. Babel não nos dá somente a diferença entre as línguas, mas a diferença na língua, em qualquer língua.

Habitar Babel babelicamente significa, além do mais, habitar uma língua inapropriável, fazer a experiência da inapropriabilidade da língua. Babel não nos dá somente a diferença entre a língua própria e as línguas alheias, mas nos dá a inapropriabilidade e, portanto, a estranheza, de nossa própria língua, a experiência de que nossa própria língua não nos pertence.

Comunidade plural

Quase para terminar, tentarei fazer soar de um modo paradoxal, babélico, a expressão "comunidade plural", uma das possíveis traduções do nome de Babel. Comunidade plural, quer dizer, Babel, pode significar que o que existe é uma pluralidade que se comunica. E aí a língua é o meio da comunicação entre as diferenças, ainda que seja da difícil ou até da impossível comunicação. Mas comunidade plural, quer dizer, Babel, pode significar também que o que existe é uma comunicação que pluraliza. E aí a língua é o âmbito da pluralização e da disseminação. A expressão "comunidade plural" ou o nome de Babel já está dividido. Poderíamos manter os dois sentidos de Babel ao mesmo tempo? Poderíamos manter a tensão entre os dois sentidos sem a resolver, sem a dissolver, sem a dialetizar? Poderíamos manter essa tensão como uma diferença não oposicional? Eu creio que aí, nessa tensão, nessa contiguidade, nessa reversibilidade, nessa oscilação, nessa ambivalência, é onde se joga o que possa querer dizer, agora inevitavelmente confundido e disperso, inevitavelmente babelizado, isso de "ler é como traduzir".

Ler é traduzir

E agora sim terminarei dizendo algo do que contêm as próprias palavras do meu título, as palavras "ler" e "traduzir". Ainda que seja apenas para ver se podemos aprender algo das palavras ou, pelo menos, para dar às palavras a última palavra.

A palavra "ler" tem a ver com colheita. Podemos construir uma série com lição, lectio, leitura, se-leção, e-leição (elegante), pre-leção ou predi-leção, coleção, coleta. Nessa série ler é colher e, portanto, a ação de ler é próxima a outras palavras afins como recolher, reunir, albergar, compor, recompor... o que põe, o que está aí disposto para ser lido, colhido, coletado.

A palavra "traduzir" contém todo o imaginário clássico da condução de alguma coisa de um lugar a outro. A tradução tem a ver com o transporte, com a transmissão, com a transferência, com o translado (tradução em inglês é *translation*), com a transposição (tradução em alemão é *Übersetzung*, um decalque semântico do composto latino *transpositio*, mas também um decalque semântico do composto grego *metaphorein*, que ainda no grego moderno significa transporte). E é muito interessante a relação entre tradução, tradição e traição. Se tradução vem de *traducere*, no sentido do conduzir de um lugar a outro, tradição vem de *tradere*, algo assim como dar a outro lugar, dar mais além, entregar, fazer entrega. E não deixa de ser curioso que o traidor, o *traditore*, derive desse mesmo *tradere* do qual deriva a palavra tradição, porque o traidor é fundamentalmente o que dá, o que faz entrega, o que entrega aos seus porque ele mesmo é o primeiro que se passou ou se traduziu aos outros. Somente no século XVI tradição se associa à imobilidade, à segurança, a costume, etc., e tradução se associa a movimento, a intercâmbio, à conversão (daí a "versão" ou o traduzir como um verter) e, também, à perversão, à subversão, à diversão. E é então quando o tradutor é o que está próximo ao traidor. Ao fazer passar, o tradutor entrega e, ao entregar, trai.

Eu acho que o título deste artigo, isso de "ler é como traduzir", e tudo o que tentei dizer aqui, todas essas notas sobre a condição babélica da língua, poderia reduzir-se a uma sugestão: tratar de pensar a leitura não como colheita, não como apropriação, não desde o ponto de vista da unidade e da compreensão, senão mais como transporte, como transmissão, como uma tradição que, ao se entregar, ao mesmo tempo se libera e se trai, como metáfora, como tradução, mais do ponto de vista da pluralidade e da dispersão.

ENSAIOS BABÉLICOS

Sobre repetição e diferença

O comentário de texto é, talvez, o dispositivo pedagógico essencial em todas as disciplinas filológicas e também um modelo privilegiado para a análise da leitura. O que me proponho a seguir é utilizar o comentário de texto para mostrar como funcionam, na leitura, os paradoxos da repetição e da diferença. Para isso tomarei como ponto de partida e como fio condutor três textos muito conhecidos: as quatro páginas apenas que Foucault dedica ao comentário de texto em *A ordem do discurso*, umas poucas e diretas frases de Bakhtin em suas *Questões de literatura e de estética*, sobre os modos escolares de transmissão da palavra nas disciplinas filológicas, e um famosíssimo texto de Borges intitulado *Pierre Menard, autor de Quixote*, que considerarei como uma encenação da leitura.[1]

O sonho da repetição

Como se sabe, Foucault considera o comentário como um dos procedimentos internos de controle do discurso: junto com o princípio de autor e da organização das disci-

---

[1] FOUCAULT, F. *El orden del discurso*. Barcelona: Tusquets, 1973, p. 20-24. Bakhtin, M. *Teoría y estética de la novela*. Madrid: Taurus, 1989, p. 154 e seguintes. BORGES, J.L. Pierre Menard, autor del Quijote. In: *Ficciones*. Barcelona: Planeta, 1971, p. 45-57. Nas citações destes textos não indicarei o número das páginas.

plinas, o comentário de texto aparece como um dispositivo discursivo para dominar o discurso, para controlar sua proliferação desordenada e indefinida, para reduzir o que o discurso tem de acontecimento e de acaso. Para mostrar a estrutura e o funcionamento do comentário, Foucault começa estabelecendo duas distinções óbvias. Em primeiro lugar, distingue os discursos que se dizem na vida cotidiana e que desaparecem no ato mesmo de sua enunciação daqueles outros discursos "que estão na origem de um certo número de atos novos de palavras que os retomam, os transformam ou falam deles, em resumo, discursos que, indefinidamente, mais além de sua formulação, são ditos, permanecem ditos e ainda estão por dizer". E dá como exemplo em nosso sistema de cultura os textos religiosos, os textos jurídicos, os textos literários e os textos científicos. Toda sociedade, escreve Foucault, separa alguns discursos para conservá-los e para que deem lugar a novos discursos, ou seja, para que sejam indefinidamente repetidos, comentados e transformados, indefinidamente lidos, em suma, e isso "porque se suspeita que escondem algo como um segredo ou uma riqueza". A segunda distinção estabelece a diferença entre os discursos "fundamentais ou criadores" e aqueles outros discursos secundários "que só repetem, glosam ou comentam".

O dispositivo do comentário, portanto, supõe um princípio de seleção dos textos e, ao mesmo tempo, um conjunto de regras que estabelecem as formas legítimas de relação com esses textos, isto é, de leitura, se entendemos por leitura a produção regulada de textos (orais ou escritos) com base em um texto principal e em torno dele. E tanto os princípios de seleção como as regras de leitura estão sustentados por formas de poder. Obviamente, o comentário escolar, pedagógico, tem também essa forma básica: o discurso pedagógico dá a ler, estabelece o modo de leitura,

Ensaios babélicos – Sobre repetição e diferença

tutela-o e avalia-o ou, dito de outra forma, seleciona o texto, determina a relação legítima com o texto, controla essa relação e ordena hierarquicamente o valor relativo de cada uma das realizações concretas da leitura, distinguindo entre "melhores" e "piores" leituras. Ainda que a forma geral desse dispositivo esteja fortemente ancorada em nossa cultura, a concreção de suas regras varia historicamente. De fato, uma história da educação poderia consistir em analisar as variações na seleção dos textos (as mudanças na construção do que se pode chamar de cânone de cada uma das disciplinas escolares) e em analisar também as transformações nos princípios que determinam a produção dos discursos que os repetem, glosam, comentam ou transformam. O que muda são os textos e o que se faz com eles, ou seja, as regras que se estabelecem, como se devem lê-los. Além disso, posto que tanto o princípio de seleção dos textos quanto as regras da leitura dependem de relações de poder, uma história da educação teria a ver também com a história das lutas que se produzem nas distintas disciplinas, com relação a quais são os textos fundamentais e quais são os procedimentos legítimos de leitura. Um exemplo aqui poderia ser a revolução que se tem produzido nos últimos trinta anos no âmbito das humanidades, a qual, por comodidade, seguiremos chamando revolução pós-estruturalista, que não é outra coisa que uma dissolução do cânone de textos fundamentais e o advento de novas maneiras de ler. Não só se tem borrado as fronteiras entre as disciplinas (a dissolução de fronteiras entre Filosofia e Literatura seria o caso privilegiado), tem-se dissolvido as hierarquias entre os textos, eliminado a diferença essencial entre o texto primário e o comentário, mas também se tem mostrado que qualquer texto pode significar qualquer coisa ou, o que é o mesmo, que o sentido de qualquer texto é indecidível. Mas voltemos a Foucault, para sublinhar o que mais me interessa destacar aqui.

Depois de distinguir entre o texto primeiro ou fundamental e o texto segundo e o seu comentário, Foucault descreve o paradoxo que está inscrito no funcionamento, ao mesmo tempo produtivo e reprodutivo, da defasagem e da relação entre os dois textos. Por um lado, essa defasagem "permite construir (e indefinidamente) novos discursos", enquanto o primeiro texto "funda uma possibilidade aberta para falar". Mas, por outro lado, o comentário deve "dizer pela primeira vez aquilo que, entretanto, já havia sido dito". Nas palavras de Foucault, o paradoxo consiste em que

> a repetição indefinida dos comentários é ativada a partir do interior pelo sonho de uma repetição disfarçada: em seu horizonte não há talvez nada mais que o que era seu ponto de partida, a simples recitação. O comentário conjura o acaso do discurso ao tomá-lo em conta: permite dizer outra coisa aparte do texto mesmo, mas com a condição de que seja esse mesmo texto o que se diga, e de certa forma, o que se realize.

O dispositivo do comentário constrói indefinidamente novos discursos, mas sonha com a repetição; seu *horizonte,* e tenha-se em conta aqui que o horizonte é inalcançável, não é outra coisa que seu ponto de partida; em seu interior pulsa o *desejo impossível* da simples recitação, e tudo o que produz de novidade e de diferença, tudo o que diz à parte do texto mesmo, tudo o mais que diz não *tende* em direção a outra coisa que para o mesmo que o texto já disse, em direção a sua identidade por fim realizada.

Uma primeira leitura dessas páginas de Foucault poderia dar a entender que a proliferação desordenada e indefinida do discurso, essa tendência à novidade e à diferença, que está inscrita em sua dimensão de acontecimento e de acaso, e que poderia fazer com que os discursos se construíssem livremente, sem nenhum princípio de controle, valendo-se

Ensaios babélicos – Sobre repetição e diferença

de outros discursos, estaria como que contradita pela regra de atender constantemente ao que o texto primeiro diz: como se essa "possibilidade aberta para o falar", que todo o texto oferece, estivesse constantemente ameaçada de fechamento pelo imperativo de voltar a dizer aquilo que já foi dito. Poderia parecer, portanto, que a identidade do texto funcionaria como um princípio de ordem e de controle e que, por isso, ainda que se possa ver o comentário como um dispositivo para a multiplicação infinita dos discursos, funciona também de um modo restritivo e coativo. Mas ocorre que essa identidade é um sonho, um desejo impossível, um horizonte inalcançável, uma mera tendência ao infinito. E é precisamente por isso pelo qual proliferam os discursos: porque o texto principal escapa na mesma medida em que nos aproximamos dele, porque o texto lido vai-se desfazendo e desmoronando, ao tempo em que vamos articulando e construindo seu significado, porque o texto primeiro sempre frustra nossos desejos de sentido. Como se o desejo de um texto, aquilo que garantiria a possibilidade de leitura, se entendemos por leitura a captação ou a apropriação desse sentido, não fosse outra coisa que uma hipótese originária que se dissolveria no movimento mesmo no qual tentamos capturá-lo.

O comentário revela um vazio essencial no sentido do texto, a suspensão desse sentido, o fracasso da compreensão, a constituição de uma espécie de ausência de obra no interior da obra, o paradoxo de um texto que só se revela no movimento constante de sua própria ausência, de sua própria impossibilidade. Desse ponto de vista, a estrutura do comentário mostra o adiamento indefinido da compreensão, isto é, seu necessário fracasso. O texto é infinito não porque permite um número incalculável de interpretações, mas porque é inalcançável. E é essa impossibilidade de "chegar ao texto" o que constitui a lei interna de cada ato de leitura.

Todo texto "permite construir (e indefinidamente) novos discursos" porque se subtrai a qualquer identificação no mesmo movimento em que se reconstrói continuamente como material significante, ou seja, como texto. Para Foucault, o comentário sonha com a leitura e, ao mesmo tempo, mascara a impossibilidade da leitura e dissimula seu inevitável fracasso. E é aí, nesse mascaramento e nessa dissimulação, que está a impostura.

De memória e com as próprias palavras

A frase de Bakhtin que vou repetir aqui, para fazê-la ressoar junto às páginas de Foucault sobre o comentário aparece no contexto de uma discussão sobre "a transmissão e análise dos discursos alheios e da palavra alheia". Bakhtin começa assinalando o modo como, na vida cotidiana, estamos continuamente falando do que dizem os outros, como nossa fala diária se vê repleta de palavras alheias que, tomadas mais ou menos textualmente, são analisadas, avaliadas, parodiadas, refutadas, deformadas, desenvolvidas, transformadas ou utilizadas de diferentes maneiras e segundo diferentes procedimentos de "modelagem" e de "enquadramento interpretativo". A partir daí e depois de observar que na vida diária a fala sobre a palavra alheia fica nos traços mais superficiais e mais circunstanciais, o filólogo russo passa a considerar os procedimentos para a análise e a transmissão das palavras alheias nas disciplinas filológicas, isto é, naquelas disciplinas cujo objeto são precisamente textos. E é nesse contexto que escreve o seguinte: "O estudo das disciplinas filológicas conhece dois modos escolares fundamentais para a transmissão assimilativa do discurso alheio (do texto, da regra, do modelo): 'de memória' e 'com as próprias palavras'". E a seguir passa a

Ensaios babélicos – Sobre repetição e diferença

analisar o funcionamento dos dois procedimentos e suas respectivas relações com a autoridade.

Para Bakhtin, o que se transmite "de memória" é a palavra autoritária. Esta se caracteriza por sua distância temporal e espacial como palavra sempre preexistente que ecoa em um espaço elevado, separado da esfera do discurso cotidiano. Por outro lado, a palavra autoritária permanece sempre bem diferenciada das outras palavras que se produzem em torno dela para comentá-la, interpretá-la ou aplicá-la, e permanece sempre a mesma literalmente, sem variações, com se tivesse uma existência monumental, sagrada, que proíbe qualquer profanação textual. Até aqui "outra" formulação das duas distinções de Foucault sobre o modo de existência dos textos canônicos: seu isolamento da massa dos efêmeros discursos da cotidianidade e sua diferença também de todos os discursos parasitários ou secundários que os rodeiam, glosando-os, repetindo-os e transformando-os. Naturalmente, como também pensava Foucault, Bakhtin pensa que é o poder que estabelece e mantém as fronteiras e, justamente por sua relação com o poder, a palavra autoritária, que se transmite "de memória", é, para Bakhtin, monológica:

> sua estrutura semântica é imutável e inerte por estar acabada e ser monossemântica, seu sentido fica ligado à letra, se petrifica. A palavra autoritária nos pede um reconhecimento absoluto, e não um domínio e assimilação livres, com nossas próprias palavras. Por isso não admite nenhum tipo de jogo no contexto que a enquadra ou em suas fronteiras, nenhum tipo de transição gradual e instável, de variações estilizantes livres, criadoras.

Em contraposição à palavra autoritária, transmitida "de memória", Bakhtin situa a palavra intrinsecamente convincente como aquela que se transmite no estreito contato "com

105

nossas próprias palavras" e que é essencial para a formação da consciência individual ou, o que para Bakhtin é o mesmo, para a constituição de nossas próprias palavras. À diferença da palavra autoritária, a palavra intrinsecamente convincente é uma palavra sempre contemporânea e, além disso, entra em relação constante com nossas outras palavras, de maneira que tem o estatuto intermediário de uma palavra "seminossa, semialheia". Por isso a palavra intrinsecamente convincente é bivocal ou bilíngue, porque sua estrutura semântica "não é acabada, mas aberta; é capaz de descobrir em cada novo contexto dialógico novas possibilidades semânticas". Por isso também

> embora não saibamos da mesma tudo o que pode nos dizer, a introduzimos em novos contextos, a aplicamos a um novo material, a colocamos em uma nova situação para obter dela novas respostas, novas facetas quanto a seu sentido e novas palavras próprias (porque a palavra alheia produtiva gera em resposta, de maneira dialógica, nossa nova palavra).

A mim sempre pareceu muito sugestiva essa distinção tão bela entre aprender de memória ou com as próprias palavras. Parece-me que esse dispositivo de "com as próprias palavras" atravessa os aparatos pedagógicos com um imperativo comum: lê o texto e depois escreve-o com tuas próprias palavras: dize o mesmo que o texto disse, mas não com as palavras do texto, senão com outras palavras, com tuas próprias palavras. A semelhança fundamental entre leitura e tradução está contida nesse dispositivo, que pressupõe que o sentido do texto pode transportar-se de uma linguagem a outra, de um contexto dialógico a outro, como se o mesmo sentido pudesse representar-se com palavras diferentes, em línguas diferentes, para usos diferentes. E me parece também que a estrutura do dispositivo, analisada em suas variações, pode

Ensaios babélicos – Sobre repetição e diferença

ser muito produtiva para uma história da educação entendida como uma história da leitura. Mas não estou seguro de que essa distinção sempre funcione como Bakhtin diz, porque a leitura "de memória", literal, não significa necessariamente uma leitura semanticamente imutável, petrificada, do mesmo modo que a tradução para "as próprias palavras" tampouco implica necessariamente liberdade de interpretação nem abertura semântica. E mais, pode-se pensar que a tradução às próprias palavras não seja, às vezes, outra coisa que uma apropriação do "sentido" do texto na qual esse perde o que pode ter de inquietante e de estranho, de alheio, em suma, porque reduz a materialidade do texto a mero portador (por fim prescindível) de sua função significativa. Por outro lado, pode-se pensar também que o trabalho com a literalidade do texto, com essa materialidade da língua sempre resistente à compreensão, dissolve os automatismos da compreensão e afasta indefinidamente todo sentido como resultado. Como diz Julia Kristeva:

> fazer da língua um trabalho [...], atuar na materialidade do que, para a sociedade, é um meio de contato e de compreensão, não é, de repente, fazer-se estranho à língua)? O ato chamado literário, à força de não admitir distância ideal em relação ao que significa, introduz a estranheza radical em relação ao que se pensa que é a língua portadora de sentido[2].

Mas o que me parece mais interessante é o modo como Bakhtin metaforiza sua distinção. A oposição metafórica que estrutura o texto de Bakhtin é a oposição entre um texto sagrado, que se mostra petrificado, acabado, inerte e morto em sua literalidade, e um texto profano, que se mostra fluido,

---

[2] KRISTEVA, J. Semeiotiké. In: *Recherches pour une sémanalyse*. Paris: Seuil, 1979, p. 9.

inacabado, dinâmico e vivo em sua traduzibilidade. Como se a letra estivesse morta (e por isso não pudesse dialogar conosco de forma produtiva) e houvesse que vivificá-la, e como se a letra mantivesse uma distância, a nosso respeito e a respeito de nossa vida, que houvesse que tratar de reduzir. A tradução a nossas próprias palavras seria, então, uma operação de vivificação e de aproximação de um texto que, conservado em sua literalidade, permaneceria morto e estranho. E é essa "vivificação" e essa "aproximação", essa constante recontextualização dialógica, essa permanente "tradução a nossas próprias palavras", o que converte o texto em infinito, a chave de sua pluralidade, de sua polissemia e de sua riqueza. Por outro lado, o jogo do poder é o que, insistindo na literalidade própria do "de memória", mantém o texto morto, distante e intraduzível, isto é, monossemântico.

Entretanto, o texto de Foucault mostra uma articulação metafórica diferente. O que estrutura o texto de Foucault não é a oposição entre o texto morto, "aprendido de memória", e o texto vivo, "traduzido a nossas próprias palavras", mas entre o texto do comentário que pretende, em vão, fazer presente o sentido do texto original, e o texto literal cujo sentido é inalcançável. A impostura do comentário, da "repetição indefinida dos comentários", está em sua pretensão de realizar o impossível, em fazer o texto mesmo presente. Como se a literalidade do texto, o "sonho da repetição" ou o "horizonte da recitação", só fosse possível por meio de um comentário no qual o texto parecesse ter uma estrutura, uma unidade e um significado que em realidade não tem. A repetição leitora não é uma operação positiva e saudável de dessacralização, que consiste em fazer próximo o distante, ou em fazer próprio o alheio, mas é uma operação falaz que consiste em fazer presente o ausente e em apropriar-se do inapropriável. E o texto é infinito, não por uma espécie de

Ensaios babélicos – Sobre repetição e diferença

superabundância que garantiria o êxito de suas múltiplas traduções ou apropriações, mas por uma espécie de ausência radical que explicaria o necessário fracasso de toda tradução, de toda apropriação e de toda leitura, pelo infinito trabalho dessa materialidade literal que faz com que todo texto seja inalcançável.

Digamos isso de um modo talvez excessivamente brutal, mas que revela, creio, as inevitáveis ressonâncias teológicas de qualquer posição hermenêutica. Para Bakhtin, o texto nos permite falar e escrever livremente, com nossas próprias palavras, porque o fazemos vir até nós, porque o mesclamos com nossas próprias palavras, porque o encarnamos em nossa própria vida; podemos ser nós mesmos, isto é, formar nossas próprias palavras, porque não há um texto único; o infinito do texto está na multiplicidade e na pluralidade de suas traduções, de suas encarnações dialógicas. Para Bakhtin, fizemo-nos livres quando humanizamos o texto sagrado, quando o convertemos em um de nós, quando abolimos a distância, quando o colocamos a nossa altura para que seja capaz de dialogar conosco. Para Foucault, porém, o texto nos deixa falar e escrever indefinidamente porque se retira, porque escapa, porque resiste a qualquer apropriação, porque nunca chegamos a ele. Para Foucault é a letra do texto que é infinita, porque abriga um sentido sempre ausente, inalcançável.

Pierre Menard, leitor de Quixote

Em relação com textos anteriormente citados, vou usar agora um desses jogos que Foucault amava e aos quais se refere também em suas páginas sobre o comentário, um desses jogos "ao estilo de Borges, de um comentário que não fosse outra coisa mais que a reaparição palavra por palavra (mas desta vez solene e esperada) do que comenta; jogo, também, de uma crítica que falasse infinitamente de uma obra que não existisse"; um desses jogos nos quais "se trata de anular a cada vez um dos termos da relação e não de suprimir a própria relação", entre o texto primeiro e o texto secundário. E um jogo, além disso, em que se delineia de uma forma paradoxal, quase invertida, a dicotomia bakhtiniana entre aprender de memória – literalmente, ao pé da letra – uma palavra autoritária, e assimilar com as próprias palavras – traduzindo – uma palavra intrinsecamente convincente.

O jogo que vou tomar como fio condutor no que segue é essa ficção magnífica da nova versão do Quixote, literalmente igual à antiga e ao mesmo tempo completamente diferente, porque a voz que enuncia, e o mundo dessa voz, mudam o sentido de todos os enunciados[3]. George Steiner considera que *Pierre Menard, autor de Quixote* é "o mais agudo e denso comentário que se dedicou ao tema da tradução"[4] e Maurice Blanchot vê nesse texto "um absurdo memorável que é simplesmente o que ocorre em qualquer tradução"[5]. A ficção de Borges, insistem Steiner e Blanchot, pode ser tomada como uma alegoria da tradução. Mas, ao mesmo tempo, a tradução pode ser tomada como um modelo de leitura. Recorde-se, por exemplo, aquela clássica observação de Roman Jakobson, na qual afirmava que "o significado de qualquer signo linguístico é sua tradução a qualquer signo

---

[3] Nessa mesma linha há um ensaio intitulado La fruición literaria (en *El idioma de los argentinos*. Buenos Aires: Gleizer, 1928) em que Borges escreve a frase "o incêndio com ferozes mandíbulas, devora o campo" e a atribui sucessivamente a um poeta ultraísta argentino, a um poeta chinês ou siamês, à testemunha ocular de um incêndio real e ao poeta grego Ésquilo, explicando, em cada caso, os motivos da atribuição no mesmo sentido do texto.

[4] STEINER, G. *Después de Babel. Aspectos del lenguaje y la traducción*. Madrid: Fondo de Cultura Económica, 1980, p. 91.

[5] BLANCHOT, M. El infinito literario: El aleph. *El libro que vendrá*. Caracas: Monte Ávila, 1969, p. 111.

Ensaios babélicos – Sobre repetição e diferença

linguístico diferente"[6] ou, em um contexto explicitamente hermenêutico, esse fragmento, no qual Gadamer escreve que

> o exemplo do tradutor que tem que superar o abismo das línguas mostra com particular clareza a relação recíproca que se desenvolve entre o intérprete e o texto... Todo tradutor é intérprete... A tarefa de reprodução própria do tradutor não se distingue qualitativa, mas só gradualmente da tarefa hermenêutica geral que delineia qualquer texto[7].

Assim, *Pierre Menard, autor de Quixote* poderia também reescrever-se ou traduzir-se como "Pierre Menard, leitor de Quixote". Porque o jogo de Borges joga com os paradoxos da identidade e da diferença, do próprio e do alheio, do mesmo e do outro, com os paradoxos da repetição, em suma. E são esses paradoxos os que estão presentes nesses jogos impossíveis e ao mesmo tempo comuns que são a tradução e a leitura, assim como no bakhtiniano "de memória e com as próprias palavras" e no comentário de Foucault que "limita o acaso do discurso por meio do jogo de uma identidade que teria a forma da repetição e do mesmo", mas que, em sua própria impossibilidade, produz indefinidamente novos textos. Recordemos a brincadeira genial de Borges com certa delicadeza.

A forma que Borges escolhe para seu jogo é a de um necrológio. Pierre Menard, poeta simbolista francês de uma cidade de província, havia morrido recentemente e uma tal Madame Henri Bachelier publicou um catálogo de sua obra, que alarma e entristece os amigos do morto, não só porque

---

[6] JAKOBSON, R. Aspects linguistiques de la traduction. *Essais de linguistiques générale*. Paris: Minuit, 1963, p. 78.

[7] GADAMER, H. G. *Verdad y método*. Salamanca: Sígueme, 1984, p. 465-466. Sobre a leitura como tradução, ver também a terceira parte de LARROSA, J. *La experiencia de la lectura*. Barcelona: Laertes, 1996.

Coleção "Educação: Experiência e Sentido"

está cheia de omissões e adições, mas, sobretudo, porque só considera o que Borges chama "a obra visível" de Menard a menos interessante. O necrológio que Borges ficciona, um catálogo e um comentário da obra do poeta e ensaísta falecido (Borges, na primeira linha do texto, o etiqueta como novelista, já veremos por que, ainda que em sua obra pública não figure nenhum romance), constitui já um desses jogos aos quais se refere Foucault, posto que adota o formato de uma crítica que fala de um autor e de uma obra que não existem. Além disso, Borges não só inventa a Menard e a sua obra, mas também inventa o crítico: o necrológio, sem assinatura, foi escrito em Nîmes, está datado de 1939 e deveria ser atribuído, portanto, não ao escritor argentino, mas a um dos amigos de Menard.

A intenção desse amigo anônimo é dupla. Em primeiro lugar, propõe-se a retificar os erros do catálogo de Madame Henri Bachelier, um catálogo obviamente inexistente, mas cuja menção complica o jogo e sugere o que talvez pudesse ser uma das condições de toda crítica: que se refere obviamente ao texto comentado, mas que também estabelece uma relação explícita ou implícita com outros comentários; como se toda leitura tivesse relação com o texto lido, mas também estabelecesse uma relação com outras leituras, ainda que fosse apenas para apartá-las e abrir assim um lugar para si mesma. Em segundo lugar, e mais importante, o amigo se propõe a chamar a atenção do público sobre a outra obra de Menard, a obra invisível, a que não aparece, nem pode aparecer, consignada em nenhum catálogo, "a subterrânea, a interminavelmente heroica, a ímpar [...], a inconclusa [...], talvez a mais significativa de nosso tempo".

A menção sobre a obra visível já nos põe sobre algumas pistas. Assim, essa obra contém peças sobre os esforços dos séculos XVII e XVIII por construir uma língua universal

112

que corrija o desastre de Babel, explicitando o parentesco de tais esforços com a preocupação moderna pela linguagem da ciência e da lógica como línguas comuns. A lógica analítica de Descartes, a *Characteristica Universalis*, de Leibiniz, a língua filosófica universal de John Wilkins, o *Ars magna generalis*, de Ramón Llull, ou a lógica simbólica de George Boole são alguns dos temas sobre os quais Menard escreveu diversas monografias em torno de uma obsessão que, sem dúvida, teria interessado a Umberto Eco[8], e que não é outra que a de construir uma linguagem não ambígua, cuja estrutura mantenha, além disso, uma correspondência com a estrutura da realidade: uma linguagem, em suma, que traduza o mundo literalmente e sem resto, uma linguagem perfeita. Outras peças são exercícios sobre a duplicação, a repetição e a variação, por exemplo, "um soneto simbolista que apareceu duas vezes (com variações) em uma revista". Outras peças são práticas de tradução ou de transposição, por exemplo, "uma transposição em alexandrinos do Cimitière Marin de Paul Valéry". Outras peças são exercícios sobre o comentário, sobre esses discursos construídos com base em outros discursos, como, por exemplo, uma obra "que discute em ordem cronológica as soluções do ilustre problema de Aquiles e a tartaruga" e da qual existem duas edições distintas, a segunda das quais é uma edição renovada. Mas há também exercícios de comentários claramente irônicos, como, por exemplo, uma invectiva conta Valéry "que é o reverso exato de sua verdadeira opinião sobre Valéry" ou "uma réplica de Luc Durtain ilustrada com exemplos de Luc Durtain". E, por último, em uma nota de rodapé, na qual se indica que poderia tratar-se de uma pequena brincadeira, antecipando talvez a grande brincadeira genial que estrutura o texto, o compilador fala de uma obra da qual não encontrou rastro e

---

[8] ECO, H. *La búsqueda de la lengua perfecta*. Barcelona: Crítica, 1994.

que é "uma versão literal da versão literal que fez Quevedo da Introduction à la vie dévote de san Francisco de Sales".

Mas o jogo borgiano alcança sua máxima intensidade quando o comentário se dirige à obra invisível de Menard. E é aí onde salta a surpresa, porque essa obra "consta dos capítulos nono e trigésimo oitavo da primeira parte de dom Quixote e de um fragmento do capítulo vinte e dois". Ao que Borges acrescenta, em seguida, antecipando-se à reação do leitor: "eu sei que tal afirmação parece um disparate; justificar esse 'disparate' é o objeto primordial desta nota".

Antes de continuar com o texto de Borges, farei uma observação à parte, que não creio de todo impertinente, sobre os fragmentos do Quixote que constituem a "obra" de Menard. O capítulo trinta e oito constitui a segunda parte do discurso que dom Quixote pronuncia durante um jantar a propósito da vantagem, em méritos de arte, das armas sobre as letras. E não deixa de ser irônico que Menard reitere ali o assunto de um livro em menosprezo dos livros, ou de um escrito sobre a vaidade do estudo e da escrita. Além disso, nesse capítulo o discurso vai-se convertendo pouco a pouco em "labirinto de muito dificultosa saída", ainda que o cavaleiro consiga persegui-lo e concluí-lo com tanta soltura que "nos que haviam lhe escutado sobreveio nova compaixão ao ver que um homem, que, ao que parece, tinha bom entendimento e bom discurso em todas as coisas de que tratava, em se tratando de sua negra e pezenha cavalgadura, a tivesse perdido tão conclusivamente".

O capítulo vinte e dois é o célebre episódio da liberação dos galeotes. Desse capítulo Steiner assinala a fala de um dos guardas, que inclui um jogo sobre a equivalência das palavras "não" e "sim", quanto ao número de letras, no qual Steiner identifica uma alusão à cabala e as suas técnicas de leitura, atendendo à literalidade dos textos. Mas para mim

Ensaios babélicos – Sobre repetição e diferença

o fragmento de Menard consta também das páginas em que dom Quixote, personagem de ficção, liberta um tal de Ginés de Pasamonte, personagem real, soldado como Cervantes, cativo em Túnez durante anos e autor de uma autobiografia ainda inacabada no momento de seu afortunado encontro com o cavaleiro andante. Naturalmente, o jogo é pensar se na autobiografia "real" de Ginés de Pasamonte aparecerá ou não seu encontro "no livro" com dom Quixote. Todavia, o capítulo nove é sem dúvida o mais interessante, visto que ali o narrador se põe em cena como simples copista e depois de divertir-se, interrompendo o relato em meio a uma batalha por não ter encontrado mais fontes de informação sobre o cavaleiro andante, declara que encontrou em Toledo um manuscrito árabe intitulado *História de don Quixote de la Mancha,* escrita por Cide Hamete Benengelí, historiador arábico" e que o está fazendo traduzir por um mouro. A partir daí o relato se apresentará como cópia, às vezes comentada, de uma tradução, e o narrador se apresentará como copista, como comentarista e, às vezes, como tradutor. Assim, o que Menard tão exaustivamente escreveu são textos sobre a vaidade da leitura e da escritura, sobre o discurso como um labirinto louco e enlouquecedor do qual é preciso saber sair, de uma forma sensata e realista, para não perder o juízo como aquele, cuja loucura consiste justamente em ler livros e em querer vivê-los, sobre a correspondência e a simultânea separação entre o sentido e a letra, sobre as estranhas relações entre a realidade dos livros e os livros da realidade, e sobre a escritura mesma como reescritura, ou tradução, ou imitação, ou simplesmente cópia.

Mas voltemos ao fio do texto borgiano. O que se propôs Menard não era compor outro Quixote, nem tampouco transcrever mecanicamente o original: "sua admirável ambição era produzir umas páginas que coincidissem – palavra por palavra e linha por linha – com as de Miguel de Cervantes". Essa empresa disparatada esteve inspirada em dois textos. O primeiro é um fragmento filológico de Novalis que postula "a total identificação com um autor determinado" e que levaria ao extremo essa hipótese da "empatia" ou da "congenialidade", em torno da qual certas tendências da estética romântica formulam a prática da compreensão. Desse ponto de vista, compreender perfeitamente um autor (ou qualquer falante) seria identificar-se tão plenamente com ele que, no limite, alguém seria capaz de entender suas palavras com o mesmo sentido que têm para ele. O segundo texto que inspirou Menard foi "um destes livros parasitários que situam Cristo em um bulevar, Hamlet na Cannebière ou dom Quixote em Wall Street". Menard não queria compor outro Quixote de Cervantes, mas o de Pierre Menard.

Naturalmente a composição de um Quixote contemporâneo não é um propósito insólito e não poderia interessar a Menard. A Menard não lhe seduziu, a princípio, a diferença, mas a identidade. Menard foi incitado pela hipótese de Novalis e o método que imaginou inicialmente foi "conhecer bem o espanhol, recuperar a fé católica, guerrear contra os mouros ou contra o turco, esquecer a história da Europa entre os anos de 1602 e 1918, ser Miguel de Cervantes". Mas Menard, depois de trabalhar um tempo nesse procedimento, descartou-o por uma série de razões aparentemente contraditórias (que logo comentarei) e apostou decididamente pela diferença, uma diferença que já não é a diferença vulgar e paródica de outro Quixote, mas a diferença no interior da repetição, a diferença que se produz no mesmo texto de Quixote quando este está escrito, não por Cervantes, senão por Pierre Menard: "ser, de alguma maneira, Cervantes e chegar ao Quixote lhe pareceu menos árduo – por conseguinte, menos interessante – que continuar sendo Pierre Menard e chegar ao Quixote pelas experiências de Pierre Menard".

Ensaios babélicos – Sobre repetição e diferença

A diferença no interior da repetição se faz evidente quando o amigo compara os dois quixotes depois de assinalar que "o fragmentário Quixote de Menard é mais sutil que o de Cervantes".

A primeira comparação se refere ao gênio da obra. O Quixote de Cervantes obviamente é um romance realista porque mostra "a pobre realidade provinciana de seu país" por meio do recurso de contrapô-la às ficções de cavalaria, como se a realidade real e prosaica da Espanha, que o louco cavaleiro atravessa, alcançasse sua realidade justamente pelo contraste com a realidade novelesca e poética que os cavaleiros andantes da ficção atravessam, como se, na posição entre a Espanha real, construída no romance, e o mundo fictício e encantado dos cavaleiros estivesse precisamente o efeito de realidade ou o efeito de realismo do Quixote. O Quixote de Menard, no entanto, é um romance histórico e, assim considerado, seu interesse radica no modo como evita os tópicos de "cor local" com os quais o romance histórico costuma construir uma realidade espanhola do século XVII enormemente convencional, cheia de ciganos, de bandoleiros, de conquistadores, de místicos e de inquisidores. Como romance histórico que é, escreve Borges, o Quixote de Menard supera inapelavelmente o *Salambó* de Flaubert.

A segunda comparação refere-se a um fragmento do capítulo 38 da primeira parte em que dom Quixote faz um discurso no qual, após comparar méritos e deméritos respectivos, posiciona-se a favor das armas e contra as letras. Essa decisão se explica porque Cervantes era um velho militar. Mas a mesma opção em Pierre Menard, pacifista e consciente de sua responsabilidade política como escritor, somente pode explicar-se pela subordinação de suas próprias opiniões à psicologia da sua personagem, pela influência de Nietzsche ou por seu costume irônico, colorido por um cético relativismo, de propagar ideias contrárias as suas.

A terceira comparação é um cotejo textual que não tem desperdício:

> É uma revelação cotejar o dom Quixote de Menard com o de Cervantes. Este, por exemplo, escreveu (Dom Quixote, primeira parte, nono capítulo):
>
> a verdade, cuja mãe é a história, rival do tempo, depósito das ações,
>
> testemunha do passado, exemplo e anúncio do presente, advertência do porvir.
>
> Escrita no século XVII, por Cervantes, esta menção é um mero elogio retórico da história. Menard, a diferença, escreve:
>
> a verdade, cuja mãe é a história, rival do tempo, depósito das ações,
>
> testemunha do passado, exemplo e anúncio do presente, advertência do porvir.
>
> A história, mãe da verdade; a ideia é assombrosa. Menard, contemporâneo de Willian James, não define a história como uma indagação da realidade...

Cervantes escreveu; Menard, a diferença, escreve. O eixo sobre o qual gira o jogo borgiano é esse "a diferença". Porque o que ambos escreveram é exatamente o mesmo: textualmente, literalmente, letra por letra, ao pé da letra, com todas as vírgulas, palavra por palavra, com as mesmas palavras. Mas, se um escreveu com essas palavras "um mero elogio retórico da história", o outro, a diferença, com as mesmas palavras, escreveu afirmações historiográficas muito polêmicas e nada ingênuas, claramente pragmatistas, propositivistas inclusive. Cervantes e Menard escreveram coisas distintas com as mesmas palavras. Aqui está o paradoxo da diferença na identidade, de uma identidade que não é igual, mas que já está, desde sempre, diferenciada e cindida em seu próprio ser.

A quarta e última comparação, já não tão efetiva como o surpreendente cotejo entre os dois fragmentos anteriores, ao mesmo tempo idênticos e diferentes, contrasta o estilo arcaizante e afetado do espanhol de Menard com o desenfado do espanhol corrente de Cervantes.

O comentário de Blanchot à ficção de Borges é tachante e direto:

> Borges nos propõe imaginar um escritor francês contemporâneo escrevendo, a partir de seus próprios pensamentos, algumas páginas que reproduziram textualmente dois capítulos do Quixote, mas este absurdo memorável é simplesmente o que ocorre em qualquer tradução. Em uma tradução temos a mesma obra em uma linguagem dupla; na ficção de Borges temos duas obras na identidade da mesma linguagem e, nessa identidade, que não é igual, o fascinante espelhismo da duplicidade dos possíveis. Assim, ali onde tem um duplo perfeito se apaga o original e inclusive a origem.[9]

A tradução supõe a existência da mesma obra em duas línguas, mas a obra não é a mesma; a tradução, portanto, supõe que uma obra é e não é a mesma obra. Borges joga com duas obras na mesma linguagem. Assim, o Quixote de Cervantes e o de Menard são textualmente idênticos, mas, como vimos no modo como o crítico inventado por Borges os analisa e compara, são em realidade duas obras: pertencem a dois gêneros distintos; expressam convicções, influências e maneiras de dois autores distintos; dizem coisas distintas e mostram estilos distintos.

---

[9] BLANCHOT, M. El infinito literario: El aleph. *Op. cit.*, p. 111.

COLEÇÃO "EDUCAÇÃO: EXPERIÊNCIA E SENTIDO"

Mas não é isto o que sucede na leitura? Cervantes escreveu: "a verdade, cuja mãe é a história, rival do tempo"; Menard, a diferença, lê: "a verdade, cuja mãe é a história, rival do tempo". Porque ao ler, lemos literalmente e, ao mesmo tempo, com nossas próprias palavras. Como se a linguagem mesma tivesse uma duplicidade que lhe desse uma face externa e uma face interna, sendo esta última o modo como a cada um sabem ou soam ou dizem (como próprias) as palavras (alheias) que lê. Porque ao ler, lemos as palavras de outro com nossas próprias palavras, em nossa própria voz, em nossa própria língua. E é na leitura de Menard, em certa leitura de Menard, no modo como as palavras de Menard leem as palavras de Quixote (que são e não são as mesmas palavras), no modo como a língua de Menard lê a língua do Quixote (que é e não é a mesma língua), em que o Quixote é um romance histórico, em que está a influência de Nietzsche e de Willian James, em que estão as opiniões e os hábitos de Menard, em que o espanhol da obra soa arcaizante e um tanto afetado. Quando Menard lê o Quixote, lê o Quixote de Cervantes e, ao mesmo tempo, seu próprio Quixote, duas obras na mesma língua, duas obras que são e não são a mesma obra. Como diz Rodríguez Monegal, "o Quixote de Cervantes é, naturalmente, o de Menard. Mas os Menard são legião".[10]

Na repetição leitora de Menard está presente a pluralidade constitutiva do texto: como escreve Borges, pela boca do crítico, "o texto de Cervantes e o de Menard são verbalmente idênticos, mas o segundo é quase infinitamente mais rico. (Mais ambíguo, dirão seus detratores; mas a ambiguidade é uma riqueza)". Não deveríamos, porém, ver

---

[10] RODRÍGUEZ MONEGAL, E. *Borges por él mismo*. Barcelona: Laia, 1984, p. 31.

Ensaios babélicos – Sobre repetição e diferença

aqui, parece-me, uma simples variante da teoria da polissemia ou da plurivocidade da linguagem. Obviamente, todo texto pode ser lido de novo, de outra maneira, significando outra coisa, porque não tem um sentido em si, mas se presta a uma interpretação infinita. Desse ponto de vista, tomar a repetição de Menard como uma repetição leitora não seria outra coisa que mostrar que "a linguagem simbólica a que pertencem as obras de arte é estruturalmente uma linguagem plural, cujo código está feito de maneira que qualquer obra engendrada por ele tenha múltiplos significados"[11]. Mas creio que há algo mais complexo nesse "fascinante espelhismo de duplicidade" do qual falava Blanchot. Talvez o que Borges esteja indicando é que, na materialidade mesma de cada texto, se superpõem infinitos textos; que cada leitor reescreve o texto sem sair de sua literalidade; que não há original porque tampouco há origem, e que não há texto definitivo porque não há fim; que no texto lido se confundem e ao mesmo tempo se diferenciam seus infinitos leitores ou, o que é a mesma coisa, seus infinitos autores; que o texto, como o duplo e como o espelho, repete o que é um e, ao repeti-lo, introduz a diferença na identidade, dividindo-a em seu próprio interior. Por isso, a leitura só existe como divisão permanente, de tal modo que destrói a suposta unidade do original e faz aparecer a infinitude do sentido sem abandonar a literalidade do texto. Portanto, o leitor é o produto da diferença na repetição: porque repetindo o original faz presente o que tem de diferente, originalmente, no original.

A hipótese da tradução que, como já disse, é a de Blanchot e a de Steiner, poderia estar apoiada no fato de que Pierre Menard é um escritor francês e também pela afirmação de Borges de que Menard, consciente da

---

[11] BARTHES, R. *Critique et verité*. Paris: Seuil, 1967, p. 65

transitoriedade inevitável de toda obra de literatura ou de doutrina, "resolveu adiantar-se à vaidade que supõe todas as fadigas do homem; acometeu uma empresa complexíssima e de antemão fútil. Dedicou seus escrúpulos e vigílias a repetir em um idioma alheio um livro preexistente". E isso é justamente o que faz um tradutor: repetir em um idioma alheio um livro preexistente". Além disso, a tarefa do tradutor, condenada a ser tanto mais invisível quanto mais perfeita, é complexíssima e, de antemão, fútil, porque luta em vão contra a transitoriedade das obras perante a usura do tempo, que não é aqui outra coisa que o efeito de envelhecimento produzido pela dinâmica mesma da língua: todo tradutor sabe que sua tradução também é transitória e que a obra que acaba de traduzir, se permanece viva, terá de ser retraduzida quando sua linguagem tiver envelhecido. Mas tenho a impressão de que a decisão borgiana de que Menard fosse francês e tivesse decidido escrever seu Quixote em espanhol para que fosse textualmente idêntico ao de Cervantes não é essencial ao jogo: ambos quixotes estão escritos na mesma língua, que, em certo sentido, é a própria para Cervantes e alheia para Menard, mas que em outro sentido, é também própria de ambos, posto que ambos escrevem nela (recorde-se que, dos trabalhos abandonados de quando Menard ensaiou o método de ser Miguel de Cervantes, a única coisa que conseguiu foi a apropriação de sua língua, "um manejo bastante fiel do espanhol do século XVII"). E penso também que a citação assinalada igualmente poderia aplicar-se à leitura.

Os exemplos que Menard oferece para mostrar a transitoriedade das obras e, indiretamente, para justificar sua decisão, são precisamente exemplos de não leitura: uma doutrina filosófica que se converte em um capítulo da história da Filosofia ou uma obra literária que se converte em

Ensaios babélicos – Sobre repetição e diferença

ocasião para celebrações, para trabalhos filológicos ou para edições puramente decorativas. "A glória é uma incompreensão e talvez a pior", pensava Menard, porque a glória consiste justamente em que já ninguém lê, exceto os filólogos e os historiadores, isto é, os especialistas, os que tampouco leem. A inaudita decisão de Menard de escrever outra vez o mesmo Quixote é a decisão improvável de voltar a ler outra vez uma obra, palavra por palavra, ignorando o modo como já foi situada na história da literatura e ignorando também todo tipo de pedantismo celebratório, ou qualquer pretensão exclusivamente filológica. Porque, quando uma obra se converteu em um capítulo da história, já não é lida senão como parte do meramente histórico, quer dizer, do passado como passado; a leitura filológica ou, nas palavras de Borges, a "arrogância gramatical", por sua vez, tampouco é leitura, porque permanece no exterior do texto, porque visa apenas a sua mera determinação objetiva; e os pedantes são, como se sabe, os especialistas em fazer como se tivessem lido o que não leram ou, no melhor dos casos, os que só leem para apropriar-se do prestígio cultural do texto e aumentar assim seu próprio prestígio cultural. Todos eles, o historiador, o filólogo, o pedante, mantêm uma relação exterior com o texto e de nenhum modo, como tratou de fazer o excêntrico Menard, "chegam ao Quixote".

Por outro lado, o ato de ler, como o de traduzir, também está condenado a ser invisível, posto que não agrega nada ao livro, e também é provisório, já que qualquer intérprete sabe que sua leitura será inevitavelmente substituída por outras leituras, indefinidamente. Digamos que as traduções, como as leituras, só se fazem visíveis quando devem ser substituídas por outras traduções ou por outras leituras, isto é, quando são construídas como "más traduções" ou como "más leituras". Ademais, "repetir em um idioma alheio um livro preexistente" é também o que faz o leitor, se pensamos que sua ação consiste em repetir com suas próprias palavras um texto que já foi escrito. E, por último, o mesmo Borges começa o último e talvez definitivo parágrafo de seu texto, escrevendo que "Menard (talvez sem querer) enriqueceu mediante uma técnica nova, a arte paralisada e rudimentar da leitura".

Em um dos fragmentos decisivos do texto, a empresa de Menard é nomeada com a expressão "chegar ao Quixote". A citação, já transcrita, vem imediatamente depois do fragmento no qual se comparam os dois métodos ensaiados por Menard – ser Miguel de Cervantes ou seguir sendo Pierre de Menard – e se qualifica em função de sua facilidade, de seu interesse e de sua possibilidade: "ser, de alguma maneira, Cervantes, e chegar ao Quixote, pareceu menos árduo – por conseguinte, menos interessante – que seguir sendo Pierre Menard e chegar ao Quixote pelas experiências de Pierre Menard". Naturalmente, "chegar" ao Quixote de Cervantes é impossível, ainda que isso seja o que tentam em vão os leitores que tratam de fixar o sentido da obra remetendo-a ao contexto psicológico, linguístico, social ou cultural de sua produção, ao que chamaremos, para simplificar, Miguel de Cervantes. Mas o que importa não é que essa ambição seja impossível, mas que é menos fácil e menos interessante. O que se propõe Menard é igualmente impossível, mas mais árduo e, por conseguinte, mais interessante: "chegar" ao Quixote de Menard, a seu próprio Quixote, ao Quixote que está escrito, com suas próprias palavras. E chegar a ele textualmente, com base na materialidade pura, literal, de sua língua.

Para isso, para "chegar ao Quixote pelas experiências de Pierre Menard", Menard tem de conseguir que as palavras do texto sejam suas próprias palavras. Mas para isso tem

Ensaios babélicos – Sobre repetição e diferença

de proceder primeiro por eliminação. Daí talvez a "alegre fogueira" na qual Menard queimava a cada entardecer o caderno quadriculado no qual escrevia seus rascunhos. O que é que Menard queimava em seu afã de "chegar ao Quixote?" Em primeiro lugar, naturalmente, Menard queimava todas aquelas leitura literais do Quixote, nas quais as palavras de Cervantes eram ainda de Cervantes, soavam ainda a palavras de Cervantes. Em segundo lugar, Menard destruía todas aquelas leituras literais nas quais o texto parecia composto ao acaso, como "levado por inércias da linguagem e da invenção", de uma maneira espontânea, ou seja, Menard tinha de eliminar todas as leituras nas quais o texto soasse como se tivesse podido escrever-se de qualquer outro modo. E Menard sacrificava por último as "variantes de tipo formal ou psicológico" que ia ensaiando em suas leituras sucessivas, ou seja, qualquer tradução do texto a outras palavras. Todos esses rascunhos e todas essas fogueiras vespertinas nos arrabaldes de Nîmes nos podem dar uma ideia do quão difícil é para Menard ler o Quixote literalmente e, ao mesmo tempo, com suas próprias palavras, do quão árduo é "chegar ao Quixote". Porque o texto está demasiadamente cheio e o problema de qualquer leitura é deslocar as outras leituras para desocupar um espaço singular e próprio. Mas, além disso, a leitura tem de ser literal, isto é, tem de coincidir perfeitamente, palavra por palavra e letra por letra, com o texto.

Outro elemento que pode sugerir que a ficção borgiana trata da leitura (como tradução) e não da tradução estritamente considerada, ou seja, que o que faz Menard é simplesmente ler o Quixote com todos os paradoxos e as dificuldades que isso implica, é a questão da materialidade de sua obra invisível. Não sabemos se os capítulos de Quixote que Menard escreveu foram ou não publicados, e não sabemos sequer onde foram escritos. Só sabemos que não se pôde encontrar rastro dos rascunhos, mas ninguém nos disse onde está escrita a versão definitiva. E mais, o amigo crítico depois de referir-se a esses rascunhos supostamente queimados e que ninguém jamais viu, escreve o seguinte: "... tenho refletido que é lícito ver no Quixote 'final' uma espécie de palimpsesto, no qual devem transluzir-se os indícios – tênues, mas não indecifráveis – da 'prévia' escritura do nosso amigo". Neste fragmento, tanto a palavra "prévia" como a palavra "final" vão entre aspas. Porque, caso a escrita prévia e a final sejam a mesma escrita, o texto que Menard leu, reescrevendo-o, inumeráveis vezes, mostra seu afã de chegar finalmente ao Quixote. Isto é, que são "prévia" e "final" não no sentido de que sejam materialmente distintas, porque de fato são literalmente o mesmo texto, mas somente no interminável processo de leitura e releitura que deve conduzir "finalmente" a um Quixote que esteja escrito com as palavras de Pierre Menard e ao mesmo tempo com as de Cervantes, que, lembremos, tampouco eram as de Cervantes, mas as de Cide Hamete Benengelí, traduzidas por um mouro e copiadas por Cervantes. E, além disso, há um momento em que o próprio Menard, em uma carta que seu amigo transcreve, refere-se a seu Quixote como "meu divulgado romance". E isso só pode significar, a meu ver, que o Quixote de Menard está sendo divulgado junto com o de Cervantes, entre as páginas do Quixote de Cervantes, nas mesmas palavras, nas mesmas letras, nas mesmas páginas impressas e nas mesmas edições que o Quixote de Cervantes. Talvez seja por isso que sua obra seja "invisível", porque o que fez Menard foi ler interminavelmente o Quixote, tratando de "chegar ao Quixote", porque seu Quixote, seja qual for, só pode ser visto nas letras, nas palavras e nas páginas de uma obra alheia, que, entretanto, é sua própria obra, em uma escritura alheia, que é sua própria escritura, ou em palavras alheias, que são suas próprias palavras.

O infinito literário

Uma vez relido o jogo de Borges, do ponto de vista da leitura, farei, para terminar, algumas considerações sobre qual é a imagem da leitura que há nesse texto. Para isso, há que se ter em conta algo que me parece essencial na economia do texto borgiano: quem nos conta a disparatada empresa de Menard não é o próprio Menard, porque Menard está morto, porque talvez tenha de estar morto para que sua empresa se conte tal como se conta, mas um amigo anônimo em funções de crítico. Portanto, é um observador não imerso atualmente na leitura, um observador exterior, o que faz para nós a história da repetição de um texto, o que projeta em um mesmo plano as duas obras, a de Cervantes e a de Menard, em uma espécie de meta perspectiva comparativa. Com isso, porém, o crítico se coloca por detrás de Menard e talvez o traia. E se o amigo anônimo não tivesse entendido o verdadeiro alcance da empresa de Menard?

Menard excluiu de sua obra o prólogo autobiográfico da segunda parte do Quixote, porque não quis construir o personagem de Cervantes e, sobretudo, porque não queria apresentar o Quixote em função desse personagem. De fato, o que faz qualquer leitor que lê o Quixote de Cervantes, isto é, que remete o texto ao seu autor, é reescrevê-lo e reapresentá-lo em função desse personagem. E justamente isso que Menard evitou, é o que fez o narrador do texto de Borges, quando, para comparar as obras, transcreve duas vezes o mesmo parágrafo: uma vez o reescreve apresentando-o em função do personagem Cervantes e outra vez, "a diferença", o reescreve apresentando-o em função do personagem de Menard. Por isso, o crítico não chega por si mesmo ao Quixote, isto é, não o escreve com suas próprias palavras, mas com as palavras de Cervantes, a primeira vez, e com as palavras de Menard, a segunda. Por isso, o crítico respeita o princípio da intencionalidade do autor para dar unidade a cada uma das duas obras, e às convenções do comentário para mostrar seu diferente significado.

Desse ponto de vista, a repetição leitora de Menard pode apresentar-se como um exercício do que Bakhtin chamava "reacentuação". Nesse sentido, um intérprete bakhtiniano de Borges afirma que

> esse texto mostra quais são as consequências da reacentuação de um enunciado e sua importância para a história da leitura. Menard escreve um Quixote que é idêntico ao Quixote, mas não pode evitar reacentuá-lo; ainda que o enunciado seja o mesmo, o discurso refrata intenções autorais diversas [...]. A escritura de Menard evitou que o discurso de Cervantes se reificasse e por isso o discurso de Menard é mais rico, mais "sutil" que o de Cervantes [...] Ao trocar o autor, o leitor pode inferir neste uma intencionalidade diferente, "enriquecendo" a obra, reacentuando-a segundo a nova intenção autoral.[12]

E é isso precisamente o que faz o amigo crítico, reacentua ou ressignifica o mesmo texto segundo intenções autorais e contextos sociais e ideológicos distintos, e não pode evitar dizer que a escritura de Menard é mais "rica", porque agrega possibilidade de sentido à de Cervantes. No entanto, a experiência de Menard parece que é sensivelmente distinta e muito mais inquietante do que nela vê seu bakhtiniano leitor.

No texto de Borges, e além dos comentários, opiniões e exercícios de reacentuação do bem-intencionado amigo, temos também, entre aspas, algumas palavras textuais de Menard, concretamente, uma carta que escreveu desde

---

[12] PEREZ, A. J. *Poética de la prosa de J. L. Borges. Hacia una crítica bakhtiniana de la literatura*. Madri: Gredos, 1986, p. 154-155.

Bayonne e que aparece citada em três ocasiões. Além disso, temos a obra invisível de Menard, que podemos ler em dois capítulos e meio de qualquer exemplar do Quixote, e que, como vimos, delineia sutis considerações sobre a natureza da escritura e da leitura e sobre as complexas relações entre a "realidade" e a "leitura". De fato, em uma das vezes que o amigo cita a carta de Menard, este justifica sua "escolha" do Quixote, porque, para ele, é um livro semiesquecido, cuja lembrança "simplificada pelo esquecimento e pela indiferença pode muito bem equivaler à imprecisa imagem anterior de um livro não escrito", e porque o Quixote é para ele um livro prescindível, desnecessário. No entanto, e posto que todo livro contém sua própria poética (ou melhor, tantas poéticas como leitores/autores), não é talvez de todo marginal assinalar que o Quixote é justamente a fábula de um louco, que toma os livros ao pé da letra e cujo sonho de sentido fracassa constantemente ao projetar-se sobre a realidade e, ao mesmo tempo, o jogo de um escritor que se diverte com um relato do qual declara ser e não ser o autor. O Quixote, como epifania da modernidade literária, mescla elementos realistas e histórias mágicas até fazê-los indiscerníveis, consagra um modo de enunciação que tanto dissimula a voz do narrador como a impõe no centro da cena, apresenta um texto que é altamente pessoal e, ao mesmo tempo, a recomposição de outros textos arruína toda economia estável da enunciação ficcional. E, por isso, constrói como herói aquele que toma todos os livros como verdadeiros, aquele que rechaça toda distinção sensata entre os livros de ficção e de não ficção e entre os livros e a realidade, aquele cuja loucura está em tomar a sério o princípio da literariedade, em pensar que a letra está aí, plenamente disponível para qualquer uso e por qualquer locutor, sem nada que garanta sua verdade ou sua falsidade, nem sequer a unidade de seu sentido. Não parece,

Coleção "Educação: Experiência e Sentido"

portanto, de todo incoerente que o ensaísta e poeta Menard que, se temos de crer em sua obra visível, foi fundamentalmente um ensaísta obcecado pela linguagem e, em especial, pela repetição, variação e ambiguidade na linguagem, e de modo secundário um poeta simbolista herdeiro de Mallarmé e de Valéry, tenha escolhido o gênero romance e, em concreto, o Quixote, e mais precisamente esses capítulos determinados do Quixote, para culminar sua própria obra.

O Quixote não é apenas um livro suscetível de infinitas interpretações, segundo distintas intenções leitoras e segundo distintos contextos históricos, mas é o livro da infinitude mesma do livro, do livro como infinito. E isso Borges sabia e seguramente também sabia Menard. Por isso, a repetição leitora de Menard não é só uma reacentuação segundo distintas "intenções autorais" ou um simples deslocamento histórico (o fato trivial, mas não desdenhável, de que na leitura de Menard está o homem Menard e de que, nessa leitura, o Quixote é posterior a Nietzsche), mas postula a abolição da continuidade irreversível do tempo e a abolição da individualidade do eu. Poderíamos multiplicar os fragmentos poéticos, narrativos e ensaísticos de Borges que jogam com essa dupla abolição, às vezes feliz e às vezes aterradora, que talvez seja constitutiva da experiência da leitura e que acaso a história da leitura e dos leitores não faça senão mascarar. Para assinalar a refutação do tempo que está presente em sua tarefa, Menard escreve: "...minha empresa não é difícil, essencialmente. Me bastaria ser imortal para levá-la a cabo". E é impossível não recordar aqui este conto intitulado "O imortal", no qual o personagem principal vive através dos séculos, tendo sido Homero e um tribuno romano e o judeu errante e até um dos subscritores de uma tradição inglesa do século XVIII da *Odisseia*, até terminar – provisoriamente – como bibliófilo e antiquário, e que talvez não seja outra coisa que uma reflexão sobre o tempo

Ensaios babélicos – Sobre repetição e diferença

da literatura e sobre a peculiar eternidade do texto. Mas o sentido complementar do conto é que, se o tempo é infinito, um homem (Homero, o antiquário) é todos os homens. E a última citação de Menard, que seu amigo transcreve para nós, inclui esta afirmação surpreendente: "todo homem deve ser capaz de todas as ideias e entendo que no porvir o será". O homem que lê, parece dizer-nos Menard, está fora do tempo contínuo e irreversível da história e é capaz de todas as ideias. Por isso, este homem é todos os homens, ou seja, ninguém, ou melhor, o impessoal infinito literário. Menard não se encontra a si mesmo em seu Quixote, não encontra seu tempo nem sequer suas próprias palavras, mas a ausência de tempo e de anonimato, a solidão anônima do leitor apanhado no labirinto infinito da ausência de obra.

O que ocorre é que, para o amigo crítico, o processo interminável e infinito da leitura, o itinerário impossível para "chegar ao Quixote", anulou-se já em um resultado infinito e real (no imaginário Quixote de Menard, que contém as palavras de Menard, as ideias de Menard e a personalidade de Menard), porque Pierre Menard está morto. O crítico bakhtiniano trabalha a favor do sentido, inventando-se a leitura realizada de um leitor morto e por isso finito, mas Menard vivo, como Foucault, não encontrou na leitura, no fracasso da leitura, senão a suspensão do sentido no infinito do texto. Em seu texto sobre Borges, Blanchot escreve que

> para o homem mesurado e de medida, o quarto, o deserto e o mundo são lugares estritamente determinados. Para o homem desértico e labiríntico, exposto ao erro de uma tentativa necessariamente um pouco maior que sua vida, o mesmo espaço será verdadeiramente infinito, ainda quando saiba que não o é e tanto mais quando o saberá.[13]

---

[13] BLANCHOT, M. El infinito literario: El aleph. *Op. cit.*, p. 109.

Eu disse, valendo-me de Blanchot, que o absurdo memorável de duas obras na mesma língua não é outra coisa que a repetição leitora. Então, o que é a repetição? Na Modernidade, os grandes pensadores da repetição são Nietzsche, Heidegger e Deleuze. Em sua obra, a repetição não é o retorno do mesmo, mas o retorno do possível, quer dizer, o retorno do que foi, não como idêntico, mas como possível. Por isso, a repetição restitui a possibilidade do que foi, o faz de novo possível. O historiador nos dá o que foi sem sua possibilidade, porque sua pergunta é: como isto (este texto, estas ideias, estas palavras) foi possível? Mas para Menard a pergunta é: como isso pode ser ainda possível? Ele quer voltar a pensar esses pensamentos por si mesmo, voltar a escrever esses textos com suas próprias palavras e, por isso, não se conforma em comemorar que foram pensados ou escritos e tampouco se conforma em se apropriar deles, traduzindo-os a seus próprios pensamentos, a suas próprias palavras. Por isso, Menard tenta o absurdo comum de produzir a repetição como acontecimento da diferença ou de produzir a diferença no acontecimento da repetição. Para Menard, como para Foucault, "o novo não está no que se diz, mas no acontecimento de seu retorno". Mas como Menard não é um homem de medida, senão um homem desértico e labiríntico, sabe que o âmbito de possibilidades que a repetição abre é infinito. E infinito não significa aqui múltiplo ou plural, mas indeterminado e indecidível. Por conseguinte, Menard sabe que sua obra não pode consistir em agregar sua própria leitura finita e determinada do Quixote a outras leituras reais e possíveis para assim contribuir ao infinito da leitura, senão que experimenta a leitura mesma como infinito. Por isso, sabe que sua empresa implica a abolição do tempo e de sua própria individualidade, sabe que não pode "chegar ao Quixote", porque o Quixote, como qualquer livro, é infinito, e porque chegar a ele implicaria deixar de ser Pierre Menard e abandonar o tempo.

ENSAIOS BABÉLICOS

O código estúpido

Não se pode traduzir "não pensamento" por
"ausência de pensamento". A ausência de
pensamento designa uma não realidade. Não se
pode dizer que uma ausência é agressiva ou que
avança. Pelo contrario, o não pensamento designa
uma realidade, uma força; por isso se pode dizer:
o não pensamento que invade; o não pensamentodos tópicos; o
não pensamento dos meios de comunicação; etc..

Milan Kundera

Gilles Deleuze, seguindo a Nietzsche, também tinha
dito bem claro: "O que se contrapõe ao pensamento é a estupidez"[1]. O não pensamento, portanto, não seria a ausência
de pensamento senão "uma estrutura do pensamento como
tal": algo que talvez poderíamos chamar de um pensamento
estúpido. Esse pensamento estúpido, continua Deleuze, é uma
tradução: a tradução ao pensamento "do reino dos valores

---

[1] DELEUZE, G. *Nietzsche y la filosofía*. Barcelona: Anagrama, 1971, p.
146-156.

mesquinhos ou do poder de uma grande ordem estabeleci-da". E imediatamente, tratando de evitar um progressismo demasiado evidente, ou um farisaísmo demasiado fácil, Deleuze se apressa em agregar que o pensamento estúpido não é coisa do passado, ou dos outros, ou dos que não sabem pensar, ou dos que pensam como nós, mas que é coisa nossa, que tem a ver conosco, que se deriva quase naturalmente, como uma secreção, da mesquinhez de nossa vontade de viver ou de nossa submissão à ordem, a qualquer ordem: "a estupidez e a baixeza são sempre as de nosso tempo, as de nossos contemporâneos, nossa estupidez e nossa baixeza".

O pensamento estúpido é nosso próprio pensamen-to quando o que pensa em nós é nossa própria estupidez. Segregamos pensamento estúpido quando o que pensa em nós é nosso conformismo, nosso afã de segurança, nossa necessidade de ordem, nosso desejo de obedecer. Além do mais, posto que essa expressão de "o reino dos valores mesquinhos" deve ser lida aqui no sentido nietzschiano, quer dizer, entendendo os valores do ponto de vista da vida, como valores para a vida, como algo que tem a ver com a intensidade da vida, com a riqueza ou com a indigência da vida, então segregamos pensamento estúpido quando o que pensa em nós é nossa vida empobrecida, nossa vida covarde ou, simplesmente, nossa renuncia à vida.

Por isso, não é a inteligência disciplinada do pensa-mento metódico e educado a que nos protege da estupidez. Não são os conceitos mais ou menos elaborados, os métodos mais ou menos seguros, as citações de autoridade, as mais ou menos abundantes bibliografias, os cursos universitários, as teses doutorais, os fundos de investigação ou os congressos dos incansáveis especialistas os que nos imunizam contra a estupidez. Acreditar nisso é outra estupidez, o sintoma que traduz outra forma de mesquinhez, outra forma de submissão.

Comentando Deleuze, Foucault também o disse bem claro que às vezes nos comportamos como sábios-estúpidos cuja estupidez consiste, precisamente, em refugiar-se em regras de pensamento que, dizendo-nos em voz alta como devemos pensar, nos sussurram em voz baixa que somos inteligentes, seduzem-nos garantindo-nos que a estupidez não tem a ver conosco. Em suas palavras:

> todos nós somos sensatos; cada um pode equivocar-se, mas nenhum é bobo (naturalmente, nenhum de nós); sem boa vontade não há pensamento; todo problema verdadeiro deve ter uma solução, pois estamos na escola de um mestre que não interroga mais que a partir de respostas já escritas em seu caderno; o mundo é nossa classe. Ínfimas crenças... No entanto, o quê?, a tirania de uma boa vontade, a obrigação de pensar em comum com os outros, a dominação do modelo pedagógico, e sobretudo a exclusão da bobagem, formam toda uma ruim moral do pensamento cujo papel em nossa sociedade sem dúvida seria fácil decifrar. É preciso que nos liberemos dela.[2]

Há que se liberar então dessa moral mesquinha do pensamento que, enquanto nos dá a sensação de elevar-nos sobre a bobagem, afunda-nos em uma bobagem mais elevada, em uma estupidez de segundo grau. Não se trata de se apartar da estupidez com um gesto arrogante de desdém. Tampouco se trata de refugiar-se em algum desses modos de pensamentos seguros e assegurados que parecem garantir-nos um saber superior, uma inteligência sem esforço, ideias de segunda mão, uma linguagem distinta, procedimentos sem erros. Do que se trata é de se enfrentar à estupidez sa-

---

[2] DELEUZE, G. *Nietzsche y la filosofía*. Barcelona: Anagrama, 1971, p. 146-156.

bendo que, nesse enfrentamento, ao que nos enfrentamos é a nós mesmos. Também a nossa inteligência-estúpida, a nossa sabedoria-estúpida. E a isso, a esse enfrentar-se ao não pensamento da estupidez, a nosso próprio pensamento estúpido, a nossa própria baixeza e a nossa própria submissão, é o que chamamos pensar:

> a inteligência não responde à estupidez [...]. O sábio é inteligente. No entanto é o pensamento quem se enfrenta à estupidez e é o filósofo quem a olha [...]. Em última instância, pensar seria contemplar de perto, com extrema atenção, e inclusive até perder-se nela, a estupidez [...]. O filósofo deve estar de bastante mau-humorpara permanecer frente à estupidez, para contemplá-la sem gesticular até a estupefação, para aproximar-se a ela e mimá-la, para deixar que lentamente suba sobre si e esperar, no fim nunca fixado dessa cuidadosa preparação, o choque da diferença.[3]

Paisagens mediáticas

Entre as distintas formas da estupidez, talvez seja a estupidez mediática a mais evidente e, ao mesmo tempo, a mais oculta. A estupidez mais evidente porque as distintas tradições da crítica cultural, desde a Escola de Frankfurt em diante, converteram em estúpido estereótipo o imperativo de manter uma "atitude crítica" respeito a meios massivos de comunicação que, no entanto, permanecem tão estupidamente incompreendidos como estupidamente menosprezados. E a mais oculta porque, longe de ser poderosos instrumentos a serviço da propaganda política, da exploração econômica, da transmissão ideológica ou da degradação cultural, mas sempre suscetíveis de investimentos funcionais ou, ao menos,

---

[3] FOUCAULT, M. *Teatrum philosoficum. Op. cit.*, p. 39.

Ensaios babélicos – O código estúpido

de controles democráticos, a estúpida cultura mediática já está completamente incorporada a nossa estúpida cotidianidade e a nossos estúpidos hábitos de vida. Os meios de comunicação não são "meios" com funções substituíveis ou conteúdos intercambiáveis, mas constituem um autêntico "meio ambiente", um "entorno vital" estúpido e completamente naturalizado que implica, naturalmente, determinados modelos de organização e gestão das relações sociais.

Mas isso não é tudo. Os meios constituem um modo estúpido de inteligibilidade do real ou, dito de outra maneira, uma linguagem estúpida. Com seu próprio vocabulário estúpido, sua própria gramática estúpida, suas próprias regras estúpidas de construção de enunciados, sua própria estúpida produtividade. Os media constituem um código estúpido que funciona como um massivo dispositivo de produção e de tradução de enunciados. Os media traduzem qualquer coisa a esse código estúpido, apresentam e representam qualquer realidade nessa linguagem estúpida, pensam qualquer assunto nesse pensamento estúpido. Um código estúpido converte em estúpido tudo o que produz e tudo o que traduz,. Por isso, os media não só conformam a "paisagem" na qual transcorre nossa vida, mas produzem realidade, fazem mundo, constituem uma das ontologias mais poderosas e avassaladoras de nosso tempo.

O código estúpido dos media, esse código que habitamos e que nos habita, essa língua estúpida que só permite um pensamento estúpido e que só dá uma realidade estúpida, seria talvez o modo mais característico de nossa própria estupidez, aquela a qual devemos nos enfrentar sabendo que, nesse enfrentamento, nos enfrentamos a nós mesmos.

Houve um tempo em que alguns acreditavam na possibilidade de distinguir entre uma cultura individualizadora, formativa e elevada e uma subcultura de massas, degradante, e banal. Mas em nossa época o universo cultural se mostra muito mais complexo e muito mais turbulento, e qualquer distinção entre níveis de cultura se faz problemática. A presença dos media é continua, ubíqua e quase ninguém pode furtar-se ao seu poder e a sua fascinação. Cada vez mais, os que se estão convertendo em guetos completamente desativados são os espaços culturais tradicionais e os nichos acadêmicos. Cada vez mais, a possibilidade de enfrentar nossa própria estupidez se joga no modo como habitamos a estúpida cultura mediática e seus códigos estúpidos de homogeneização e neutralização generalizada.

A arte da reciclagem crítica

Entre os praticantes da *media art*, talvez seja Antoni Muntadas aquele que com maior rigor e eficácia empreendeu o questionamento interno do código mediático. Seus projetos não se limitam a utilizar artisticamente os recursos tecnológicos dos meios de comunicação de massa e da indústria do entretenimento, mas constituem o que poderíamos chamar uma metalinguagem dos códigos mediáticos. Com métodos que combinam a paciência de um historiador, a perspicácia de um antropólogo, a frieza de um sociólogo, o rigor de um semiólogo e a penetração de um filósofo com a sensibilidade de um artista plástico e a contundência de um artista conceitual, Muntadas examina minuciosamente as estruturas formais dos meios das instituições artísticas, dos espetáculos de massas, dos fluxos urbanos, dos cenários nos quais atuam os comerciantes da política, da economia, da espiritualidade e da diversão. Fugindo sempre desse ponto de vista pessoal ou subjetivo, desse estilo individual no qual se parece cifrar o talento particular de um artista, fugindo até mesmo de qualquer mística da beleza ou de qualquer metafísica da criação estética, Muntadas se limita quase sempre a reciclar material audiovisual preexistente e a reordená-lo tratando de fazer visíveis seus princípios de funcionamento. E tratando, ao mesmo tempo, de mostrar as relações entre a sociedade, a cultura e o poder. Na tradição que vai dos *ready mades* de Duchamp à apropriação da iconografia de massas na *pop art*, Muntadas trabalha como um *zapper* obsessivo ou como um colecionador perverso com o gigantesco arquivo sensível de imagens e sons mediáticos. Mas não só para voltar a colocá-los em circulação ou para construir com eles novos enunciados, mas para fazê-los visíveis ou audíveis ou legíveis de outro modo, de um modo que mostre ou que demonstre, quase pedagogicamente, o código que os faz possíveis.

Entre suas obras (se é que aqui ainda se pode falar de obras) há algumas sobre a homogeneização da linguagem mediática e sobre a conseguinte neutralização de qualquer conteúdo que se traduza a essa linguagem. *Cross cultural television* (1987), por exemplo, é uma reflexão "acerca da cosmética e do *packing* da televisão" através de uma série de imagens, basicamente de noticiários, procedentes de uma vintena de países. Podemos ver sequências introdutórias de noticiários de todo o mundo que são completamente idênticos na atitude dos apresentadores, do ritmo, da ambientação do estúdio, das cores, das músicas de fundo... A conclusão, sempre perturbadora em sua própria obviedade, é que, apesar de que são diferentes os regimes políticos, as bases culturais, os níveis de progresso educacional ou econômico, as formas de patrocínio institucional dos meios, etc., a estandardização formal é quase completa. Ainda que seja importante o controle dos conteúdos, são as convenções formais as que funcionam como gigantescos mecanismos de homogeneização. Na televisão, tudo se converte em televisão. A linguagem-televisão é tão uniforme e estandardizada que borra qualquer diferença.

Algo semelhante aparece em *The last ten minutes* (1976-7), uma coleção de gravações dos últimos dez minutos da programação televisiva de três países diferentes (Estados Unidos, Brasil e Argentina na primeira versão e Estados Unidos, Alemanha Ocidental e União Soviética na segunda), mesclados com tomadas de transeuntes registradas no mesmo dia e na mesma hora em alguma das ruas principais desses mesmos países. O contraste entre as diferenças sociais e culturais da rua e a aplastante homogeneidade das imagens televisivas não pode ser mais surpreendente, nem mais óbvia.

Outro exemplo poderia ser *The press conference room* (1991), uma instalação na qual distintas frases pronunciadas para a imprensa se sobrepõem gradualmente até se converterem em uma cacofonia na qual é impossível distinguir nada, convertem-se literalmente em ruído. Nessa instalação havia microfones iluminados e mudos enquanto que fragmentos de discursos políticos saíam de uma tela de televisão colocada em um extremo da sala. Por isso, não se tratava só da banalidade da gíria política, mas, sobretudo, da degradação da linguagem que se produz apenas pelo fato de se traduzir à televisão. Uma degradação que faz que todas as mensagens se confundam em um gigantesco palavreado vazio de qualquer sentido.

Muntadas realizou também intervenções sobre os procedimentos de fabricação de mensagens. Uma das mais famosas, *Credits* (1984), consiste em quase meia hora de papel pintado televisivo, de sequências acopladas dos créditos finais de diversos programas que, habitualmente ignorados, mostram a complexidade e a sofisticação dos sistemas de produção.

Political advertisements (1984, com pós-datas de 1988 e 1992) é uma reflexão sobre a venda dos candidatos políticos norte-americanos através de uma sequência ordenada cronologicamente de *spots* eleitorais televisivos. O resultado é uma pequena história do estilo da televisão que arranca em

1956 com a imagem de austeridade de Eisenhower falando sozinho em um estúdio de televisão vazio a uma audiência invisível, atravessa a cuidada edição das propagandas de Kennedy em 1960, chega às cínicas mensagens de Reagan em 1984, e se prolonga até as campanhas de Clynton. O resultado, perturbador pelo óbvio, é que as cores e as músicas, as paisagens, a evocação subliminar aos bons sentimentos, às formas do triunfalismo, os sorrisos, o modo de dirigir-se à câmara, a disposição do público, etc., não se diferencia em nada de outro tipo de anúncios publicitários além de incorporar elementos formais dos programas de entretenimento. O tema da instalação não são as ideias políticas dos candidatos ou os resultados finais das eleições. O obviamente surpreendente é que vencedores e vencidos, conservadores e republicanos, majoritários e minoritários se comportam do mesmo modo ante a câmara e são traduzidos a uma linguagem idêntica. A instalação desconstrói o código segundo o qual uma campanha política fala a linguagem da publicidade e traduz os políticos em mercadorias homologáveis a qualquer outra mercadoria televisiva. E fala a linguagem do espetáculo e traduz os políticos em *stars* homologáveis a qualquer outro famoso televisivo.

Mais inquietante é *The board room* (1987), uma impressionante posta em cena da relação entre os media e o poder que se centra nos fenômenos das novas formas espetaculares da religiosidade. A instalação consiste em uma sala de juntas formada por treze cadeiras ao redor de uma mesa oval (numa alusão à Ultima Ceia e à mesa de despacho do presidente dos Estados Unidos) e forrada de retratos de predicadores televisivos e líderes de velhas e novas religiões. No lugar correspondente à boca de cada um deles, há um pequeno monitor de vídeo que emite imagens de predicações e discursos. Sobre essas imagens, cada certo tempo, apare-

Coleção "Educação: Experiência e Sentido"

cem sobreimpressas palavras como poder, técnica, futuro, profecia, dinheiro, cruzada, salvação, etc. A obra é uma impressionante reflexão sobre e relação entre um lugar que aparece fechado e oculto, na semipenumbra do sagrado, uma espécie de conselho de administração ou de comitê central do delírio religioso, onde se configuram as mensagens e se tomam as decisões, e os lugares também privados e íntimos, caseiros, onde se recebem as mensagens depois de terem sido traduzidas a códigos publicitários e espetaculares.

Outros trabalhos de Muntadas são intervenções sobre a fabricação mediática da audiência, do público. *Stadium* (1989-1991) é uma reflexão sobre a forma-estádio, um dos lugares emblemáticos que funcionaram e ainda funcionam como contendores de acontecimentos de massas. Uma forma com raízes na Antiguidade que experimentou pouquíssimas variações com o passar do tempo. O público não é somente o destinatário, o espectador ou o consumidor, mas o produto do estádio. O estádio aparece assim como uma arquitetura para produzir, controlar e manipular audiências massivas e para converter o público em espetáculo para si mesmo. Uma versão do panóptico no sentido de que também faz visíveis aos que se encontram dentro. Nas paredes da instalação se projetam imagens de acontecimentos políticos, esportivos, religiosos e musicais de vários lugares e tempos. Projetam-se também imagens sobre o estádio mesmo (arquitetura, mobiliário, símbolos). E, além do mais, existe um jogo muito elaborado com fragmentos sonoros que, tomados independentemente, evocam imediatamente o gênero do acontecimento de massas em questão. Como se, além de um código arquitetônico e um código visual dos espetáculos produtores de massas, também houvesse um código sonoro altamente estandardizado que nos permitisse reconhecê-los no mesmo instante.

Outros trabalhos sobre a fabricação do público se centram sobre o turismo e sobre a conseguinte transformação das cidades em cenários para o espetáculo de massas. *Marseille: mythes et stereotypes* (1995) é uma indagação sobre a construção imaginária da cidade através do contraste entre as representações "míticas" da cidade que têm os marselheses e as representações "estereotipadas" dos turistas. O obviamente surpreendente é que tanto os mitos como os estereótipos têm suas raízes na publicidade, na literatura, na música, no cinema e na televisão. Como se a cidade estivesse fundamentalmente construída pela irrealidade das representações que a traduzem à linguagem dos meios. Na mesma linha, o projeto intitulado *Ciudad Museo* (1991) é uma reflexão sobre as formas de consumo massivo do espaço urbano que mostra como as cidades estão atravessadas por trajetos simplificados e altamente estandardizados nos quais os espaços tradicionais, os grandes projetos arquitetônicos modernos, os museus e os lugares de *shopping* e de mostras *folk* constituem um código espetacular organizado para a demanda massiva.

Sobre a tradução estúpida

Através de operações de decomposição, des-construção, reordenação, contraste, transformação e, em geral, de reciclagem crítica, grande parte da obra de Muntadas é uma rigorosa posta em cena das produções e dos produtos mediáticos feita com o propósito de mostrar seus códigos formais. Por outro lado, os trabalhos de Muntadas constituem também uma indagação sobre os mecanismos de tradução de qualquer "realidade" a esses códigos, sobre seus efeitos na constituição de relações sociais e sobre seu funcionamento como dispositivo de poder, de controle e de subjetivação. A língua dos media é uma das línguas de nossa estupidez, talvez a mais ubíqua, a mais poderosa. Uma língua capaz, além do mais, de traduzir tudo a essa estupidez, de converter em estúpido tudo o que se faz passar por ela.

Tratar a linguagem do ponto de vista da tradução em lugar de tratá-la com base no modelo técnico da comunicação, ou valendo-se do modelo hermenêutico da compreensão costuma ser uma opção pela pluralidade e pela diferença. A tradução é diferença. Por isso, pensar o leitor ou o ouvinte ou o espectador como tradutor (em vez de pensá-lo como receptor de mensagens ou como sujeito da compreensão) enfatiza sua atividade como produtor de novos enunciados. E pensar o autor como tradutor (e não como emissor ou como sujeito expressivo) é sublinhar seu jogo com uma língua que só se dá em estado babélico, quer dizer, em estado de pluralidade e de confusão. No entanto, às vezes, a tradução funciona como um mecanismo de cancelamento de toda pluralidade e de aplanamento de qualquer diferença. Existem modos de traduzir que homogeneízam, neutralizam e erosionam a língua e, portanto, homogeneízam, neutralizam e erosionam também qualquer "realidade" codificada nessa língua. E isso é o que ocorre quando um código estúpido como o dos media se faz dominante por sua força de autoimposição e totalitário por suas pretensões omniabarcadoras.

On translation é um complexo projeto em curso que, desde 1995, incorpora diversas intervenções que problematizam os códigos mediáticos do ponto de vista da tradução. Em uma de suas últimas apresentações completas, a que teve lugar no Museu de Arte Contemporânea de Barcelona em 2003, o projeto já reunia 24 trabalhos. Além do mais, ao colocar o problema da tradução na linguagem dos media em primeiro plano, *On translation* lança uma nova luz sobre as obras anteriores de Muntadas.

Existem dois trabalhos nos quais a tradução mediática aparece como um complexo processo de neutralização, de degradação e, no limite, de perda de sentido. Um deles, *On translation: the internet project* (1997), se baseia no jogo infantil do telefone sem fio para que uma frase, originalmente em inglês, seja traduzida sequencialmente por traduções a vinte e três idiomas diferentes para voltar ao idioma de partida e reiniciar outra vez o circuito. A frase inicial é *"communication systems provide the possibility of developing better understanding between people: in which language?"*. A tradução espanhola (a quarta) diz assim: *"el sistema de transmitir las intenciones hace posible el entendimiento mejorado entre los pueblos. Pero el problema es qué idioma utilizamos"*. A tradução francesa, a décima segunda, diz: *"tous systèmes d'analyses intensifs améliorent la qualité des dispositifs internationaux servant à communiquer. Le probleme concerne la langue qu'on utilise"*. No segundo ciclo, a frase em inglês já era *"a certain means of research could raise the standard of international activity through the medium of communication. The particular problem, which I have in mind, is the inaccessibility to a rapid system of mutual education"*. E em português:

> os métodos determinados de pesquisa, segundo seus sistemas de transmissão de intenções, podem melhorar as bases da atividade internacional. Segundo meu ponto de vista, o problema particular consiste no fato de que ele não culmina com o estabelecimento de um sistema rápido de educação.

A surpreendente conclusão não é só que o avanço do processo aumenta as diferenças com o original, mas que essas diferenças vão no sentido da degradação e da neutralização do enunciado até se fazer quase ilegível. Além do mais, o projeto de Muntadas problematiza a onipresença do inglês no mundo contemporâneo e o esboço de qualquer diferença idiomática que não possa ser assimilada pelo sistema.

Outro projeto, OT: *the bank* (1997), é uma imagem que fusiona um relógio de areia, uma relação de cotizações de divisas, uma série de bandeiras de distintos países, uma nota de mil dólares e a pergunta: *"How long will I take for a $ 1000 to disappear trough a series of foreing exchanges?"*. O tema não é só o do dinheiro como o mecanismo mais poderoso de homogeneização e intercâmbio, mas também o da progressiva desvalorização do valor de uma moeda ao largo das operações de câmbio. A erosão do valor do dinheiro é uma metáfora da erosão do valor das palavras submetidas aos sistemas de comunicação e às leis do mercado. Como diz Canclini: "Há modos de traduzir que fazem desaparecer"[4].

Mas talvez seja *OT: el aplauso* (1999) a instalação mais perturbadora do projeto. O trabalho parece um contraponto a *Stadium* no sentido de que, se naquela obra se problematizava a construção do público dos espetáculos que requerem concentrações de massas em um mesmo lugar, aqui se problematiza a construção do público mediático em geral através desse gesto unânime, complacente, monótono e vazio do aplauso. A instalação consiste em três gigantescas telas contíguas. Nas telas laterais, projetam-se imagens e sons de gente aplaudindo uma tela central na qual a audiência aplaudia frontalmente, de cara ao espectador. Cada quinze ou vinte segundos, a imagem central era substituída por uma espécie de oscilação na qual se mostravam fugazes imagens de violência em branco e preto e sem som. A primeira apresentação teve lugar em Bogotá e as imagens eram fundamentalmente imagens de violência de todo tipo extraídas dos media colombianos. Desse modo, a instalação indagava a tradução da violência em espetáculo mediático completamente naturalizado e a correlativa neutralização da audiência em um gesto de tradução passivo, único e reiterati-

---

[4] GARCÍA CANCLINI, N. Muntadas y las negociociones sospechosas. In: *Muntadas. Con|textos. Una ontología crítica*. Buenos Aires: Simrug, 2002, p. 269.

Ensaios babélicos – O código estúpido

vo. Em outras exibições posteriores, as imagens de violência se mesclam com imagens do mundo do esporte, da política, da música ou da religião, dando a entender a homogeneização espetacular de qualquer acontecimento que passe pelos media e a conseguinte homogeneização, também segundo um código espetacular, de qualquer audiência mediática.

Uma característica da instalação especialmente inquietante é que as pessoas que aplaudem parecem completamente desvinculadas do que estão vendo. Como se estivessem representando um aplauso sem nenhum entusiasmo e sem nenhuma relação com aquilo ao que aparentemente se aplaude. Essa excisão entre as imagens dos que aplaudem e as do aplaudido parece mostrar que, no fundo, elas não têm nada a ver entre si. Ambos, a audiência e os acontecimentos, igualmente irreais, igualmente imateriais, igualmente fabricados, estupidamente codificados. Se os media traduzem tudo a espetáculo, a audiência traduz tudo em aplauso. Mas em um aplauso neutro e neutralizador, indiferente, mecânico, aprendido, automático como a resposta a uma ordem, completamente estúpido.

Diante da estupidização do aplauso, resta apenas insistir em que a leitura dos media não é uma ciência infusa, mas uma arte que há que se cultivar. Insistir também em que é preciso continuar desmontando os mecanismos de codificação estúpida de toda realidade, de toda linguagem, de todo pensamento. Como faz Muntadas em outro dos trabalhos de *On translation*, há que seguir insistindo (e traduzindo):

> *Warning: perception requires involvement. Attention: la perception requiert implication. Achtung: wahrnehmung erfordet einsatz. Attenzione: la percezione requiere participación. Advarsel: for at kunne forstá noguet má man engagere sig. Pas op: waarneming vereist betrokkenheid. Varning: för att*

uppfatta máste man engagera sig. Atenção: a percepção requer empenho. Varoitus: havainnointi edellyttää sitoutumista.

Muntadas usou a palavra estúpido em uma gravação intitulada *SSS* e incorporada ao trabalho coletivo *Media hostages* (1985). Concebido como uma série de comentários estúpidos a uma estúpida estratégia publicitária televisiva consistente em um concurso no qual os concursantes tinham de viver o maior tempo possível no alto do andaime de um painel publicitário. O prêmio era a participação em um *casting* para um estúdio de Hollywood. Contrariamente ao que é usual em seus trabalhos, Muntadas incorporou sua própria voz à gravação: "Olho a imagem desse cartaz e detrás dele sinto três esses: estúpido, triste e estremecedor (silly, sad, scary)". O concurso, talvez especialmente feroz por seu caráter diretamente físico, não se distingue demasiado de qualquer outra estratégia publicitária enquanto nos convida a habitar o interior de um anuncio em troca da recompensa de converter-nos a nós mesmos em parte do anúncio.

Para se manter frente à estupidez, para enfrentá-la, é necessário "estar de bastante mal humor". E isso porque a estupidez costuma se apresentar com um rosto amável, uma mímica bondosa, um palavreado recoberto de boas intenções, uma gestualidade carregada de boa consciência. Somente um mau-humorsustentado e encarniçado pode impedir que nos contaminemos com seu espírito sempre positivo. É necessário certo mau-humorpara enfrentar-se aos monstros que se escondem detrás das máscaras sorridentes. Em um texto sobre *The board room*, o crítico Raymond Bellour escreve que, do que se trata, é

> da arte de viver, de sobreviver entre os monstros. Uma arte de defesa e de revelação. Aquele que pratica por

Ensaios babélicos – O código estúpido

exemplo Godard em France Tour Détour Deux Enfants. Ele viaja ali regularmente entre os monstros: os que esqueceram o sentido das palavras e das perguntas mais elementares, os adultos, os telespectadores: aí está o que ele demonstra com as duas crianças. Tudo reside no modo. E nos temas. Não se deve subestimar os monstros. A demonstração será justa, quer dizer eficaz, a condição de que seja sensual e generosa, capaz de competir com aquilo do que fala, quer dizer, de superar em sedução a atração própria da monstruosidade [...]. Voluptuosidade da pedagogia.[5]

Talvez seja ali, no interior dessa pedagogia voluptuosa, que possa aparecer, como um relâmpago, o choque da diferença.

Em um texto em homenagem a Deleuze e em um fragmento que se refere ao artista emblemático da *por art* que, sem dúvida, poderia se referir também a Muntadas, Foucault escreveu o seguinte:

Grandeza de Warhol com suas latas de conserva, seus acidentes estúpidos e suas séries de sorrisos publicitários: equivalência oral e nutritiva destes lábios entreabertos, destes dentes, destes molhos de tomate, desta higiene de detergente; equivalência de uma morte no oco de um carro rebentado, no final de um fio telefônico no alto de um poste, entre os braços reluzentes e azulados da caixa elétrica. 'Isto vale' diz a estupidez naufragando em si mesma, e prolongando ao infinito o que ela é mediante o que ela diz de si mesma; 'aqui ou em qualquer outro lugar, sempre o mesmo, que importam algumas cores variadas e claridades mais ou menos grandes, que estúpida é a vida, a mulher, a morte!'. Mas ao contemplar de frente esta monotonia

---

[5] BELOUR, R. "El arte de la demonstración". *Op. cit.*, p. 306.

sem limite, de súbito se ilumina a própria multiplicidade – sem nada no centro, nem no topo, nem mais
além – [...]: de repente, sobre o fundo da velha inércia
equivalente, o traçado do acontecimento desgarra a
escuridão e o fantasma eterno se diz nesta lata, neste
rosto singular, sem espessura.[6]

---

[6] FOUCAULT, M. *Teatrum philosoficum. Op. cit.*, p. 38.

ENSAIOS ERÓTICOS

Experiência e paixão

No combate entre você e o mundo, prefira o mundo.
Franz Kafka

Costuma-se pensar a educação do ponto de vista da relação entre ciência e técnica ou, às vezes, do ponto de vista da relação entre teoria e prática. Se o par ciência/técnica remete a uma perspectiva positivista e coisificadora, o par teoria/prática remete sobretudo a uma perspectiva política e crítica. De fato, somente nesta última perspectiva tem sentido a palavra "reflexão" e expressões como "reflexão crítica", "reflexão sobre a prática ou na prática", "reflexão emancipadora", etc. Se na primeira alternativa as pessoas que trabalham em educação são construídas como sujeitos técnicos que aplicam com maior ou menor eficácia as diversas tecnologias pedagógicas produzidas pelos cientistas, pelos tecnólogos e pelos especialistas, na segunda alternativa essas mesmas pessoas aparecem como sujeitos críticos que armados de distintas estratégias reflexivas se comprometem, com maior ou menor êxito, com práticas educativas concebidas na maioria das vezes desde uma perspectiva política. Tudo isso é suficientemente conhecido, posto que nas últimas décadas o

Coleção "Educação: Experiência e Sentido"

campo pedagógico tem estado escindido entre os chamados tecnólogos e os chamados críticos, entre os partidários da educação como ciência aplicada e os partidários da educação como práxis política, e não vou retomar a discussão.

O que vou propor aqui é a exploração de outra possibilidade, digamos que mais existencial (sem ser existencialista) e mais estética (sem ser esteticista), a saber: pensar a educação valendo-se da experiência.

E isso com base na convicção de que as palavras produzem sentido, criam realidades e às vezes funcionam como potentes mecanismos de subjetivação. Eu creio no poder das palavras, na força das palavras, em que fazemos coisas com as palavras e também que as palavras fazem coisas conosco. As palavras determinam nosso pensamento porque não pensamos com pensamentos, mas com palavras, não pensamos baseando-nos em nossa genialidade, em nossa inteligência, mas valendo-nos de nossas palavras. E pensar não é somente "raciocinar" ou "calcular" ou "argumentar", como nos tem sido ensinado algumas vezes, mas é sobretudo dar sentido ao que somos e ao que nos acontece. E isto, o sentido ou o sem-sentido, é algo que tem a ver com as palavras. E portanto também tem a ver com as palavras o modo como nos colocamos diante de nós mesmos, diante dos outros e diante do mundo em que vivemos. E o modo como agimos em relação a tudo isso. Todo mundo sabe que Aristóteles definiu o homem como *zôon lógon échon*. A tradução dessa expressão, porém, é muito mais "vivente dotado de palavra" do que "animal dotado de razão" ou "animal racional". Se há uma tradução que realmente trai no pior sentido da palavra é justamente essa de traduzir *logos* por *ratio*. E a transformação de *zôon*, vivente, em animal. O homem é o vivente com palavra. E isso não significa que o homem tenha a palavra ou a linguagem como uma coisa ou uma faculdade, ou uma ferramenta, mas que o homem é palavra, que o homem é como palavra, que todo o humano tem a ver com a palavra, dá-se em palavra, está tecido de palavras, que o modo de viver próprio desse vivente que é o homem se dá na palavra e como palavra. Por isso, atividades como atender às palavras, criticar as palavras, escolher as palavras, cuidar as palavras, inventar palavras, jogar com as palavras, impor palavras, proibir palavras, transformar palavras, etc., não são atividades ocas ou vazias, não são mero palavrório. Quando fazemos coisas com as palavras, do que se trata é de como damos sentido ao que somos e ao que nos acontece, de como juntamos as palavras e as coisas, de como nomeamos o que vemos ou o que sentimos e de como vemos ou sentimos o que nomeamos.

Nomear o que fazemos em educação ou em qualquer outro lugar, como técnica aplicada, como práxis reflexiva ou como experiência, não é somente uma questão terminológica. As palavras com que nomeamos o que somos, o que fazemos, o que pensamos, o que percebemos ou o que sentimos são mais do que simplesmente palavras. E por isso as lutas pelas palavras, pelo significado e pelo controle das palavras, pela imposição de certas palavras e pelo silenciamento ou desativação de outras, são lutas em que se joga algo mais que simplesmente palavras, algo mais que somente palavras.

A destruição da experiência

Começarei com a palavra *experiência*. Poderíamos dizer de início que a experiência é em espanhol "o que nos passa". Em português se diria que a experiência é "o que nos acontece"; em francês a experiência seria *"ce que nous arrive"*; em italiano, *"quello che nos succede"*, ou *"quelo che nos accade*"; em inglês, *"that what is happening to us"*; em alemão, *"was mir passiert"*.

A experiência é o que nos passa, ou o que nos acontece, ou o que nos toca. Não o que passa ou o que acontece, ou o que toca, mas o que nos passa, o que nos acontece ou nos toca. A cada dia passam muitas coisas, porém, ao mesmo tempo, quase nada nos passa. Dir-se-ia que tudo o que passa está organizado para que nada nos passe. Walter Benjamin, em um texto célebre, já certificava a pobreza de experiências que caracteriza o nosso mundo. Nunca se passaram tantas coisas, mas a experiência é cada vez mais rara.

Em primeiro lugar pelo excesso de informação. A informação não é experiência. E mais, a informação não deixa lugar para a experiência, é quase o contrário da experiência, quase uma antiexperiência. Por isso, a ênfase contemporânea na informação, em estar informados e toda a retórica destinada a constituirmos como sujeitos informantes e informados, não faz outra coisa que cancelar nossas possibilidades de experiência. O sujeito da informação sabe muitas coisas, passa o tempo buscando informação, o que mais lhe preocupa é não ter bastante informação, cada vez sabe mais, cada vez está mais bem informado, porém, com essa obsessão pela informação e pelo saber (mas saber não no sentido de "sabedoria", mas no sentido de estar informado), o que consegue é que nada lhe aconteça. A primeira coisa que gostaria de dizer sobre a *experiência* é que há que separá-la da informação. E a primeira coisa que eu gostaria de dizer sobre o *saber da experiência* é que há que separá-lo de saber coisas, tal como se sabe quando se tem informação sobre as coisas, quando se está informado. É a língua mesma que nos dá essa possibilidade. Depois de assistir a uma aula ou a uma conferência, depois de ter lido um livro ou uma informação, depois de ter feito uma viagem ou de ter visitado uma escola, podemos dizer que sabemos coisas que antes não sabíamos, que temos mais informação que antes

Ensaios eróticos – Experiência e paixão

sobre alguma coisa, mas, ao mesmo tempo, podemos dizer também que nada nos passou, que nada nos tocou, que, com tudo o que aprendemos, nada nos sucedeu ou nos aconteceu.

Além disso, já ouvimos dizer que vivemos numa "sociedade de informação". E já nos demos conta de que essa estranha expressão funciona às vezes como sinônimo de "sociedade do conhecimento" ou, até mesmo, de "sociedade de aprendizagem". Não deixa de ser curiosa a intercambiabilidade entre os termos "informação", "conhecimento" e "aprendizagem". Como se o conhecimento se desse sob o modo da informação e como se aprender não fosse outra coisa que adquirir e processar informação. E não deixa de ser interessante também que as velhas metáforas organicistas do social, que tantos jogos permitiram aos totalitarismos do século passado, estejam sendo substituídas por metáforas cognitivistas, seguramente também totalitárias, ainda que revestidas agora de um *look* liberal e democrático. Independentemente de que seja urgente problematizar esse discurso que se está instalando sem crítica, a cada dia mais profundamente, e que pensa a sociedade como um mecanismo de processamento de informação, o que eu quero deixar apontado aqui é que uma sociedade constituída sob o signo da informação é uma sociedade em que a experiência é impossível.

Em segundo lugar, a experiência é cada vez mais rara por excesso de opinião. O sujeito moderno é um sujeito informado que além disso opina. É alguém que tem uma opinião supostamente pessoal e supostamente própria e às vezes supostamente crítica sobre tudo o que se passa, sobre tudo aquilo do qual tem informação. Para nós, a opinião, como a informação, converteu-se em um imperativo. Em nossa arrogância, passamos a vida opinando sobre qualquer coisa sobre a qual nos sentimos informados. E se alguém não tem opinião, se não tem uma posição própria sobre o que se passa, se não tem um julgamento preparado sobre qualquer coisa que se lhe apresente, sente-se em falso, como se lhe faltasse algo essencial. E pensa que tem de ter uma opinião. Depois da informação vem a opinião. No entanto, a obsessão pela opinião também cancela nossas possibilidades de experiência, também faz com que nada nos aconteça.

Benjamin dizia que o periodismo é o grande dispositivo moderno para a destruição generalizada da experiência[1]. O periodismo destrói a experiência, sobre isso não há dúvida, e o periodismo não é outra coisa que a aliança perversa entre informação e opinião. O periodismo é a fabricação da informação e a fabricação da opinião. E quando a informação e a opinião se sacralizam, quando ocupam todo o espaço do acontecer, então o sujeito individual não é outra coisa que o suporte informado da opinião individual, e o sujeito coletivo, esse que teria de fazer a história segundo os velhos marxistas, não é outra coisa que o suporte informado da opinião pública. Quer dizer, um sujeito fabricado e manipulado pelos aparatos da informação e da opinião, um sujeito incapaz de experiência. E o fato do periodismo destruir a experiência é algo mais profundo e mais geral do que aquilo que derivaria do efeito dos meios de comunicação de massas sobre a conformação de nossas consciências.

O par informação/opinião é muito geral e permeia também, por exemplo, nossa ideia de aprendizagem, inclusive o que os pedagogos e psicopedagogos chamam de "aprendizagem significativa". Desde pequenos até a Universidade, ao largo de toda nossa travessia pelos aparatos educativos,

---

[1] Benjamin problematiza o periodismo em várias de suas obras; ver, por exemplo, BENJAMIN, W. El narrador. In: *Para una crítica de la violencia y otros ensayos*. Madrid: Taurus, 1991, p. 111 e seguintes. (Ou na edição brasileira: BENJAMIN, W. Magia e técnica, arte e política: ensaios sobre literatura e história da cultura. In: *Obras Escolhidas*. 7ª ed., São Paulo: Brasiliense, 1994, v.1)

estamos submetidos a um dispositivo que funciona da seguinte maneira: primeiro é preciso informar-se e, depois, há que se opinar, há que se dar uma opinião obviamente própria, crítica e pessoal sobre o que quer que seja. A opinião seria como a dimensão "significativa" da assim chamada "aprendizagem significativa". A informação seria o objetivo, a opinião seria o subjetivo, ela seria nossa reação subjetiva diante do objetivo. Além disso, como tal reação subjetiva se nos fez automática, quase reflexa: informados sobre qualquer coisa, nós opinamos. Esse "opinar" se reduz, na maioria das ocasiões, em estar a favor ou contra. Com isso, convertemo-nos em sujeitos competentes para responder como deve ser as perguntas dos professores que cada vez mais se assemelham a comprovações de informações e a pesquisas de opinião. Diga-me o que você sabe, diga-me com que informação conta e exponha, à continuação, sua opinião: esse é o dispositivo periodístico do saber e da aprendizagem, o dispositivo que torna impossível a experiência.

Em terceiro lugar, a experiência é cada vez mais rara por falta de tempo. Tudo o que se passa, passa demasiadamente depressa, cada vez mais depressa. E, com isso, reduz-se a um estímulo fugaz e instantâneo que é imediatamente substituído por outro estímulo ou por outra excitação igualmente fugaz e efêmera. O acontecimento nos é dado na forma de choque, de estímulo, de sensação pura, na forma de vivência instantânea, pontual e desconectada. A velocidade com que nos são dados os acontecimentos e a obsessão pela novidade, pelo novo que caracteriza o mundo moderno, impede sua conexão significativa. Impede também a memória, já que cada acontecimento é imediatamente substituído por outro acontecimento que igualmente nos excita por um momento, mas sem deixar nenhuma marca. O sujeito moderno é um consumidor voraz e insaciável de notícias, de novidades, um curioso impenitente, eternamente insatisfeito. Quer estar permanentemente excitado e já se tornou incapaz de silêncio. E a agitação que lhe caracteriza também consegue que nada lhe passe. Ao sujeito do estímulo, da vivência pontual, tudo o atravessa, tudo o excita, tudo o agita, tudo o choca, mas nada lhe acontece. Por isso, a velocidade e o que ela acarreta, a falta de silêncio e de memória, são também inimigas mortais da experiência.

Nessa lógica de destruição generalizada da experiência, estou cada vez mais convencido de que os aparatos educacionais também funcionam cada vez mais no sentido de tornar impossível que alguma coisa nos aconteça. Não somente, como já disse, pelo funcionamento perverso e generalizado do par informação/opinião, mas também pela velocidade. Cada vez estamos mais tempo na escola (e a Universidade e os cursos de formação do professorado formam parte da escola), mas cada vez temos menos tempo. Esse sujeito da formação permanente e acelerada, da constante atualização, da reciclagem sem fim, é um sujeito que usa o tempo como um valor ou como uma mercadoria, um sujeito que não pode perder tempo, que tem sempre de aproveitar o tempo porque não pode ser que fique defasado em alguma coisa, não pode ser que não possa seguir o passo veloz do que passa, não pode ser que fique para trás, e por isso mesmo, por essa obsessão por seguir o curso acelerado do tempo, já não tem tempo. E na escola o currículo se organiza em pacotes cada vez mais numerosos e mais curtos. Com o quê, também em educação, estamos sempre acelerados e nada nos acontece.

Em quarto lugar, a experiência é cada vez mais rara por excesso de trabalho. Esse ponto me parece importante porque às vezes se confunde experiência com trabalho. Existe um clichê segundo o qual nos livros e nos centros de ensino se aprende a teoria, o saber que vem dos livros e das palavras, e no trabalho se adquire a experiência, o saber que vem do fazer ou da prática, como se diz atualmente. Quando se redige o currículo, distingue-se formação acadêmica e experiência de trabalho. Tenho ouvido falar de certa tendência aparentemente progressista no campo educacional que, depois de criticar o modo como nossa sociedade privilegia as aprendizagens acadêmicas, pretende implantar e homologar formas de contagem de créditos para a experiência e para o saber da experiência adquirida no trabalho. Por isso estou especialmente interessado em distinguir entre experiência e trabalho e, além disso, em criticar qualquer contagem de créditos para a experiência, qualquer conversão da experiência em créditos, em mercadoria, em valor de troca. Minha tese não é somente que a experiência não tem nada a ver com o trabalho, senão mais ainda, que o trabalho, essa modalidade de relação com as pessoas, com as palavras e com as coisas que chamamos trabalho, é também inimiga mortal da experiência.

O sujeito moderno, além de ser um sujeito informado que opina, além de estar permanentemente agitado e em movimento, é um ser que trabalha, quer dizer, que pretende conformar o mundo, tanto o mundo "natural" quanto o mundo "social" e "humano", tanto a "natureza externa" quanto a "natureza interna", segundo seu saber, seu poder e sua vontade. O trabalho é toda a atividade que deriva dessa pretensão. O sujeito moderno está animado por uma portentosa mescla de otimismo, de progressismo e de agressividade: crê que pode fazer tudo o que se propõe (e se hoje não pode, algum dia poderá) e para isso não duvida em destruir tudo o que percebe como obstáculo a sua impotência. O sujeito moderno se relaciona com o acontecimento do ponto de vista da ação. Tudo é pretexto para sua atividade. Sempre se pergunta sobre o que pode fazer. Sempre está desejando fazer algo, produzir algo, concertar algo. Independentemente de esse desejo estar motivado por uma boa vontade ou uma má vontade, o sujeito moderno está atravessado por um afã de mudar as coisas. E nisso coincidem os engenheiros, os políticos, os fabricantes, os médicos, os arquitetos, os sindicalistas, os jornalistas, os cientistas, os pedagogos e todos aqueles que projetam sua existência em termos de fazer coisas. Não somos apenas sujeitos ultrainformados, transbordantes de opiniões e superestimulados, mas também sujeitos cheios de vontade e hiperativos. E por isso, porque sempre estamos querendo o que não é, porque estamos sempre ativos, porque estamos sempre mobilizados, não podemos parar. E por não podermos parar nada nos passa.

A experiência, a possibilidade de que algo nos passe ou nos aconteça ou nos toque, requer um gesto de interrupção, um gesto que é quase impossível nos tempos que correm: requer parar para pensar, para olhar, parar para escutar, pensar mais devagar, olhar mais devagar e escutar mais devagar; parar para sentir, sentir mais devagar, demorar-se nos detalhes, suspender a opinião, suspender o juízo, suspender a vontade, suspender o automatismo da ação, cultivar a atenção e a delicadeza, abrir os olhos e os ouvidos, falar sobre o que nos acontece, aprender a lentidão, escutar os outros, cultivar a arte do encontro, calar muito, ter paciência e dar-se tempo e espaço.

O sujeito da experiência

Até aqui, a experiência e a destruição da experiência. Vamos agora ao sujeito da experiência, a esse sujeito que não é o sujeito da informação, da opinião ou do trabalho, que não é o sujeito do saber ou do julgar, ou do fazer, ou do poder, ou do querer. Se escutamos em espanhol, nessa língua na qual a experiência é "lo que nos pasa", o sujeito de experiência seria algo como um território de passagem, algo como uma superfície de sensibilidade na qual aquilo que passa afeta de algum modo, produz alguns afetos, inscreve algumas marcas, deixa alguns vestígios, alguns efeitos. Se escutamos em francês, em que a experiência é "ce que nous arrive", o sujeito da experiência é um ponto de chegada, um lugar ao que chegam coisas, como um lugar que recebe o que lhe chega e que, ao receber, lhe dá lugar. E em português, em italiano e em inglês, em que a experiência soa como "aquilo que nos acontece", "nos passa", "nos succede", ou "happen to us", o sujeito da experiência é sobretudo o espaço onde tem lugar os acontecimentos.

Em qualquer caso, seja como território de passagem, como lugar de chegada ou como espaço do acontecer, o sujeito da experiência se define não tanto por sua atividade, como por sua passividade, por sua receptividade, por sua disponibilidade, por sua abertura. Trata-se, porém, de uma passividade anterior à oposição entre ativo e passivo, de uma passividade feita de paixão, de padecimento, de paciência, de atenção, como uma receptividade primeira, como uma disponibilidade fundamental, como uma abertura essencial.

O sujeito da experiência é um sujeito ex-posto. Do ponto de vista da experiência, o importante não é nem a posição (nossa maneira de pôr-nos), nem a o-posição (nossa maneira de opor-nos), nem a im-posição (nossa maneira de impor-nos), nem a pro-posição (nossa maneira de propornos), mas a exposição, nossa maneira de ex-por-nos, com tudo o que isso tem de vulnerabilidade e de risco. Por isso é incapaz de experiência aquele que se põe, ou se opõe, ou se impõe, ou se propõe, mas não se ex-põe. É incapaz de experiência aquele a quem nada lhe passa, a quem nada lhe acontece, a quem nada lhe sucede, a quem nada lhe toca, nada lhe chega, nada lhe afeta, a quem nada lhe ameaça, a quem nada lhe fere.

COLEÇÃO "EDUCAÇÃO: EXPERIÊNCIA E SENTIDO"

Vamos agora ao que nos ensina a própria palavra *experiência*. A palavra experiência vem do latim *experiri*, provar. A experiência é, em primeiro lugar, um encontro ou uma relação com algo que se experimenta, que se prova. O radical é *periri*, que se encontra também em *periculum*, perigo. A raiz indoeuropeia é *per*, com a qual se relaciona antes de tudo a ideia de travessia e, secundariamente, a ideia de prova. Em grego há numerosos derivados dessa raiz que marcam a travessia, o percurso, a passagem: *peirô*, atravessar; *pera*, mais além; *peraô*, passar através; *perainô*, ir até o fim; *peras*, limite. Em nossas línguas há uma bela palavra que tem esse *per* grego de travessia: a palavra *peiratês*, pirata. O sujeito da experiência tem algo desse ser fascinante que se expõe atravessando um espaço indeterminado e perigoso, pondo-se nele à prova e buscando nele sua oportunidade, sua ocasião. A palavra experiência tem o *ex* do exterior, do estrangeiro, do exílio, do estranho e também o *ex* da existência. A experiência é a passagem da existência, a passagem de um ser que não tem essência ou razão ou fundamento, mas que simplesmente *ex*-iste de uma forma sempre singular, finita, imanente, contingente. Em alemão, experiência é *Erfahrung*, que contém o *fahren* de viajar. E do antigo alto-alemão *fara* também deriva *Gefahr*, perigo, e *gefährden*, pôr em perigo. Tanto nas línguas germânicas como nas latinas, a palavra experiência contém inseparavelmente a dimensão de travessia e perigo.

Em Heidegger encontramos uma definição de experiência na qual soam muito bem essa exposição, essa receptividade e essa abertura, assim como essas duas dimensões de travessia e perigo que acabamos de destacar:

> fazer uma experiência com algo significa que algo nos acontece, nos alcança; que se apodera de nós, que nos tomba e nos transforma. Quando falamos em "fazer" significa aqui: sofrer, padecer, tomar o que nos alcança

receptivamente, aceitar, à medida que nos submetemos a algo. Fazer uma experiência quer dizer, portanto, deixar-nos abordar em nós próprios pelo que nos interpela, entrando e submetendo-nos a isso. Podemos ser assim transformados por tais experiências, de um dia para o outro ou no transcurso do tempo.[2]

O sujeito da experiência, se repassamos pelos verbos que Heidegger usa neste parágrafo, é um sujeito alcançado, tombado, derrubado. Não um sujeito que permanece sempre em pé, ereto, erguido e seguro de si mesmo, não um sujeito que alcança aquilo que se propõe ou que se apodera daquilo que quer; não um sujeito definido por seus sucessos ou por seus poderes, mas um sujeito que perde seus poderes precisamente porque aquilo do qual faz experiência se apodera dele. Por outro lado, o sujeito da experiência é também um sujeito sofredor, padecente, receptivo, aceitante, interpelado, submetido. Seu contrário, o sujeito incapaz de experiência, aquele a quem nada acontece, seria um sujeito firme, forte, impávido, inatingível, erguido, anestesiado, apático, autodeterminado, definido por seu saber, por seu poder e por sua vontade.

Nas duas últimas linhas do parágrafo, nisso de "podemos ser assim transformados por tais experiências, de um dia para o outro ou no transcurso do tempo", pode-se ler outro componente fundamental da experiência: sua capacidade de formação ou de transformação. É experiência aquilo que nos passa, ou nos toca, ou nos acontece, e ao nos passar nos forma e nos transforma. Somente o sujeito da experiência está, portanto, aberto a sua própria transformação.

---

[2] HEIDEGGER, Martin. La esencia del habla. In: *De camino al habla*. Barcelona: Ediciones del Serbal, 1987.

Experiência e paixão

Se a experiência é o que nos acontece e se o sujeito da experiência é um território de passagem, então a experiência é uma paixão. Não se pode captar a experiência valendo-se de uma lógica da ação, valendo-se de uma reflexão do sujeito sobre si mesmo como sujeito agente, valendo-se de uma teoria das condições de possibilidade da ação, mas com base numa lógica da paixão, de uma reflexão do sujeito sobre si mesmo como sujeito passional. E a palavra *paixão* pode referir-se a várias coisas.

Primeiro, a um sofrimento ou a um padecimento. No padecer não se é ativo, porém, tampouco se é simplesmente passivo. O sujeito passional não é agente, senão paciente, mas há na paixão um assumir os padecimentos, como um viver, ou experimentar, ou suportar, ou aceitar, ou assumir o padecer que não tem nada a ver com a mera passividade. Como se o sujeito passional fizesse algo com o assumir de sua paixão. Às vezes, até, algo público, ou político, ou social, como um testemunho público de algo, ou uma prova pública de algo, ou um martírio público em nome de algo, ainda que esse "público" se dê na mais estrita solidão, no mais completo anonimato.

Paixão pode referir-se também a certa heteronomia, ou a certa responsabilidade em relação com o outro que, no entanto, não é incompatível com a liberdade ou com a autonomia. Ainda que se trate, naturalmente, de outra liberdade e de outra autonomia que a do sujeito independente que se determina por si mesmo. A paixão funda, mais bem, uma liberdade dependente, determinada, vinculada, obrigada inclusive, fundada não nela mesma mas numa aceitação primeira de algo que está fora de mim, de algo que não sou eu e que por isso justamente é capaz de me apaixonar.

E "paixão" pode referir-se, por fim, à experiência do amor, ao amor-paixão ocidental, cortesão, cavalheiresco, cristão, pensado como possessão e feito de um desejo que permanece desejo e que quer permanecer desejo, pura tensão insatisfeita, pura orientação para um objeto sempre inatingível. Na paixão, o sujeito apaixonado não possui o objeto amado, mas é possuído por ele. Por isso o sujeito passional não está em si, no próprio, na possessão de si mesmo, no autodomínio, mas está fora de si, dominado pelo outro, cativado pelo alheio, alienado, transtornado.

Na paixão se dá uma tensão entre liberdade e escravidão, no sentido de que o que quer o sujeito passional é precisamente permanecer cativo, viver seu cativeiro, sua dependência daquilo que lhe apaixona. Dá-se também uma tensão entre prazer e dor, entre felicidade e sofrimento, no sentido de que o sujeito passional encontra sua felicidade ou ao menos o cumprimento de seu destino no padecimento que sua paixão lhe proporciona. O que o sujeito passional ama é precisamente sua própria paixão. Mais ainda: o sujeito passional não é outra coisa e não quer ser outra coisa que não a paixão. Daí talvez a tensão que a paixão extrema suporta entre a vida e a morte. A paixão tem uma relação intrínseca com a morte, ela se desenvolve no horizonte da morte, mas de uma morte que é querida e desejada como verdadeira vida, como a única coisa que vale a pena viver e, às vezes, como condição de possibilidade de todo renascimento.

ENSAIOS ERÓTICOS

O corpo da linguagem

> Ninguém sabe o que pode um corpo.
>
> Spinoza. Ética. III, 2. Escólio.

Existe um discurso de Zaratustra, o que se intitula "Dos denegridores do corpo", que começa reunindo em uma só figura os motivos do corpo, da linguagem e da educação:

> Quero dar meu conselho aos denegridores do corpo: Não devem mudar de método de ensino, mas unicamente despedir-se de seu próprio corpo [...], e assim fazer-se mudos. A criança se expressa assim: "Eu sou corpo e alma". E por quê não se expressar como as crianças? Quem está desperto e consciente exclama: Todo eu sou corpo e nenhuma outra coisa. A alma só é uma palavra para uma partícula do corpo[1].

Despedir-se do corpo é despedir-se da língua, fazer-se mudos ou, como diria José Luis Pardo, falar a língua sem língua dos deslinguados, a língua descorporizada e deslinguada da pura comunicação, essa língua neutra e neutralizada

---

[1] NIETZSCHE, F. *Así habló Zaratustra*. Barcelona: Círculo de lectores, 1973, p. 46.

que se pensa a si mesma como transmissão de informação[2]. Se a negação do corpo mutila o humano, essa mutilação é também da linguagem. Porque assim como o homem, quando é inteiro, é corpo, também a linguagem quando é inteira é corpo. Não há logos senão encarnado e não há existência humana que seja independente do corpo. E do mesmo modo que é a infância do homem a que nos dá uma ideia do homem inteiro, do que ainda não foi dividido pelos denegridores do corpo, também é a infância da linguagem, a poesia, a que nos dá uma ideia da linguagem inteira, do que ainda não foi emudecido por esses mesmos denegridores.

Sujeitos sem corpo e sujeitos sem linguagem

Talvez nossa história, tanto a coletiva como a individual, possa ser lida, ao mesmo tempo, como a da constituição de um sujeito sem corpo (ou, o que é o mesmo, de um sujeito separado de seu corpo e que, por isso, se faz capaz de objetivá-lo e dominá-lo, de possuir do ponto de vista do seu uso, de fazê-lo suscetível de ser tratado também, se convém, como um corpo sem sujeito, um corpo de ninguém, pura vida nua) e como a constituição de um sujeito sem linguagem (ou de um sujeito separado de sua linguagem e, por isso, capaz de objetivá-la e dominá-la, de tê-la como um instrumento, de tratá-la também, quando convém, como uma linguagem sem sujeito, uma linguagem de ninguém, pura informação).

Mas o sujeito sem corpo não é só o da supressão ou da ocultação do corpo. O homem está dividido de seu próprio corpo tanto pelas disciplinas da negação e da passividade como pelas disciplinas da afirmação e da atividade. Por isso o culto do corpo do mundo contemporâneo é tão doentio

---

[2] PARDO, J. L. *La Intimidad*. Valencia: Pre-Textos, 1996, p. 122 e seguintes.

como o horror ao corpo de outros tempos. Nossa obsessão pela fabricação e pela exibição do corpo também produz sujeitos sem corpo e corpos sem sujeito. O tão cacarejado retorno do corpo convive (e às vezes coincide) com o aplanamento geral do corpo produzido pelos discursos e pelas práticas nas quais os indivíduos tratam de se ajustar aos modelos corporais que lhes impõem desde os imperativos morais da saúde e da beleza.

Tampouco o sujeito sem linguagem é o sujeito mudo, silenciado. O poder se mostra, sem dúvida, pelo silêncio que cria ao seu redor. O poder faz calar. Mas se mostra também no ruído que produz. O poder faz falar, incita a língua, produz linguagem. Como diz Pardo, "para impor pela violência uma linguagem lisa, sem manchas, sem sombras, sem rugas, sem corpo, a língua dos deslinguados, uma língua sem outro na qual ninguém se escute a si mesmo quando fala, uma língua despovoada"[3].

Por isso a inflação comunicativa de nossos tempos passa, em grande parte, pelo aplanamento da linguagem envilecido por sua gestão informativa. E a assim chamada sociedade da informação ou da comunicação também dá a impressão de estar habitada por sujeitos sem linguagem e por linguagens sem sujeito[4].

No mesmo discurso de Zaratustra com o que comecei o texto, Nietzsche chama o corpo de o "sábio desconhecido", a "grande razão". De outro lado, ao que os denegridores do corpo chamam "espírito", a isso que diz "eu" e que se crê "eu", Nietzsche chama "pequena razão". E continua:

---

[3] PARDO, J.L. Carne de palabras. In: José Angel Valente. *Anatomía de la palabra*. Valencia: Pre-Textos, 2000, p. 190.

[4] GONZÁLEZ Placer, F. La frigidez del lenguaje: la sociedad de la información. In: *RELEA*, n.9, Caracas, 1999, p. 89-90.

dizes 'eu' e te sentes orgulhoso desta palavra. Mas ainda que não queiras acreditá-lo, o que é muito maior é teu corpo e seu grande sistema de razão: ele não diz 'eu' mas ele é eu [...]. Há mais razão em teu corpo que na melhor sabedoria[5].

A história do homem ocidental e a de cada um de nós seria, então, a história paralela da negação do corpo e da diminuição da razão. Mas razão não traduz aqui *ratio,* mas *logos*. O homem é um vivente de palavra, de linguagem, de *logos*. E isso não significa que o homem tenha a palavra, ou a linguagem, como uma coisa, ou como uma faculdade, ou como uma ferramenta, mas que o modo de viver específico desse corpo ao mesmo tempo vivente e mortal (vivente porque mortal e mortal porque vivente) que é o homem se dá na palavra e como palavra.

A separação e posterior dominação do corpo junto com a diminuição da linguagem que a acompanha são, portanto, condições de possibilidade para a separação e posterior dominação da vida, para a diminuição da vida, para conversão da vida em algo suscetível de administração e controle: literalmente para a biopolítica.

Talvez por isso, Nietzsche fecha assim o discurso de Zaratustra:

> Eu vos digo: vosso ser quer morrer e se aparta da vida. Já não é capaz de fazer o que prefeririria: criar acima de si mesmo [...]. Vosso ser quer desaparecer; por isso haveis chegado a fazer de vós denegridores do corpo! Porque já nada podeis criar acima de vós. Por essa razão desejais mal para a vida e para a terra.[6]

---

[5] NIETZSCHE, F. *Así habló Zaratustra. Op. cit.*, p. 46.

[6] NIETZSCHE, F. *Así habló Zaratustra. Op. cit.*, p. 46.

A vida como excesso e desbordamento da vida, como superabundância da vida, como criação na vida do que é mais e outra coisa que (esta) vida. A linguagem como excesso e desbordamento da linguagem, como superabundância da linguagem, como criação na linguagem do que é mais outra coisa que (esta) linguagem. O homem, essa mescla portentosa de vida e desbordamento de vida e de linguagem desbordante de linguagem, como excesso e desbordamento do homem, como superabundância do homem, como criação no homem do que é mais e outra coisa que (este) homem.

Mas essa vida e essa linguagem (e esse homem definido ao mesmo tempo como vivente e falante) são corpo e fazem corpo: são modos do corpo. As diferentes modalidades da humanidade são diferentes formas de ser corpo, de fazer corpo. E ninguém sabe o que pode um corpo. Daí que a humilhação e a diminuição do corpo seja, ao mesmo tempo, humilhação e diminuição da vida, da linguagem (e do homem).

Carne de palavras

Em um esquema tão limpo como eficaz, María Zambrano recorre o combate entre Filosofia e Poesia como um combate que se dá ao mesmo tempo em torno à palavra e em torno ao corpo. Assim, a luta entre as duas formas da palavra, essa luta que se resolve no triunfo do *logos* filosófico, é também, indiscernivelmente, uma luta pelo corpo, por certo tipo de corpo:

> e é que a poesia foi em todo o tempo, viver segundo a carne. Foi o pecado da carne feito palavra, eternizada na expressão, objetivado. O filósofo tinha que olhá-la com horror porque era a contradição do logos em si mesmo ao verter-se sobre o irracional. A irracionalidade da poesia se concretizava assim

em sua forma mais grave: a rebeldia da palavra, a perversão do logos funcionando para descobrir o que deve ser calado, porque não é.[7]

Sabe-se que a filosofia, em sua origem platônica, proclama que o homem é sua alma ou, dito de outro modo, que possui um corpo, que habita uma tumba ambulante, mas ele mesmo não é seu corpo. O corpo como tumba, é uma imagem órfica que Platão usa com toda energia a serviço de uma consideração das paixões como adversas à imagem pura da alma. A atividade intelectual, portanto, e todo o mais próprio e o mais elevado do homem, o conhecimento, o pensamento, a razão, a palavra, devem ser considerados em sua autonomia respeito ao corpo. E a palavra humana, em correspondência, deve ser usada com a mesma pureza, sem mescla poética alguma. A filosofia se inicia como um ascetismo intelectual que, em seu afã por transcender o corpo (e com o corpo, todo o âmbito do sensível, da aparência, e todo o âmbito do finito, do temporal), tem muito de violência, de renuncia, de desgarramento. Por isso a violência feita ao corpo e a violência feita à linguagem são parte da mesma violência, a que se mostra no combate contra os perigos da poesia.

Em sua homenagem a Valente, Pardo diz que a poesia expõe o corpo da palavra em sua carnalidade sensível. Na poesia,

> a palavra se converte em um corpo para o qual não temos palavras. E, nessa experiência, precisamente porque a palavra recupera seu corpo, nós também recobramos a carne: voltamos a ser densos e sensíveis [...]. A poesia é o modo em que a palavra acolhe algo que está completamente fora dela, mas que ela leva

---

[7] ZAMBRANO, M. *Filosofía y poesía*. Madrid: F.C.E., 1993, p. 47.

aderido como seu afora: sua carne, seu corpo, sua sensibilidade, que são os nossos, que somos carne de palavras.[8]

Políticas do corpo, políticas da linguagem

Há que se expulsar aos poetas (há que se eliminar o poético da linguagem) para que o *logos* possa constituir-se sem corpo. E não está demais recordar que essa dupla operação é essencial à constituição da educação como um dispositivo a serviço do Estado. As políticas educativas são, desde sua origem, ao mesmo tempo políticas do corpo e políticas da linguagem.

Com base em uma hermenêutica corporal, poderia traçar-se uma história da educação como uma história das operações de marcação, configuração e distribuição dos corpos. A escola é um dispositivo cujas regras se reconhecem pelas formas e pelas distribuições corporais que produz e exibe. Poderia estabelecer-se toda uma gramática histórica do corpo escolarizado. Do mesmo modo que na educação como negação do corpo é o próprio corpo negado aquele que diz os processos que conduziram a sua própria abolição, na educação como fabricação do corpo é o próprio corpo fabricado aquele que diz das técnicas e das práticas corporais que lhe produziram. E o mesmo poderia fazer-se, baseando-se numa hermenêutica linguística, das operações pedagógicas de marcação, configuração e distribuição da linguagem.

Mas tanto o corpo (porque é linguagem) como a linguagem (porque é corpo) escapam ao seu controle pedagógico, a qualquer tipo de controle. Quando a vida humilha a vida, a vida resiste e se rebela. E tanto o corpo como a linguagem são vivos. Talvez por isso assistimos também hoje

---

[8] PARDO, J.L. Carne de palabras. *Op. cit.*, p. 184-185.

à rebelião dos corpos (negados ou fabricados) e à rebelião das linguagens (submetidas e/ou incitadas). A posta em marcha de múltiplas técnicas corporais a serviço dos imperativos de saúde e beleza e o funcionamento massivo de dispositivos de administração dos corpos perigosos não impede a proliferação de corpos inassimiláveis. Todos os procedimentos da comunicação e da informação a serviço do controle do discurso e de sua conversão em in-significância ou em mercadoria não evitam a emergência de linguagens intoleráveis.

Pode dar a impressão de que a educação contemporânea contempla um retorno do corpo e um retorno da linguagem. Pode parecer que se acabaram os tempos dos corpos negados e das linguagens proibidas. Mas, se a negação do corpo impõe certo corpo, também a restauração do corpo impõe certos corpos. Do mesmo modo que o retorno da linguagem se produz mediante a imposição de certas linguagens.

E, no entanto, dentro ou ao redor das instituições educativas, continuam proliferando os corpos inassimiláveis e/ou resistentes como continuam proliferando as linguagens inassimiláveis e/ou resistentes. Todos aqueles que escapam aos imperativos da biopolítica contemporânea. Todos aqueles que dizem outra coisa que aquilo que deveriam dizer. Todos aqueles que não podemos compreender e com os que não sabemos o que fazer.

Nós damos a palavra ao corpo e queremos escutá-lo, mas, às vezes, é o corpo quem toma a palavra (ou a palavra a que toma o corpo) para dizer, de uma forma intolerável, tanto os limites do que se pode dizer como os do que nós queremos (ou podemos) ouvir. Ninguém sabe o que pode um corpo.

ENSAIOS ERÓTICOS

Erótica e Hermenêutica

As palavras, camaradas, tomemos-las e vamos esquartejando-as uma a uma com amor, isso sim, já que temos nome de "amigos-das-palavras"; pois elas não têm certamente parte alguma nos males em que penamos dia após dia, e depois a noite nos revolvemos em sonhos, mas são os homens, maus homens, os que, escravizados às coisas ou ao dinheiro, também como escravas têm em uso as palavras. Mas elas, contudo, incorruptas e benignas: sim, é certo que por elas esta ordem ou cosmos está tecido, enganos variados todo ele; mas se, analisando-as e soltando-as, as deixamos obrar livres alguma vez, em sentido inverso vão destecendo seus próprios enganos elas, tal como Penélope de dia apaziguava aos senhores com esperanças, mas por sua vez de noite se tornava em direção ao verdadeiro.

Augustín García Calvo

Também Nietzsche sabia muito bem que o conformismo linguístico está na raiz de todo conformismo e que a ordem da linguagem é inseparável de toda ordem. Nietzsche sabia que ensinar a falar, a escrever e a ler é ensinar a falar, a escrever e a ler como 'tem que ser', quer dizer, a experimentar a realidade, a do mundo e a de si próprio, como é devido ou, o que é o mesmo, a portar-se como é devido. E para perverter a ordem e o conformismo, para aprender a falar, a escrever e a ler de outro modo, para ser de outro modo, Nietzsche nos convida a ser filólogos rigorosos. E com o nome de Nietzsche eu também apelo aqui, leitor amigo, a tua cumplicidade de filólogo. Com o nome de Nietzsche, que se faz solidário quando diz nós, que não pede nunca fidelidade se não for para nos eximir imediatamente de sua petição, que não nos exige assentimento no dito e no pensado, senão cumplicidade no que fica por dizer e no que dá o que pensar. Porque, para ser con-vocado com o nome de Nietzsche, não faz falta "saber" de Nietzsche, nem sequer "ter lido" a Nietzsche. A amizade para a qual apelo, leitor amigo, não é a das adesões, ou das desqualificações, não é a do acordo ou do consenso, não é a das posições ou a das oposições comuns, mas a da cumplicidade no amor às palavras. Em um amor, ademais, que não tem a ver com o uso das palavras, mas com sua liberdade e que não tem a ver com sua vida diurna, aquela na qual as palavras trabalham a serviço da ordem e da esperança, a serviço do sentido, mas com a vida noturna, a mais inquietante e a mais perigosa, mas também a mais benigna, a mais hospitaleira, a mais verdadeira, a mais carnal.

Porque "filólogo" não nomeia aqui a um especialista, nem sequer a um literato, mas a um amigo-amante-ena-morado. Nietzsche sabia muito bem que os especialistas têm corcunda porque vivem em espaços apertados, de tetos baixos e, frequentemente mal ventilados, que têm a bunda quadrada devido a sua vida sedentária, e que são os seres mais covardes porque entendem por "rigor" a posse de um método que garanta caminhar sempre por caminhos seguros, desses fáceis, tranquilos e cômodos que levam somente a uma meta prevista. Como poderia um amigo-amante-enamorado ser um especialista? E Nietzsche sabia também que doem as costas dos literatos de tanto fazer reverências, de tanto se inclinarem graciosamente ante os poderosos. Se o amor do especialista é esse amor seguro, regular e metódico de um

Ensaios eróticos – Erótica e Hermenêutica

corpo torpe e que não se expõe, de um corpo que só sabe cumprir metódica, segura e regularmente com seus deveres disciplinares, com suas tarefas disciplinadas, o amor do literato é um amor de um vaidoso, de um cortesão cheio de enfeites que usa as palavras para brilhar em sociedade, para se dar importância. Nem o especialista nem o literato são filólogos rigorosos, amantes rigorosos. Um, por ser demasiadamente prudente, por ser demasiadamente medroso; o outro, por ser charlatão, por ser pedante. Até poderíamos duvidar de que estejam enamorados. Porque não está necessariamente enamorado pelas palavras aquele que 'sabe' sobre elas, nem aquele que 'presume' delas, aquele que tem com elas uma familiaridade 'de conhecimento' ou 'de trato' mais ou menos confortável e um tanto arrogante.

Além disso, o amante puritano e o amante promíscuo têm algo em comum: a vontade de apropriação. Sua maneira de amar as palavras, se é que esse modo de relação pode ser chamado de amor, ou amizade, é um impulso de apropriação. Seu amor é ambicioso, quer ter, está atravessado, de cabo a rabo, por manobras de apropriação, por estratégias de apropriação. Ambos querem apropriar-se da linguagem, ser seus donos, seus proprietários. O especialista aspira a domesticar a linguagem, a convertê-la em doméstica, a encerrá-la no espaço estreito de seu habitáculo, a desativar todos os seus riscos, a assegurar-se de que não há nela nada estranho, nada de perigoso, nada de inquietante. O literato quer a linguagem para agradar e para se agradar e por isso a submete às modas e aos gostos dominantes.

Nietzsche nos convida a ser amigos-amantes-enamorados das palavras com uma forma de amizade e de amor que não passe pelo conhecimento, nem pelo uso, nem pela vontade de apropriação. E também, talvez, essencialmente, Nietzsche nos convida a ser amigos-amantes-enamorados do corpo das palavras. Porque, pese a todos os dualismos entre o signo material e o sentido imaterial, o corpo e a alma, a forma e o conteúdo, a letra e o espírito e, pese ao seu dominante funcionamento hierárquico e deserotizador, a rigor só se pode amar um corpo, sendo um corpo, através de um corpo, fazendo corpo com um corpo, corpo a corpo, entre os corpos. Ainda que isso suponha perverter a antiga hierarquia metafísica entre o espírito e a letra que está no centro da hermenêutica tradicional.

Segundo essa hierarquia, o corpo das palavras opera como simples portador de seu sentido, como representante ou vicário, ou lugar-tenente de seu sentido, como o lugar que tem ou con-tém o sentido. Desse ponto de vista, a compreensão consiste em obter esse sentido arrancando-o do corpo e abandonando depois o cadáver como letra morta, inanimada. Uma palavra sem sentido é somente um corpo, uma palavra que não expressa nada, que não diz nada. Porque, para a hermenêutica tradicional, o corpo das palavras remete imediatamente ao sentido, como se as palavras apenas tivessem corpo para con-ter sentido. Por isso as operações de compreensão como operações de captação de sentido supõem, no limite, a descorporalização das palavras.

Se as palavras não são outra coisa que o lugar da materialização, da encarnação ou da transmissão de algo que é por essência incorporal, colocar o acento na compreensão ou na interpretação é conceber a relação com as palavras como acesso ao espírito que está encarnado na letra ou como apropriação do sentido que está materializado e transportado no signo. Compreender é aceder à profundidade espiritual e invisível encarnada na linguagem ultrapassando para isso a superfície material de sua corporeidade visível. Para a hermenêutica tradicional e especialmente para os modelos de interpretação simbólica, o objeto da compreensão é o espírito do texto: por isso a interpretação só se pode fazer através da marginalização de sua dimensão corporal. Mas como se poderia amar sem corpo?

Ante essa descorporalização da linguagem que atravessa a hermenêutica ocidental, a concepção positivista da linguagem, a que permite a objetivação da linguagem pelas ciências positivas, consiste em considerar o texto como uma materialidade identificável e analisável objetivamente, como pura objetividade, ao mesmo tempo material e formal, mas sempre exterior, tomada independentemente de toda interpretação. Para o programa positivista o corpo das palavras se reduz a sua determinação objetiva. Mas como se poderia amar um corpo percebido em sua determinação objetiva? Como se poderia amar uma coisa? Como se pode amar com neutralidade positiva? Como se pode amar analiticamente? Não há erótica nem na anatomia nem na dissecação de cadáveres e a necrofilia, que é uma erótica do morto, não tem nada de positivista.

Tanto a hermenêutica tradicional quanto as concepções linguísticas de tipo positivista baseiam-se na separação entre espírito e letra: bem mediante a redução de toda relação com a linguagem à interpretação, ignorando a letra, ou bem mediante a negação da interpretação, evitando o sentido. Em todos os casos, onde está o corpo das palavras? Poderíamos dizer, numa analogia talvez muito atrevida, que o corpo das palavras está nos mesmos lugares que o corpo humano: no trabalho ou no laboratório. Na hermenêutica tradicional, o corpo das palavras está trabalhando. Igual ao corpo do trabalhador que não é outra coisa além da força de trabalho não acumulável que se esgota e desaparece na produção da mercadoria e, posteriormente, na acumulação do capital, do valor e da mais-valia, o corpo das palavras não é outra coisa que o que se usa para a produção controlada do sentido. Se o capitalismo é um sistema de conversão do corpo em mercadoria, em valor e em dinheiro, há modos de relação com as palavras nos quais seu corpo se dissolve na pura função da significação. Na alternativa positivista, o corpo das palavras está sendo estudado. Igual que em um hospital, ou em um laboratório, o corpo humano é uma coisa que se analisa em sua estrutura ou em seu funcionamento, o corpo das palavras é também objetivado, coisificado, analisado, anatomizado, desmembrado, desanimado, reduzido a sua materialidade in-significante.

Ainda que, haveria que assinalar também, nessa tentativa de determinar as modalidades habituais de considerar (ou de não considerar) o corpo das palavras, que a hermenêutica contemporânea, ao menos em sua versão canônica, gadameriana, e sobretudo em sua consideração da obra de arte (e, portanto, dos usos estéticos da linguagem), não opõem de maneira abstrata a letra ao espírito, posto que o significado não se pode captar independentemente de sua materialização específica. O corpo das palavras não se limita a con-ter um significado, mas mostra esse significado: assim a materialidade que dá corpo ao sentido está constitutivamente enlaçada à literalidade do texto.

Desse ponto de vista o corpo das palavras não é prescindível na compreensão como se fosse um mero veículo do sentido, como nos modelos da interpretação simbólica, mas tampouco se vê reduzido a sua determinação objetiva, insignificante, como no modo positivista. A hermenêutica contemporânea propõe uma mediação entre o corpo e o sentido das palavras, posto que a compreensão apenas se dá em sua referência mútua, como se a letra só se pudesse entender como significativa e, por sua vez, a significação só se pudesse entender como materializada. Assim, entre o corpo das palavras e seu sentido, existiria uma relação de harmonia ou de correspondência ou de integração.

Mas talvez o corpo que amamos não é um corpo produtivo, nem um corpo significante, nem um corpo insignificante: amar um corpo não é usá-lo, nem compreender o que expressa ou o que representa, nem analisá-lo em sua estrutura e em seu funcionamento. Talvez o contato entre nosso corpo e o das palavras, o corpo a corpo do amor às palavras, não esteja do lado do trabalho nem do lado do conhecimento, nem do lado da satisfação. Talvez amar o corpo das palavras não esteja do lado da produção do sentido e tampouco tem a ver com a satisfação de necessidades, nem com a realização do desejo.

Escutemos a confissão de um amante-enamorado do corpo das palavras, de um homem (ou de um nome) que no rastro de Nietzsche está nos ensinando a ler e a escrever de outro modo e que, como García Calvo, está nos convidando a amar aquilo que nas palavras pode funcionar para destecer o funcionamento servil do sentido, sua relação constitutiva com a ordem e com a esperança:

> É verdade que só as palavras me interessam... amo as palavras... Para mim, a palavra incorpora o desejo e o corpo... só gosto das palavras... O que eu faço com as palavras é fazê-las explodir para que o não verbal apareça no verbal. Quer dizer, faço funcionar as palavras de tal maneira que em um dado momento deixam de pertencer ao discurso, ao que regula o discurso... E se amo as palavras é também por sua capacidade de escapar de sua própria forma, ou por interessar-me como coisas visíveis, como letras representando a visibilidade espacial da palavra ou como algo musical ou audível. Quer dizer, também me interessam as palavras, ainda que paradoxalmente, pelo que tem de não discursivas, naquilo que podem ser usadas para explodir o discurso... na maioria de meus textos existe um ponto no qual a palavra funciona de uma maneira não discursiva. De repente desorganiza a ordem e as regras, mas não graças a mim. Presto atenção ao poder que as palavras, e às vezes as possibilidades sintáticas também, têm para transformar o uso normal do discurso, o léxico e a sintaxe... Me explico a mim mesmo através do corpo das palavras – e creio que só se pode falar verdadeiramente do 'corpo de uma palavra' levando em conta as reservas de que falamos de um corpo que não está presente a si mesmo – e é o corpo de uma palavra o que me interessa no sentido de que não pertence ao discurso. Assim que estou realmente

> enamorado das palavras, e como alguém enamorado das palavras, as trato sempre como corpos que contêm sua própria perversidade – sua própria desordem regulada. Enquanto isso ocorre, a linguagem se abre às artes não verbais... Quando as palavras começam a enlouquecer desta maneira e deixam de comportar-se com respeito ao discurso é quando têm mais relação com as demais artes.[1]

Por que diz Derrida que o corpo das palavras não pertence ao discurso? Em primeiro lugar, o corpo das palavras é seu corpo sensível, a materialidade que as faz visíveis e audíveis, o que as aproxima do desenho e da música, sua consideração como caligramas/pictogramas/ideogramas ou como sons. Em segundo lugar, o corpo das palavras é também sua capacidade de escapar de sua própria forma, quer dizer, sua maleabilidade, sua potencialidade de deformação ou de transformação, sua não estabilidade, em suma. E o corpo das palavras é, por último, o que nelas há de excesso ou de ausência com respeito a si mesmas, de não correspondência consigo mesmas, de não presença de si a si.

O discurso, portanto, e se mantemos a oposição de Derrida, é o lugar onde não vemos nem ouvimos as palavras, o lugar onde usamos as palavras sem vê-las nem ouvi-las, sem atender ao que têm de visível ou de audível, ignorando sua forma ou sua musicalidade, desatendendo ao modo como estão estendidas no espaço e o modo como vibram rimando e ritmando no tempo. Porque na comunicação, no uso normal da língua, não vemos nem ouvimos nem saboreamos nem sentimos nem tocamos as palavras, mas somente as usamos como um meio ou como um instrumento para a expressão ou para a compreensão, para a comunicação, em suma, de ideias, sentimentos, fatos, etc.

---

[1] Em BRÚÑETE, P.; WILLS, D. Las artes espaciales. Una entrevista con Jacques Derrida. In: *Acción Paralela*, http://aleph-arts.org/accpar/numero1/derrida1/htm,pp. 10-11. Laguna Beach. Califórnia, 28 de abril de 1990.

Além disso, o discurso seria o lugar onde o funcionamento das palavras está regulado e ordenado, onde as palavras têm um funcionamento estável devido aos procedimentos de regulação e de ordenação aos quais estão submetidas. O discurso seria assim o lugar onde a expressão e a compreensão se produzem automaticamente através de convenções mantidas por dispositivos de poder, onde a linguagem funciona com normalidade porque está submetida a procedimentos de normalização.

E o discurso seria, por último, o lugar onde as palavras coincidem consigo mesmas, onde não há nelas diferença nem ambiguidade, onde o sentido está plenamente presente na letra e, portanto, é facilmente identificável e apropriável.

Amar o corpo das palavras não é, então, nem conhecê-las nem usá-las, mas senti-las: senti-las no que têm de perverso, em seu poder para alterar a normalidade própria do discursivo, e senti-las no que têm de inapreensível, de incompreensível, de ilegível, de ininteligível. Assim, o corpo das palavras, como o corpo do amante, se nos oferece plenamente e sem reservas e, ao mesmo tempo, retira-se de nós escapando de qualquer apropriação, de qualquer captação apropriadora. O que o corpo das palavras revela é justamente a alteridade constitutiva da linguagem, sua distância e sua ausência com respeito a si mesma. Por isso no corpo das palavras o que amamos é, precisamente, aquilo que não nos podemos apropriar, aquilo que nunca poderemos tornar nosso, aquilo que inevitavelmente se nos escorre e se nos extravia.

O corpo das palavras é revelação do que nelas não pertence ao discurso, a irrupção da não linguagem no seio da linguagem. Mas de uma não linguagem que subverte a linguagem, de um não discurso que é capaz de fazer explodir o discurso, de desestabilizá-lo, de alterar sua normalidade e de transtornar suas regras. O corpo das palavras é sua insignificância, porém, não uma insignificância neutra, mas uma insignificância que faz enlouquecer a significação. O corpo das palavras não fica absorvido na significação, não fica dissolvido na pura função da representação, mas tampouco se mantém exterior a ela. Não há correspondência nem harmonia nem integração entre a letra e o espírito, mas tampouco há ausência de relação, pura exterioridade. O que há entre corpo e sentido é a diferença e, através da diferença, a possibilidade da transgressão. Por isso não se trata de superar a antítese entre o corpo e o sentido, mas de fazê-la funcionar no que tem de inquietante e insuperável. O corpo das palavras se conserva contra a significação porque a excede, mas não em uma superação positiva, senão em uma negação transgressora. A corporeidade das palavras é seu princípio negativo, sua negatividade imanente o que as palavras mesmas têm de não verbais, de não discursivas. Por isso o amor ao corpo das palavras é um amor ilegítimo, sem nenhum sentido. Por isso amar o corpo das palavras é fazê-las explodir, fazê-las funcionar pervertendo ou enlouquecendo qualquer tentativa de mediação encaminhada à fabricação de sentido. O corpo das palavras é o lugar do desfalecimento da compreensão, o lugar do colapso do sentido, a ameaça permanente da interrupção da positividade ordenada de nossos discursos produtores de sentido.

Como se o corpo das palavras fosse o lugar de sua liberdade porque revela que as palavras são sempre outra coisa que as servidoras do desejo de sentido que determina o bom funcionamento da ordem do discursivo. Amar o corpo das palavras, portanto, significa não evitar nem rechaçar, mas assumir e preservar o perigo de não ter sentido, porque o corpo das palavras é o que em todo o discurso pode abrir-se à perda do sentido, ao não sentido.

ENSAIOS ERÓTICOS

Entre as línguas

Trata-se aqui, simplesmente, de reescrever um fragmento de Derrida no qual a palavra Babel aparece em relação à linguagem, à fala e à escritura, aos encontros verbais, mas também em relação ao amor, à boca, ao corpo, aos encontros orais e corporais. O que faz Derrida é misturar as palavras e os beijos: escrever a linguagem e o babélico da linguagem como um boca a boca, como um língua a língua, como um roçar de lábios, como um movimento de língua e de lábios, como um beijo.

Mas as palavras e os beijos não são precisamente o que não se pode mesclar? Poderíamos pensar que quando se beija não se pode dizer nada, e que quando se fala os beijos não são possíveis: a língua não pode funcionar ao mesmo tempo como um órgão sexual e um órgão linguístico. Poderíamos pensar também na transição entre as palavras e os beijos, nesse interromper de palavras para beijar-se, e nesse parar de beijar-se para dizer coisas. Às vezes o amor é uma bonita alternância entre palavras e beijos na qual o falar funciona com excitante dos beijos e o beijar como excitante das palavras. Há coisas que nunca se diriam se não fosse depois, ou antes, dos beijos, e há beijos que não seriam o que são se não fosse pelo efeito das palavras com as que estão mesclados.

Como se os beijos fossem um estimulante verbal e as palavras um afrodisíaco corporal. Mas o fragmento de Derrida que vou reescrever não se limita à distinção e à relação no amor, entre o verbal e o corporal, mas funde e confunde as palavras e os beijos. Como se a língua, ao falar, fosse inseparavelmente um órgão amatório, erótico, sexual. Como se não se pudesse separar o incorporal das palavras e o corporal dos beijos. Como se o movimento das línguas na fala não pudesse distinguir-se do movimento das línguas no beijo.

O fragmento está escrito aproveitando o duplo sentido da palavra "língua". E está escrito também se apoiando em uma larguíssima tradição que liga os comércios verbais e textuais aos comércios sexuais e corporais. Toda essa tradição na qual se dá uma imagem da língua e do funcionamento da língua que não tem nada a ver com a comunicação ou com esse esquema tão simples como inofensivo da expressão-compreensão. Fazer da língua um instrumento de comunicação é dessexualizar a língua, descorporeizar a língua, converter a língua, como diria José Luis Pardo, em um assunto de deslinguados, de pessoas sem língua. Desse ponto de vista, falar, escrever e publicar não é outra coisa que dar a língua, sacar a língua, pôr a língua em movimento, e convidar o ouvinte ou o leitor a pôr a sua, a escutar e a ler com sua própria língua, dando também sua língua, sacando a língua, movendo a língua.

O livro ao qual pertence o fragmento em questão é um livro feito à base de uma série de cartões postais enviados a um tu anônimo e desconhecido ao que se invoca de distintas maneiras. E é uma reflexão sobre o envio, sobre o remetente e o destinatário, sobre a distância no espaço e no tempo, sobre a telecomunicação, sobre a escritura como transporte, como transferência, como translado. O problema é: quem escreve? A quem? Para enviar o quê? (Por exemplo: um beijo ou um te amo). E sobretudo, em que língua? Além do mais, o fato de que os envios se façam em forma de cartão postal, nesse suporte aberto, sem envelope, que qualquer um pode ler mas que, ao mesmo tempo, está dirigido a um receptor particular, o único que conhece seu segredo, o único, definitivamente, que pode receber seu conteúdo (esse beijo, ou esse te amo), introduz todos os paradoxos da legibilidade-ilegibilidade de qualquer texto. Esse "te amo" que eu, agora e aqui, escrevo-te não é qualquer "te amo", porque é este singular e concreto, mas, ao mesmo tempo, é um "te amo qualquer", justamente por isso tu, e qualquer um, pode lê-lo.

Tranquilizamos a inquietude sobre o quem escreve com uma assinatura. Mas no prólogo a esses envios Derrida escreve:

> nada será em nenhuma medida atenuado, suavizado, familiarizado pelo fato de que eu assuma sem volta de página a responsabilidade desses envios, do que deles fica ou já não fica, nem do que para devolver a vocês a paz assine aqui esses 'Envios' com meu nome próprio, Jacques Derrida.

E segue uma data:

7 de Setembro de 1979.

E uma nota de rodapé:

> Lamento que não confies realmente em minha assinatura, sob o pretexto de que poderíamos ser vários. É correto, mas não o digo para somar autoridade alguma. Muito menos para inquietar-te, sei o que isso custa. Tens razão, somos muito provavelmente vários e não estou tão só como às vezes o digo quando arrancam de mim essa queixa ou quando sigo empenhado em seduzir-te[1].

---

[1] DERRIDA, J. *La tarjeta postal. De Sócrates a Freud y más allá*. México: Fondo de Cultura Económica, 1986, p. 15.

COLEÇÃO "EDUCAÇÃO: EXPERIÊNCIA E SENTIDO"

Tranquilizamos a inquietude sobre o leitor com um destinatário, com essas palavras com as que inscrevemos esse alguém ao que nos dirigimos, com esse apóstrofe com o que dirigimos o texto ao único ou à única da interpretação viva: a quem se não a ti, amor meu. Mas:

> e quando te chamo amor meu, amor meu, chamo a ti ou ao amor meu? Tu, amor meu, acaso é a ti a quem assim nomeio, acaso é a ti a quem me dirijo? Não sei se a pergunta está bem formulada, me dá medo. Mas estou seguro de que a resposta, se há de chegar-me algum dia, virá de ti.

E imediatamente uma frase em alemão, entre aspas, *"Ein jeder Engel ist schrecklich"*, esse "Todo anjo é terrível" das *Elegias de Duino* de Rilke com o que Derrida parece indicar o caráter trágico de toda comunicação. Porque se o anjo é o mediador, talvez sua figura não esteja aí para garantir o êxito da mediação, mas, justamente, para assinalar sua impossibilidade, e as consequências terríveis dessa impossibilidade. E continua:

> Quando te chamo amor meu, acaso chamo a ti, acaso te digo meu amor? E quando te digo meu amor acaso te declaro meu amor ou acaso te digo, a ti, meu amor, e que és meu amor? Quisera dizer-te tanto[2].

E aí, no terceiro cartão postal, talvez escrita à continuação da segunda, a que acabo de citar, e enviada no mesmo dia, vem o fragmento que quero reescrever aqui, o da confusão entre as palavras e os beijos. Antes de citá-lo, uma nota. O fragmento se refere à Babel, ao texto de Babel, a esse enigmático capítulo XI do Gênesis que dá conta da

---

[2] DERRIDA, J. *La tarjeta postal. De Sócrates a Freud y más allá.* Op. cit., p. 17-18.

188

separação e da confusão das línguas e ao que Derrida dedicou um de seus textos fundamentais sobre a tradução. Mas a palavra hebreia para "língua" é *safa*, literalmente "lábio", mas também borde, limite, fronteira. Por isso Derrida mescla também em seu fragmento as línguas e os lábios.

O fragmento diz assim:

> e tu, diz-me
>
> amo todas minhas apelações tuas e então só teríamos um lábio,
>
> um só para dizer tudo
>
> do hebreu ele traduz "língua", se a isso se pode chamar traduzir, como lábio. Queriam elevar-se de maneira sublime para impor seu lábio, o único, ao universo. Babel, o pai, dando seu nome de confusão, multiplicou os lábios, e por isso nos separamos e eu morro neste instante, morro de vontade de beijar-te com nosso lábio a única que desejo ouvir"[3].

Uma paráfrase do texto poderia ser a seguinte:

Quero dizer-te tanto que te escrevo sem parar, que não posso deixar de falar-te. E quero escutar-te tanto que continuamente te peço que me fales, que me digas, que me escrevas. E às vezes gostaríamos de ter um só lábio, uma só língua, para dizer tudo. Para dizer-nos tudo. Gostaríamos de falar a mesma língua. Mas depois de Babel os lábios estão multiplicados, as línguas estão divididas. Por isso estamos separados. Irremediavelmente. Por isso a nossa é uma separação sem medida, sem mediação, sem remédio. Ah, se te pudesse beijar com nosso lábio! Se te pudesse falar com nossa língua! Se te pudesse escrever, amor meu, com nossas palavras! Se te pudesse ouvir, ou ler, ou entender, na mesma língua com a que tu me falas ou me escreves! Mas

---

[3] DERRIDA, J. *La tarjeta postal. De Sócrates a Freud y más allá*. Op. cit., p. 18.

lamentavelmente estão meus lábios e teus lábios, e por isso te beijo, talvez para que sejamos um só lábio, mas não somos um só lábio. Ou lamentavelmente está minha língua e tua língua, e por isso te falo, talvez para que sejamos uma só língua. Porque se fôssemos um só lábio não nos poderíamos beijar. Porque se falássemos a mesma língua não nos poderíamos falar. Porque beijar é uma delícia, e uma dor, porque nossos lábios estão separados, ainda que às vezes já não saiba onde acaba minha boca e onde acaba a tua: por isso te amo. Porque falar é uma delícia, e uma dor, porque nossas línguas são distintas, ainda que às vezes já não saiba se falo tua língua ou a minha: por isso te amo. Beijamo-nos porque nossas línguas estão irremediavelmente separadas. Falamo-nos porque não temos a mesma língua. Por isso, meu amor, porque não posso suportar a distância, mando-te constantemente beijos: por telefone, por carta, por correio eletrônico. E nunca posso estar seguro se esses beijos que te mando, sempre "um beijo", o mesmo "um beijo", mas a cada vez distintos, a cada vez um, são os mesmos que tu recebes. Por isso, meu amor, digo-te todos os dias que te amo, sempre o mesmo "te amo", mas a cada vez distinto, e nunca sei como recebes esse "te amo" de cada dia, essa oração matutina que, no entanto, não tranquiliza a ansiedade do meu amor, a vertiginosa sensação de que nada está assegurado, de que nada, nem sequer o "te amo", nunca pode se dar por suposto. Que te digo quando te digo "te amo"? A resposta só virá de ti. Que é esse beijo que te mando, que te dou? A resposta só virá de ti. E isso me desespera. E me faz feliz. Como se só pudesse ser feliz nesse desespero. Beijar e falar: gozos desesperados. Não é um gozo esse mandar-se beijos constantemente, esse dizer-se constantemente te amo, esse beijar-se? Não é um gozo que devemos precisamente a essa distância desesperada, a essa distância que, seja a que seja, sempre será desesperada?

O beijo que eu te dou com minha língua não é o mesmo que o que tu recebes com tua língua. É certo, gozosa e desesperadamente certo, que não nos beijamos com o mesmo lábio. O "te amo" que eu te digo com minhas palavras não é o mesmo que tu entendes com as tuas. É gozosa e desesperadamente certo que não nos falamos na mesma língua. Como se eu tivesse minha língua e tu a tua. Irremediavelmente. Ao mesmo tempo gozosa e desesperadamente. Assim é como tu e eu nos beijamos e assim é como tu e eu nos falamos. Mas minha língua é minha língua? Será que eu te falo em minha língua, com minha língua, com minhas palavras? É minha língua a que te beija?

Já aprendemos a desconfiar da eficácia de todas as operações destinadas a assegurar que minha língua seja tua língua, que as palavras que escrevo sejam as mesmas que tu lês. Por isso o gozo e o desespero com os que seguimos nos escrevendo. Mas teremos que desconfiar também da eficácia de todas as operações destinadas a assegurar que minha língua é minha e que a tua é tua. Talvez falar, e beijar, não sejam só o resultado gozosamente desesperado da separação das línguas, mas também da confusão das línguas. Talvez por isso quando te falo, ou quando te beijo, eu não sou o dono da minha língua.

Dois dias depois do fragmento que reescrevi anteriormente, Derrida escreve:

> Me dás minhas palavras, libera-as uma por uma concedidas, as minhas, voltando-as a ti e dirigindo-as a ti – e nunca as havia gostado tanto, as mais comuns se tornaram inéditas, nunca havia gostado tanto tampouco de perdê-las, destruí-las com esquecimento no instante mesmo em que as recebes, e esse instante quase seria anterior a tudo, ao meu envio, a mim mesmo, a destruí-las com esquecimento, antes de

mim, para que só ocorram uma vez. Uma só vez. Te dás conta que loucura para uma palavra?[4]

Esse "te amo" que te digo não é meu, senão que és tu quem me dás. Tu és quem o põe em minha boca. Tu és quem faz com que não possa contê-lo. Por isso gosto tanto. Por isso me soa a ti. E não tenho a menor dúvida de que só sinto minha língua ao beijar-te. Por isso não te beijo com a língua que tenho, mas com a que tu me dás. Com a que tu sensibilizas. Com a que tu pões em movimento. Por isso minha língua tem sabor a ti. Por isso gosto tanto.

Já sabes que todo o mundo diz "te amo". Já sabes que eu mesmo disse "te amo" um monte de vezes. Sempre com as mesmas palavras, com as palavras comuns, com as de todos. Com quais, se não, poderia dizer-te que te amo? E sei, como poderia não sabê-lo, que tu ouviste mil vezes "te amo". Sempre o mesmo e, ao mesmo tempo, com mil línguas de mil lábios. Tanto tu como eu estamos habitados por uma retórica amorosa elaborada durante séculos. Uma retórica que dominamos perfeitamente e que constantemente nos trai. E na qual nem tu nem eu podemos falar-nos. Por isso, agora que tu me dás esse "te amo" que tem sabor a ti, desejo devolvê-lo a ti em uma língua única, secreta entre tu e eu, na qual este "te amo" soa como nunca o disse, como nunca te soou. Desejo dizer-te que te amo não com a língua, nem sequer com minha língua, senão com essa língua que tu me fazes, com essa língua que só tem sentido contigo, que eu só gosto contigo. A única com a que quero falar-te. A única com a que quero ouvir-te. Que loucura! Se não fosse porque é essa loucura a que me faz falar-te, a que faz com que não possa parar de falar-te.

---

[4] DERRIDA, J. *La tarjeta postal. De Sócrates a Freud y más allá*. Op. cit., p. 18.

Porque a linguagem não dá a fusão. Porque o amor não dá a fusão. Porque:

> essa palavra inesgotável, esses dias e essas noites de explicação não nos farão mudar de lugar, nem intercambiar nossos lugares, por mais que sem cessar tentemos fazê-lo, passar do outro lado, tragar-nos o lugar do outro, mover nosso corpo como o do outro, tragar-nos o outro inclusive ao beber suas palavras, mesclando pouco a pouco as salivas, desgastando as margens.[5]

Por isso temos que seguir nos tocando com as palavras. Não para unir-nos ou para separar-nos, mas para estremecer nossas línguas. Porque como poderia amar-te se não com as palavras e com os beijos ao mesmo tempo gozosos e desesperados? Como poderia amar-te se não fosse porque estás sempre em outro lugar, sempre fora do meu alcance? Algo como o seguinte:

> Nada de literatura com isto, não contigo amor meu. Em ocasiões me digo que és meu amor: então não és mais que meu amor, me digo, chamando-te assim. E então já não existes, estás morta, como a morta de meu jogo, e minha literatura se torna possível. Mas também sei que estás muito mais além do que eu repito como "meu amor", viva, viva, viva, e assim o quero, mas então é preciso renunciar a tudo, quer dizer, a que o amor me pertença, a que volte a mim e me deixes inclusive escutar o que te digo quando digo, te digo ou me digo meu amor [...]. A abjeta literatura está a caminho, te espreita, encolhida na língua, e enquanto abres a boca te despoja de tudo, sem deixar-te sequer gozar de haver retomado teu caminho, completamente

---

[5] DERRIDA, J. *La tarjeta postal. De Sócrates a Freud y más allá. Op. cit.*, p. 50.

nu, em direção à que amas, vivo, viva, viva, lá, alheia ao assunto. A condição para que não renuncies a nada e que meu amor me pertença, e seja por mim escutado, é que estejas ali, lá, perfeitamente viva fora de mim. Fora de alcance.[6]

Deixarei este último fragmento sem comentar, sem parafrasear, nem sequer tratarei de explicitar seus paradoxos, e terminarei convidando ao leitor a desenvolver algumas considerações erótico-babélicas sobre o escrever e o ler como algo que se dá necessariamente entre as línguas. Algo assim como uma erótica da lectoescritura da qual poderia derivar-se alguma consideração erótico-babélica sobre o ensinar e o aprender como algo que se dá também necessariamente entre as línguas. Algo assim como uma erótica da educação. E para que vão pensando se isso de ler e escrever, ou isso de ensinar e aprender, ou isso do beijar, é algo que se dá entre as línguas ou entre os lábios, incluo o enigma que alguém me entregou, ao sair de aula, em um curso no qual li e comentei o capítulo XI do *Gênesis* e alguns fragmentos como os que hoje, aqui, reescrevi para ti. Para dizer-te, a quem se não a ti, gozosa e desesperadamente, que te amo.

I.II.

Língua ou lábio?	Língua ou lábio?
lábio	não seja bobo
lábio	lábio não
não seja bobo	língua, língua, língua
língua não	decidiu?
lábio	língua
mordida sensual	prolongação do coração
dentes perfeitos	extremidade da alma
sobre o lábio	língua

---

[6] DERRIDA, J. *La tarjeta postal. De Sócrates a Freud y más allá. Op. cit.*, p. 36

olhos entreabertos
pele tensa
lábio
nenhuma dúvida
é lábio
umedecido com saliva
explosão de luz
mel das comissuras
lábio, lábio
língua não
a língua é subalterna
molhadora
um músculo rústico
inservível
lábio
nem pensar
beijo com todo o corpo
olho vermelho da cara
perversão e inocência
lábio
contra lábio
frente ao lábio
acesos
lábios,
língua não.

maravilha em calda
desmesurada canção
berço da palavra
língua, língua
quem duvida?
cheia
inchada
língua mordida
sugada
mãe do verso
da guitarra
língua
agitação do verbo
depois da barba
lábio não
o lábio é anel do assovio
irmão do silêncio
língua, língua, língua
à vinagrete
ou na brasa
lambedora do sexo
e da entranha
estremecida
língua,
lábio não.

Contra os fariseus

> Ser indulgente com os maus é algo que o
> coração aprende facilmente desde pequeno;
> é saber ser igualmente indulgente com a
> insuportável, e ainda frequentemente cruel,
> arrogância e petulância dos virtuosos o que
> o coração costuma aprender somente tarde
> e com esforço, e em ocasiões nunca.
>
> Rafael Sánchez Ferlosio

Não há ética interessante que não seja ao mesmo tempo positiva e negativa, edificante e corrosiva, propositiva e crítica da moral, moralizante e desmoralizante. Por um lado, a ética trata da construção das condições de possibilidade de uma vida e de um mundo moralmente dignos; por outro, parte da desconfiança e da suspeita com respeito à maneira como está definido o bando dos bons. Não há ética sem esperança, sem utopia, sem vontade, sem desejo, sem alguma forma de crença em suma. Mas não há ética interessante que não seja ao mesmo tempo incrédula, implacável contra todas as formas de "ilusão moral". A ética necessita de uma cara cética. E mais nestes tempos em que a ética vende bem no mercado e no qual o esquema do bem e do mal se exibe com total desvergonha e trabalha com eficácia máxima a serviço dos poderosos. Com frequência dá a impressão de que Dostoyewsky se equivocou de plano. É quando Deus existe que tudo está permitido. Sempre que se faça em nome de Deus, ou de qualquer de seus substitutos.

Por isso há que se aprofundar na convicção de que não tudo vale por igual, há que se seguir afinando as razões que fazem com que algumas condutas sejam preferíveis a outras, há que se seguir dando espessura e perfis ao sujeito moral, há que se seguir construindo reflexiva e dialogicamente normas e valores... Mas continua sendo imprescindível o trabalho de escavação contra toda forma de certeza moral, contra toda forma de boa consciência, sobretudo contra as formas de *nossa* boa consciência. A ética deve ser capaz de suportar a tensão entre fé e ceticismo. Isso é o que faz necessário a Nietzsche, a Kierkegaard, a Wittgenstein, a todos aqueles que pensaram com a suficiente radicalidade para não se sentirem cômodos no papel de melhoradores da humanidade.

Na ordem do conhecimento, o que desagrada ao cético é a verdade ou, mais precisamente, o poder da verdade e suas pretensões totalitárias. Ou, melhor ainda, esse tabuleiro no qual a separação entre as brancas e as negras define um jogo que situa a alguns no lugar privilegiado dos defensores ou dos buscadores ou dos proprietários ou dos missioneiros da verdade. O cético é o que se nega a jogar nesse tabuleiro trucado, aquele que põe em evidência tanto sua arbitrariedade como a violência que o funda e, portanto, no qual desmonta essa divisão entre a luz e a sombra na qual os habitantes da luz se encontram tão cômodos e da qual extraem tão bons rendimentos. Por isso seu combate é duplo: contra a verdade do poder e contra o poder da verdade. Rafael Sánchez Ferlosio, um dos grandes escritores espanhóis vivos, diz assim:

> Não foram os que inventaram a mentira (pois a mentira nunca foi inventada mas nasceu como reflexo necessário da invenção da verdade), mas os que inventaram a

verdade os que fizeram falaz a palavra. A palavra que havia nascido só para ser ficção – ilustração imaginaria com a que os homens podiam repetir em simulacro suas ações, sentados junto ao fogo –, fez-se mãe de enganos quando se erigiu em dizedora de verdades[1].

E, em outro lugar: "Guardem-se das verdades; não há má fé em seus rostos sorridentes, mas se esqueceram de que devem seu reino, seu cetro e sua coroa a uma antiga vitória da força"[2]. Mas talvez esse ceticismo epistemológico possa se resumir no estribilho de uma canção que escutei recentemente de um jovencíssimo grupo de rock latino: "Com quantas verdades queres me enganar?".

Na ordem moral, o que agora nos interessa, o cético fustiga a virtude, o prestígio da virtude. Por isso desagrada tanto aos moralistas de toda espécie. Em um de seus contundentes aforismos Nietzsche o diz assim:

> Aquele que coloca muito alto sua moralidade e a toma demasiado a sério se recrudesce com o cético em moral, pois quando põe toda sua força no jogo exige que se extasiem diante dele e não que examinem seus atos e se duvide deles. Há também caracteres aos quais tudo o que os resta de moralidade é precisamente a fé na moral; esses se conduzem da mesma maneira com respeito aos céticos e, se se quer, com mais recrudescimento ainda.[3]

O cético é um estraga-festa porque não se deixa extasiar pelo espetáculo fascinante da virtude e não pode senão examinar criticamente sua posta em cena. O cético levanta o tabuleiro que define o jogo das brancas e das negras

---

[1] SÁNCHEZ FERLOSIO, R. *Vendrán más años malos y nos harán más ciegos.* Barcelona: Destino, 1993, p. 180.

[2] SÁNCHEZ FERLOSIO. R. *La hija de la guerra y la madre de la patria.* Barcelona: Destino, 2002, p. 114.

[3] NIETZSCHE, F. *Humano, demasiado humano.* II. 71. Madrid: Alianza, 1985.

e descobre que está fabricado com materiais duvidosos e, inclusive, abjetos. Por isso o cético é um infiltrado. Luta contra a verdade em seu próprio campo. Contra a virtude em seu próprio campo. Semeia a dúvida e o desassossego no campo dos bons. Incomoda a boa consciência. Dissolve e confunde as dualidades quaisquer das duas partes enfrentadas. Denuncia a profunda cumplicidade entre o alto e o baixo. Desmoraliza aos que militam plenamente e sem contradições nos exércitos do bem. Por isso lhe marcam com o estigma do traidor.

A denúncia do cético não se dirige apenas contra o hipócrita, contra o que finge ser virtuoso, contra aquele que usa o prestígio da moral para representar um papel falso e se assegurar assim uma boa posição, mas sobretudo contra aquele que crê de verdade na virtude, contra aquele que quer ser virtuoso sem dor, contra aquele que coloca muito alto a sua moralidade justamente para evitar a dor. Seu alvo é o fariseu.

O retrato mais limpo e preciso do fariseu está nas palavras com as que ele mesmo configura sua própria personalidade moral na parábola evangélica: "Te dou graças senhor, porque não sou como os outros homens..., porque não sou como esse publicano". A diferença da hipocrisia, que consiste em uma posta em cena da falsa virtude na arena pública, o farisaísmo se constrói no interior do próprio coração ou, como na parábola, a sós com Deus. O hipócrita faz com que o creiam bom. O fariseu se crê bom. Mas se crê bom por comparação. Sánchez Ferlosio o diz assim:

> na essência moral do fariseu estão a relação, a comparação e a edificação por contraste. O fariseu pode se definir como o que constrói sua bondade com a maldade alheia. Necessita do mau e o coalha ontologicamente no ar para construir-se ele, por contraposição, no bom[4].

---

[4] SÁNCHEZ FERLOSIO, R. Restitución del fariseo. In: *Ensayos y artículos*. v.I. Barcelona: Destino, 1992, p. 132.

Por isso o fariseu necessita do mal, para definir-se contra ele, para separar-se dele, para sentir-se a salvo:

> o fariseu é um bom cujas ações sobem quanto mais baixam as desse eterno outro posto em frente por correlato necessário de seu próprio ser. Sua bondade é um balão que se incha e magnífica com o ar insuflado pelo fole da maldade alheia no vazio interior de suas entranhas. Por isso acode avidamente a carregar-se de razão na fonte da iniquidade alheia.[5]

Inimigo de toda ambiguidade moral, tão autossatisfeito que chega a pensar que se todos fossem como ele o mundo seria melhor, especialista em olhar do alto, e inimigo sobretudo de qualquer suspeita da íntima solidariedade entre o campo das brancas e o das negras, o fariseu se coloca a salvo de toda contaminação. Por isso sua segurança moral, o que mais lhe importa, deriva-se de sua própria covardia. Situar o mal em algum lugar é o que se necessita para

> dar sossego aos débeis morais, dissipar a turvação das consciências pusilânimes, permitindo-lhes subtrair-se ante o volume da inteira responsabilidade social que realmente concerne pro indiviso a cada um e deveria, portanto, afetar-lhe.[6]

Contra a segurança da boa consciência e a arrogância do fariseu, cultivemos pois o ceticismo. Mas não nos deixemos dominar por ele. Nietzsche, o grande crítico da moral, o grande incrédulo, o grande desmascarador de todas as figuras do homem virtuoso, sabia também que há formas de ceticismo que funcionam como dormideiras e que têm como

---

[5] SÁNCHEZ FERLOSIO, R. Restitución del fariseo. In: *Ensayos y artículos*. v.I. Barcelona: Destino, 1992, p. 134-135.

[6] SÁNCHEZ FERLOSIO, R. Restitución del fariseo. In: *Ensayos y artículos*. v.I. Barcelona: Destino, 1992, p. 135.

corolário a impotência para o juízo, a paralisia da vontade, a inibição moral:

> o cético, essa criatura delicada, horroriza-se com demasiada facilidade: sua consciência está amestrada para sobressaltar-se e sentir algo assim como uma mordida quando ouve qualquer não, e inclusive quando ouve um sim duro e decidido. Sim! E não! Isto repugna a sua moral. Pelo contrario gosta de agasalhar sua virtude com a nobre abstenção.[7]

Por outro lado, como também observou Nietzsche, "o farisaísmo não é uma degeneração que apareça no homem bom: uma boa parte do farisaísmo é, antes bem, a condição de todo ser-bom"[8]. Com efeito, como poderia haver sujeito moral se não é baseando-se em certo arrancar-se, ao menos no ideal, do mal, baseando-se em certa negação voluntária do mal? Além do mais, não é o cético uma espécie de metafariseu que se edifica a sós congratulando-se de não ser como os demais, de não ser um fariseu?

Repito então: a ética deve ser capaz de suportar a tensão entre fé e ceticismo. Contra a fé, o ceticismo mais corrosivo, o 'não!' mais implacável. Contra o ceticismo a fé mais alta, o ideal mais puro, o 'sim!' mais voluntarioso. René Char o disse assim: "Fazer sonhar largamente a quem em geral não sonha, e submergir na atualidade aqueles em cujo espírito prevalecem os jogos perdidos do sonho".

---

[7] NIETZSCHE, F. *Más allá del bien y del mal*. 208. Madrid: Alianza, 1986.

[8] NIETZSCHE, F. *Más allá del bien y del mal*. *Op Cit.*, p. 135.

ENSAIOS POLÍTICOS

A libertação da liberdade

> A liberdade protege o silêncio, a palavra e o amor.
> Se se sombreiam, ela os reaviva; nunca os mancha. E
> a rebelião a ressuscita quando desponta a aurora, por
> muito que esta se faça esperar.
>
> René Char.

Vou lhes contar um conto. Um conto que, como todos os contos, relata uma travessia, ou uma passagem, e ao mesmo tempo uma metamorfose. Um conto, ademais, de final aberto, tão aberto como nossa perplexidade. Um conto cujo protagonista é o sujeito, porém o sujeito entendido a partir de um dos modos em que se constitui na modernidade, a partir do modo da liberdade. Um conto também que, como todos os contos, não pretende ser verdadeiro, mas não renuncia a produzir efeitos de sentido. E, finalmente, um conto no qual se joga algo do que somos, um certo modo de subjetividade, uma certa maneira de nomear o sentido ou o não sentido daquilo que nos passa, uma certa forma de vida, uma certa ética e uma certa estética da existência.

Nesse formoso livrinho que se intitula *No mesmo barco*, Peter Sloterdijk escreve o seguinte: "...do mesmo modo que desde Cocteau qualquer adolescente sabe que Napoleão era um louco que se acreditava Napoleão, os politólogos deveriam saber, a partir de Castoriadis, Claessens e Luhmann, que as sociedades são sociedades enquanto imaginam com êxito que são sociedades"[1]. Seguindo essa citação, poderíamos dizer que "sujeito moderno" não é outra coisa senão outra ficção, ou outra fábula, ou outra fantasia configuradora de identidade, segundo a qual certos homens do ocidente tem constituído aquilo que são, o que sabem, o que podem e o que esperam. O que eu vou fazer então, não é outra coisa que inscrever-me nessa tradição fabuladora, não com o fim de criticar as fábulas da liberdade, mas com o objetivo de continuar fabulando a liberdade criticamente.

Para tensionar o espaço no interior do qual situarei meu relato vou usar dois fragmentos muito conhecidos. O primeiro é o primeiro parágrafo de um famosíssimo texto de Kant que foi publicado no primeiro número de setembro de 1784 de uma revista berlinense como resposta à pergunta *Que é a Ilustração?* e cuja palavra chave é *maioridade*. E o segundo texto é esse discurso de *As três metamorfoses*, do *Zaratustra* de Nietzsche, no qual aparecem, sucessivamente as figuras do camelo, do leão e da criança. No primeiro desses textos se fabula a liberdade como maioridade, como emancipação, como autonomia, como a propriedade de um sujeito que se libertou de todo tipo de submissão e se converteu em *causa sui* em dono de si mesmo e de sua história.

A liberdade, nessa primeira fábula, está em um sujeito que não depende de nada exterior, que se apoia sobre seus próprios pés, que se dá a si mesmo sua própria lei, seu próprio fundamento. E a liberdade, além disso, aparece como algo que se realiza na história, de maneira que a história desse sujeito pode tramar-se ou articular-se ou contar-se como

---

[1] Sloterdijk, Peter. *En el mismo barco*. Madrid: Siruela, 2000, p. 20.

Ensaios políticos – A libertação da liberdade

uma história da liberdade. O segundo texto, que quase inverte o primeiro, fabula a liberdade como infância, como criação, como início, como acontecimento. E aí a liberdade já não está do lado de um sujeito que se constitui como tal na autoconsciência e na autodeterminação, mas, justamente, na transformação poética dessa forma de subjetividade. Ademais, trata-se de uma liberdade que não se dá agora na história, mas na interrupção da temporalidade linear e cumulativa da história, isso é, na descontinuidade, na fissura.

A partir do primeiro desses textos, o que vou fazer durante a primeira parte deste trabalho é contar-lhes uma história que poderia intitular-se "a libertação da liberdade". Posto que aí temos o sujeito da liberdade na história, ou a história do sujeito da liberdade, vou tomar o texto de Kant como o ponto de partida de uma narração que chega quase até o presente e na qual essa liberdade subjetiva vai perdendo seu primeiro impulso, entra em crise, perde a confiança em si mesma, começa a não poder se suportar e, finalmente, salta para fora de si mesma, liberta-se de si mesma e abre-se em direção a outra coisa. Vou construir esse relato por meio do artifício retórico de fiar narrativamente algumas citações de Husserl, de Adorno e, finalmente de Heidegger. Digamos que me tomando a liberdade, e assumindo seus riscos, de construir um argumento narrativo selecionando alguns fragmentos, separando-os de seu contexto e reescrevendo-os como se constituíssem os acontecimentos importantes de uma trama linear e homogênea.

O segundo texto não obstante, o de Nietzsche, não servirá como ponto de partida de um relato. A segunda parte desse trabalho não terá já essa forma que começa com o "era uma vez" da proposição, continua com o "passaram muitas coisas" da trama ou da aventura, e termina com o "e então" do episódio final ou do desenlace que dá sentido a toda a história. A criança que constitui o motivo da segunda fábula dessa liberdade já libertada cujo emblema é a criança, ou o jogo, ou o acontecimento, ou a criação, não pode ser contada em uma história ou como uma história. O que farei então é sugerir uma série de motivos nos quais a figura da criança serve para expressar as diversas perplexidades, as quais dão lugar a abertura da liberdade, e portanto a transformação do sujeito da liberdade.

Começarei pois com um relato, um dos possíveis relatos da libertação da liberdade, um relato cujo desenlace é um final aberto, e continuarei com uma série de fragmentos com os quais tentarei dar para ler ou dar para pensar algumas possibilidades desse desenlace, dessa liberdade libertada.

A maioridade, ou o entusiasmo da liberdade

O texto de Kant, inumeráveis vezes citado, comentado, parafraseado e utilizado diz assim:

> A Ilustração é a saída do homem de sua autoculpável minoridade. A minoridade significa a incapacidade de servir-se de seu próprio entendimento sem ajuda de outro. Um sujeito é culpável desta minoridade quando a causa dela não reside na falta de entendimento, mas na falta de decisão e valor para servir-se por si próprio dele sem a ajuda de outro. *Sapere aude*! Tem valor de servir-te de teu próprio entendimento! Eis aqui o lema da Ilustração.[2]

Temos aqui, em poucas linhas, um relato extremamente condensado do que seria a emancipação a partir da perspectiva dessa configuração de ideias e de ideais em cujas ruinas ainda vivemos e que podemos chamar "modernidade". A

---

[2] KANT, Imanuel. Respuesta a la pregunta: ¿Qué es la ilustración?. In: AA.VV. *¿Qué es la Ilustración*? Madrid: Tecnos, 1988, p. 9.

palavra chave, *Unmündigkeit, minoridade*, significa *imaturida-de*, porém também *dependência*. Seu antônimo, *Mündigkeit*, poderia traduzir-se tanto por *maioridade* como por *emancipação*, conservando assim o sentido jurídico da palavra que a entende como *libertação da tutela* ou do poder de outro, fundamentalmente do pai, visto que *maioridade* significa também *emancipação da tutela paterna*, reconhecimento da capacidade para tomar decisões próprias, plenitude de direitos, mas também emancipação da tutela do esposo (no caso das mulheres) ou emancipação da tutela do amo (no caso dos servos) ou emancipação da tutela de um governo exterior (no caso dos povos).

Kant coloca em cena um personagem, o Homem, a Humanidade, no momento em que se está liquidando o Antigo Regime (com a consequente promessa de libertação de todo tipo de despotismo), está agora triunfando a ciência moderna positiva (com a consequente emancipação de toda ideia não examinada, de toda crença aceita sem crítica, de todo tipo de dogmatismo) e estão desmoronando as imagens religiosas do mundo (com a consequente promessa de emancipação de toda essência e de todo destino). O Homem por fim torna-se maior de idade, por fim faz-se dono de seu próprio destino, por fim encarrega-se reflexivamente de sua própria história, por fim faz-se dono de seu próprio passado e de seu próprio futuro, por fim, põe-se de pé como sujeito e não aceita agora nenhum fundamento exterior, nenhuma garantia alheia, nenhum destino dado. No texto de Kant ressoam, junto à palavra Emancipação, outras palavras maiúsculas como Homem, Razão ou História que, juntas, articuladas de diferentes maneiras, dão lugar a um relato, ou a um metarrelato, a um relato transcendental se se quer, cujas variantes poderíamos encontrar em Hegel, em Marx, em Husserl, em Sartre ou, inclusive, na primeira Teoria Crítica frankfurtiana.

COLEÇÃO "EDUCAÇÃO: EXPERIÊNCIA E SENTIDO"

Naturalmente, não vou fazer um resumo da doutrina kantiana da liberdade: não vou expor os meandros da razão prática nem vou comentar tampouco os textos históricos--políticos. Recordo-lhes que isso é só o princípio de um conto, talvez um conto filosófico – um conto, enfim –, e o que pretendo é simplesmente que vocês se encarreguem de qual é a imagem da liberdade que sugere esse conto e que se encarreguem também de suas possíveis variações narrativas, isso é, que vocês tentem reconhecer suas variantes estruturais e suas possibilidades retóricas. Porém, sim, o que quero sublinhar é um de seus elementos básicos, concretamente o fato de que nesse conto a liberdade tem duas faces.

Por um lado a liberdade é libertação de qualquer tipo de tutela, e aí a liberdade aparece como heroica porque exige valor, coragem e esforço. A liberdade não pode ser o atributo de um homem covarde ou preguiçoso, mas somente a conquista de um homem valente que é capaz de lutar por ela. Esta seria a face em que a liberdade aparece como liberdade negativa, e a face na qual o sujeito da liberdade aparece como protagonista de uma luta de libertação. Todos os motivos da libertação e da luta pela libertação (da mulher, dos povos, das crianças, dos submissos...) que atravessam os dois últimos séculos têm algo desse alento negativo e, ao mesmo tempo, heroico, épico, entusiasta e juvenil.

Por outro lado, a liberdade é algo que se tem na forma da autonomia. A liberdade é a autonomia da vontade, a autonomia da razão prática, isso é, a capacidade do homem, individual ou coletivamente, de dar para si mesmo sua própria lei e de obedecê-la. É livre o indivíduo que dá a si sua própria lei e que se submete obedientemente a ela cada vez que é capaz de escutar a voz da razão em sua própria interioridade. E é livre a comunidade que faz acordo e que pactua racionalmente suas próprias leis de acordo com a vontade geral na qual cada cidadão reconhece sua própria vontade. A liberdade como autonomia funda obrigações, mas obrigações próprias. É portanto, uma forma de autogoverno cuja não arbitrariedade está garantida pela razão, isso é, que não emana da arbitrariedade de um sujeito singular, ou de uma vontade contingente, mas da vontade de um sujeito racional e, portanto, ao menos na fábula kantiana, universal. É nisso onde se reconhece a maioridade, no uso da razão: um sujeito é livre quando se guia por princípios racionais. O homem entra em liberdade, faz-se maior de idade, quando se libera de tudo o que se lhe impõe (de toda heteronomia) e quando se torna capaz de seguir sua própria lei, isto é, quando entra na razão. Esta é a face adulta da liberdade, a liberdade positiva; a face na qual o sujeito da liberdade aparece como o sujeito que alcançou agora a autoconsciência e a autodeterminação, aquele que se converteu em um sujeito seguro e assegurado, dono de si.

A crise, ou o envelhecimento da liberdade

Entre todas as variantes dessa fábula que combina em uma mesma trama as figuras do Homem, da Liberdade, da Razão e da História, há uma que me parece que pode ser contada aqui porque, nela, esse sujeito orgulhoso e soberano, que se levantava seguro de si mesmo e começava a andar racionalmente e com pé firme no relato kantiano, aparece agora envelhecido, cansado, quase desfalecido, a ponto de perder a fé em si mesmo, e tentando desesperadamente extrair alguma esperança, alguma força vital, algum sustento interior, dos rescaldos ainda fumegantes de sua própria juventude.

Permitam-me contar-lhes agora, com certo detalhe e quase como se fosse uma novela, a primeira das conferências que Husserl proferiu em Praga no outono de 1935 e que seus editores situaram como prólogo desse livro póstumo, autêntico testamento filosófico, que se intitulou A crise das ciências europeias e a fenomenologia transcendental. O título dessa primeira conferência é "A crise das ciências como expressão da crise vital radical da humanidade europeia". E o que Husserl nos oferece nela é uma narrativa de crise, isto é, um relato que tem uma estrutura muito convencional e que poderia ser decomposta em quatro momentos: (1) "era uma vez, faz muito tempo, em algum momento da história do que somos, em que algo, talvez a liberdade, se dava por suposta ou se anunciava esplendorosa no horizonte" ou "houve um tempo em que éramos jovens, em que estávamos cheios de ideais e de confiança em nós mesmos, em que sabíamos claramente o que éramos e o que queríamos"; (2) "agora, não obstante, todos esses ideais estão desmoronando ao nosso redor e nos sentimos velhos e cansados"; (3) "mas não podemos perder a confiança em nós mesmos porque, se a perdemos, não somente teremos fracassado, senão que nossa própria história não terá sentido"; (4) "necessitamos portanto renovar e revitalizar nossa fé e nossa esperança de juventude, mesmo que seja de outra forma, com outras bases, outra, mas, não obstante, a mesma, se queremos que nossa história tenha futuro, que o que fomos e quase estamos deixando de ser se projete até o futuro".

Uma narrativa de crise constrói o presente como um momento crítico no duplo sentido da palavra, como um momento decisivo e ao mesmo tempo como um momento de crítica, como um momento no qual o sujeito recupera criticamente sua própria história, apropria-se criticamente de sua própria história, para saber onde se encontra e para decidir seu próximo movimento. Talvez por isso os relatos de crise tenham esse tom apocalíptico, este tom como de

Ensaios políticos – A libertação da liberdade

fim de mundo, esse tom como de grandes apostas e grandes decisões, esse tom como de morte e renascimento, esse tom como de estado crítico, como de enfermidade quase mortal e remédios desesperados, esse tom heroico, esse tom, definitivamente, de perdição ou salvação.

Atendamos primeiro ao protagonista do conto, a essa "humanidade europeia" que parece ser o sujeito da narrativa de crise husserliana e que, como vocês terão adivinhado, ainda pretende ser simplesmente o Homem, a Humanidade. Entre os textos complementares que os editores acrescentaram à Krisis, há uma conferência proferida no Círculo Cultural de Viena em maio de 1935 e intitulada "A crise da humanidade europeia e a filosofia" que trata justamente de desenvolver a ideia de "humanidade europeia". Aí, Husserl tenta caracterizar Europa como uma "figura espiritual" unitária, isto é, como uma configuração cuja unidade não está dada num sentido geográfico, mas em um sentido, digamos, histórico-cultural. E nesse contexto escreve o seguinte:

> Os "dominions" ingleses, os Estados Unidos, etc., pertencem claramente, em um sentido espiritual, à Europa; mas não os esquimós ou os índios das tendas de campanha das feiras anuais, nem os ciganos que vagabundeiam continuamente pela Europa.[3]

A frase afirma a pluralidade da humanidade, a convicção de que a palavra humanidade em um sentido "espiritual", isto é, histórico e cultural, se declina no plural. O que Husserl faz, com evidente rusticidade, mas com uma nitidez que se agradece, é determinar a quem inclui e a quem exclui quando diz "nós". E um pouco mais adiante assinala sua intenção de

---

[3] HUSSERL, Edmund. *La crisis de las ciencias europeas y la fenomenologia transcendental.* Barcelona: Crítica, 1991, p. 328.

mostrar a ideia filosófica imanente à ideia de Europa (da Europa espiritual) ou, o que é o mesmo, a teleologia a ela imanente, que se faz em geral cognoscível a partir do ponto de vista da humanidade universal como a irrupção e o começo da evolução de uma nova época da humanidade, da época da humanidade que, a partir desse momento, não quer nem pode viver senão na livre conformação de sua existência, de sua vida histórica, a partir das ideias da razão, em ordem a tarefas infinitas.[4]

Europa, diz aqui Husserl limpidamente, não é senão uma ideia: a ideia da aliança entre Razão e Liberdade. Isso é a única coisa que nos permite dizer "nós", aquilo que faz com que nós sejamos nós. E a História da Europa, isto é, nossa história, não é senão a História do desdobramento da Razão e da Liberdade, da História da realização da aliança entre Razão e Liberdade. Essa aliança entre Razão e Liberdade permite esboçar a História espiritual de Europa desde seu começo até seu final (ainda que este começo somente agora se nos fez autoconsciente, e ainda que esse final só possa delinear-se como uma realização deslocada no infinito) como uma História com sentido, como um relato articulado por uma trama, atravessada por uma finalidade que se esboça já a partir de sua origem e que é imanente a todo seu desenvolvimento. A história da humanidade europeia, diz Husserl, tem um sentido, e esse sentido é a Liberdade. Apesar, naturalmente, de toda uma série de obstáculos, de fracassos, de retrocessos, de derrotas, de perversões, de patologias, de quedas e recomeços.

Porém esta humanidade europeia não é mais uma entre outras, um mero tipo antropológico empírico, "como China

---

[4] HUSSERL, E. *La crisis de las ciencias europeas y la fenomenologia transcendental. Op. cit.*, p. 328.

ou Índia", escreve Husserl, mas que tem vocação de universalidade. Husserl é já perfeitamente consciente de que épocas e sociedades inteiras têm vivido e vivem sem o conceito de liberdade. Husserl sabe muito bem que essa fábula da liberdade que para ele é tão importante é uma fábula moderna e ocidental. Porém resiste a pensar que sua tribo é uma a mais entre as tribos que povoam a terra ou que sua época é uma época a mais entre as que se sucederam no mundo. Husserl todavia sente-se orgulhoso de pertencer à Europa e todavia considera a modernidade como uma tarefa, talvez inconclusa, talvez em crise, porém dotada de uma grande dignidade histórica. E escreve uma frase que é toda uma declaração eurocentrista, todo um orgulho de pertinência à própria tribo:

> Há na Europa algo singular, único, com relação ao que todos os outros grupos humanos são também sensíveis enquanto algo que, independentemente de toda consideração de utilidade, se converte para eles, por grande que seja sua vontade indomável de autoconservação espiritual, em uma incitação a europeizar-se, de tal modo que de nossa parte, se temos uma compreensão cabal de nós mesmos, nunca optaremos, por exemplo, por nos indianizar.[5]

O que está em jogo aqui, naturalmente, e cito agora a conferência de Praga, é

> ... se o espetáculo da europeização de todas as humanidades estrangeiras anuncia efetivamente em si o império de um sentido absoluto, pertencente ao sentido do mundo, e não a um sem-sentido histórico do mesmo.[6]

---

[5] HUSSERL, E. *La crisis de las ciencias europeas y la fenomenologia transcendental. Op. cit.*, p. 329.

[6] HUSSERL, E. *La crisis de las ciencias europeas y la fenomenologia transcendental. Op. cit.*, p. 16.

Por "europeização de todas as humanidades estrangeiras" Husserl entende o processo de unificação histórica do mundo, da humanidade. Pouco a pouco o mundo está se convertendo em um só Mundo, a humanidade em uma só Humanidade, e a história em uma só História. Os hindus, os chineses, porém também os esquimós, os índios das tendas de campanha e os ciganos vagabundos, estão se integrando em nosso mundo, em nossa humanidade, em nossa história, começam a ser parte de nós. E isso não pode ser algo arbitrário, ou algo que dependa simplesmente de relações de força, ou de meras condições materiais de existência, mas que tem que ter um sentido racional, necessário. E esse sentido racional é, de novo, a liberdade.

O Homem europeu que, ao cabo de um processo ímpar de "europeização", é o Homem em geral, não é outra coisa senão o sujeito da liberdade, o que quer dar-se a si mesmo suas próprias regras, o que quer configurar-se a si mesmo e ao seu entorno segundo sua própria razão. E sua história não é outra coisa senão o processo pelo qual este destino chega à autoconsciência, tende à sua realização. Já temos pois, esboçado, o protagonista dessa narrativa de crise que estou lhes contando, um protagonista que se constrói articulando de novo as palavras que havíamos encontrado já no texto de Kant: Humanidade, Liberdade, Razão e História. Vamos ver agora como Husserl diagnostica seu estado crítico.

Visto que se trata de uma narrativa de crise, selecionei um parágrafo escrito em tom de perda, de ocaso, de velhice, de nostalgia, de elegia em suma, que contrasta com o tom juvenil, de entusiasmo, de aurora, de conquista, de projeto, com o tom épico que soava no texto de Kant com o qual comecei este relato. O parágrafo diz assim:

> nos é dado compreender o impulso que dava vida a todas as empresas científicas, incluídas as de grau in-

ferior, meramente fácticas; um impulso que no século XVIII, que se chamava a si mesmo o século filosófico, enchia de entusiasmo pela filosofia e pelas ciências particulares, enquanto ramificações dela, a círculos cada vez mais amplos. Daí o apaixonado interesse pela cultura, o fervor pela reforma filosófica da educação e de todas as formas sociais e políticas da existência da humanidade que faz tão digna de veneração essa difamada época da Ilustração. Possuímos um imperecível testemunho deste espírito no esplêndido hino de Schiller e Beethovem "à Alegria". Hoje, este hino só pode nos suscitar sentimentos dolorosos e só determinados por eles podemos revivê-lo em nós. Não cabe imaginar contraste maior que o daquela época com nossa situação atual.[7]

A Ilustração é a época da reforma da humanidade, mas sobretudo, a época do impulso, do entusiasmo, do apaixonamento: a Ilustração é a época de nossa juventude. E Husserl, como para expressar o tom vital épico, entusiástico e juvenil dessa época, lhe põe música; uma música que se converteu, desde há poucos anos, no mesmo hino oficial da Comunidade Europeia, com o qual ficou agora definitivamente invalidada para a Filosofia, e talvez para a Música. Porém o hino *À Alegria* já não pode ser nossa música. Agora vivemos em um espírito ao qual lhe vai um tom mais bem elegíaco, mais de perda que de conquista, mais de senectude e de ocaso que de juventude e de aurora, e já não podemos recordar a vitalidade daquela música, a não ser com dor, dominados pelos sentimentos dolorosos por tudo aquilo que perdemos, por tudo aquilo que já não somos. Toda a questão da vitalidade e do tom vital – do estado de ânimo, enfim – aparece claramente esboçada no parágrafo seguinte:

---

[7] HUSSERL, E. *La crisis de las ciencias europeas y la fenomenologia transcendental. Op. cit.*, p. 10.

> Que esta humanidade nova, animada de um espírito tão alto, no qual encontrava, além disso, gratificação, não soubera perseverar, é coisa tão somente explicável, pela perda do impulso vivificante da fé, própria de seu ideal, em uma filosofia universal...[8].

A crise da humanidade europeia é uma crise de fé, uma crise de ânimo, de autoconfiança, de vitalidade, de esperança, uma crise "de moral" quase no sentido desportivo da expressão. Europa está desmoralizada, desanimada, desiludida, quase desfalecida. Por quê? Porque lhe falta uma ideia de si própria ou uma fábula de si mesma na qual reconhecer-se e na qual sustentar-se. Porque lhe abandonou o ânimo, o espírito, a ideia interior que lhe dava vida. O homem europeu está desanimado porque perdeu o sentido de si mesmo, porque já não encontra nenhuma ideia de liberdade em relação a qual dar sentido à sua própria vida e à sua própria história, porque já não se tem a si mesmo como sujeito, porque não tem já nenhuma ideia de si mesmo para realizar, porque está abandonado à pura contingência, arbitrariedade e facticidade de sua existência. Com a redução das ciências a ciências de fatos e com o ceticismo frente à possibilidade de uma filosofia universal, e volto a citar Husserl,

> cai também a fé em uma razão na qual o homem possa encontrar seu sentido, a fé no sentido da história, no sentido da humanidade, em sua liberdade, ou o que é igual, na capacidade e possibilidade do homem de conferir à sua existência humana, individual e geral, um sentido racional. A perda, por parte do homem, desta fé significa nada mais e nada menos que a perda da fé em si mesmo, no ser verdadeiro que lhe é próprio, um ser que não possui desde sempre, que não possui

---

[8] HUSSERL, E. *La crisis de las ciencias europeas y la fenomenología transcendental. Op. cit.*, p. 10.

Ensaios políticos – A libertação da liberdade

> desde a mera evidência do "eu sou", mas que só tem
> e só pode ter como próprio lutando sempre por sua
> verdade, lutando por fazer-se a si mesmo verdadeiro,
> e no marco desta luta.[9]

Podemos reconhecer aqui o velho motivo idealista da humanidade em marcha até sua própria realização, até a final e sempre retardada conquista de sua Verdadeira Humanidade. E também todos esses motivos que ainda nos configuram da permanente tensão entre a liberdade e a aspiração à liberdade, de maneira que não há liberdade possuída ou concluída mas uma espécie de liberdade provisória sempre incompletamente realizada, e essa constante vigilância crítica da liberdade sobre si mesma para corrigir suas próprias ingenuidades, seus próprios excessos e seus próprios desfalecimentos.

É possível que o tom desta narrativa de crise nos soe anacrônico. Mas teria que dizer, em honra a Husserl, que no momento em que escreveu estas palavras havia visto a ascensão de Hitler ao poder enaltecido democraticamente pela maioria de seus civilizados compatriotas, podia intuir como o interesse privado dos indivíduos pelo bem estar material paralisava todo seu interesse por uma liberdade mais funda, e ele mesmo estava velho, enfermo de morte e muitos de seus colegas e discípulos da Universidade lhe negavam a saudação. Sua mensagem póstuma parece poder ser reduzida a esta alternativa dramática: ou mantemos a fé na liberdade ou somos capazes de encontrar em nosso interior uma fé que nos sustente nestes momentos difíceis e de ânimo para resistir, ou estamos perdidos. Ademais, na distância que estabeleçamos entre as palavras de Husserl e nós mesmos, isso é, no modo como nos distanciamos des-

---

[9] HUSSERL, E. *La crisis de las ciencias europeas y la fenomenologia transcendental. Op. cit.*, p. 13.

sas palavras por considerá-las já impronunciáveis, podemos medir a distância que nos separa dessa fábula da liberdade.

O beco sem saída, ou a aporia da liberdade

Continuarei este meu primeiro conto com um texto que muitos de vocês seguramente já adivinharam, com a *Dialética da Ilustração* que Adorno e Horkheimer escreveram em seu exílio norte-americano em princípios dos anos 40. A história do livro é muito curiosa. Foi publicado em 1944 com o título de *Fragmentos Filosóficos* em uma edição fotocopiada de 500 exemplares e em 1947 em uma editora de Amsterdã que não o distribuiu massivamente porque o próprio Horkheimer o considerava um texto demasiado radical e perigoso para os próprios ideais da Escola de Frankfurt que, como se sabe, havia se proposto introduzir a razão no mundo através de um pensamento entendido como teoria crítica e como práxis, isto é, disposta a fazer história, a incorporar-se na história e a realizar na história seu sentido emancipador. Porém o livro foi reeditado na Alemanha em 1969 e nos Estados Unidos em 1972 e, portanto, foi lido no marco das lutas estudantis e dos movimentos alternativos que passavam pela rejeição total e categórica da ordem burguesa e pela busca de inspirações alheias à tradição europeia. Era a época das comunidades hippies, das viagens à Índia, do redescobrimento cultural dos indígenas americanos, do antimilitarismo, da psicodelia, etc., isto é, uma época em que muitos jovens europeus, com uma compreensão bastante cabal do seu mundo e de si mesmos, sentiam já a "tentação de indianizar-se", de abandonar esse "nós" que Husserl dava por exclusivamente centrípeto, e de inventar novas formas de liberdade.

A frase, também dessas que tem sido citadas tantas vezes que já quase sabemos de cor, diz assim: "A Ilustração, no mais

Ensaios políticos – A libertação da liberdade

amplo sentido de pensamento em contínuo progresso, tem perseguido desde sempre o objetivo de libertar os homens do medo e constituí-los em senhores. Mas a terra inteiramente ilustrada, resplandece sob o signo de uma triunfal desventura".[10]

Não é que a Ilustração tenha fracassado ou, em termos de Husserl, que esteja passando um momento crítico, mas que triunfou. E este é precisamente nosso problema, porque em seu triunfo o que mostrou é sua face negativa, essa face na qual se desprendeu não tanto a afirmação como a negação da liberdade. A Ilustração triunfou e, em seu triunfo, destruiu aquilo que pretendia realizar. Aqui está a aporia (de a-poros, não tem caminho, não tem saída) na qual nos encontramos:

> não abrigamos a menor dúvida – e esta é nossa *petitio principii* – de que a liberdade na sociedade é inseparável do pensamento ilustrado. Mas cremos ter descoberto com igual clareza que o conceito deste mesmo pensamento, não menos que as formas históricas concretas e as instituições sociais no qual mergulhou, contém já a origem daquela regressão que hoje se verifica por donde quer que seja. Se a Ilustração não assume em si mesma a reflexão sobre esse momento regressivo, firma sua própria condenação.[11]

O texto em questão mostra com particular crueza um dos pontos nos quais se bifurca o pensamento contemporâneo. Conserva acentos kantianos como a necessidade da autocrítica, a necessidade de salvar a Ilustração mostrando também seu momento positivo, ou a necessidade de fazer

---

[10] HORKHEIMER, Max & ADORNO, Theodor. *Dialéctica de la Ilustración*. Madrid: Trotta, 1994, p. 59.

[11] HORKHEIMER, Max & ADORNO, Theodor. *Dialéctica de la Ilustración*. Madrid: Trotta, 1994, p. 53.

com que a Ilustração assuma em si mesma a reflexão sobre seu próprio momento destrutivo. Porém por outro lado sugere uma crítica total da própria civilização ocidental como uma civilização falida. A *Dialética da Ilustração* não se limita a renovar o motivo da autocrítica, da autorreflexão crítica, não se limita a mostrar as insuficiências ou as perversões históricas da razão, não é agora um relato de crise-renovação, senão a própria estrutura da aliança entre Razão e Liberdade é colocada em questão. Digamos que nesse texto abandona-se toda esperança no caráter emancipador da razão, estende-se uma suspeita global sobre as possibilidades emancipatórias das ciências positivas, vai-se pouco a pouco até uma teoria da história como relato das esperanças humanas não cumpridas, isso é, como catástrofe, e começa a tomar forma a ideia de que não há possibilidade histórica de saída da barbárie, pelo menos dentro de nossa história, dessa história concebida como a realização da aliança entre Razão e Liberdade, e que só se pode apontar para uma saída da história. A partir daí, a deriva minimalista, estética e em ocasiões trágica de pensadores como Adorno ou Benjamin é mais instrutiva e talvez mais fecunda que o revisionismo social democrata de Habermas que parece ser a referência final obrigada de uma crítica que ainda reclama bases racionais, liberais, historicistas e, naturalmente, humanistas.

O protagonista do nosso conto, esse sujeito que vimos arrogante e orgulhoso de si mesmo no texto de Kant, e cansado e desmoralizado porém mantendo ainda uma certa dignidade na derrota no texto de Husserl, aparece aqui como horrorizado de si mesmo. A autorreflexão tem agora mais tintas de tragédia que de elegia e esse sujeito apenas pode suportar sua própria imagem no espelho. Não em vão, alguns dos acontecimentos mais terríveis

Ensaios políticos – A libertação da liberdade

deste século como o totalitarismo político, a destruição da natureza, a aniquilação de toda diversidade cultural ou a exploração do homem pelo homem, não só desmentem as esperanças ilustradas na liberdade, confirmam seu fracasso, senão suas mesmas raízes culturais podem remeter-se sem demasiada violência ao resultado do próprio projeto racional ilustrado, à aliança perversa entre a Liberdade e essas outras figuras agora claramente ideológicas e totalitárias que se chamam Homem, Razão e História. A Razão converteu-se no princípio da dominação, no grande dispositivo de objetivação, manipulação e controle. O Homem aparece como uma figura totalitária que universaliza e sacraliza o tipo humano burguês, ou como uma figura de uma identidade ao mesmo tempo segura e reprimida. E a História, com todos esses motivos da Grande Aventura da Humanidade que segue Avante não é senão a figura sanguinária de um deus que continua reclamando vítimas e sacrifícios.

A aposta, agora, começa a ser, inventar formas de existência fora da construção moderna da figura Homem, construir formas de relação com a natureza, com os demais e com nós mesmos fora da construção moderna da palavra Razão, configurar formas de habitar o tempo, a memória e o futuro fora da construção moderna da figura da História e, naturalmente, experimentar formas de expressar nossa vontade de viver, de falar e de pensar fora da construção moderna da figura da Liberdade.

De momento, nos parecem, agora, mais próximas a nós, umas palavras que escreveu Adorno na *Dialéctica negativa*, em uma secção na qual reelabora a questão da liberdade voltando a pôr sobre o tear, porém desta vez de uma forma mal humorada, quase violenta, a aposta kantiana:

Desde o século dezessete a grande filosofia determinou a liberdade como seu interesse mais exclusivo e dedicou-se a fundamentá-la com evidência sob as ordens tácitas da classe burguesa. Só que esse interesse é antagônico em si mesmo. Se dirige contra a antiga opressão e fomenta a nova, contida no próprio princípio da racionalidade. O que se trata é de encontrar uma fórmula comum para liberdade e opressão. A liberdade é cedida à racionalidade, que a limita e a afasta da empiria, na que de nenhum modo se quer ver realizada [...] Se engrandece a liberdade inteligível dos indivíduos para poder cobrar tanto mais facilmente o particular empírico e fazê-lo morder melhor o freio sob a perspectiva de um castigo justificado metafisicamente [...] Porém, não há por que aceitar como uma fatalidade que a liberdade envelheça sem se realizar. Essa fatalidade tem que ser respondida com a resistência.[12]

A liberdade envelheceu sem se realizar. Talvez por isso a palavra liberdade nos soe tão vazia, tão retórica, tão velha. Porém o envelhecimento da liberdade, diz Adorno, não tem por que ser aceito como uma fatalidade. Não se trata de rejuvenescê-la. Nem sequer se trata de voltar a colocar em jogo a pretensão de realizá-la. Agora, trata-se apenas de resistir. A face positiva da liberdade é definitivamente declarada culpável ou, quanto menos, tramposa, e cúmplice da barbárie, e só resta sua face negativa, esta vez na forma de resistência. A frase, que soa agora a Foucault, é a seguinte: "Só há uma forma de compreender a liberdade: em negações concretas, a partir da figura concreta daquilo que se lhe opõe".[13]

---

[12] ADORNO, Theodor. *Dialéctica negativa*. Madrid: Taurus, 1975, p. 213-215.

[13] ADORNO, Theodor. *Dialéctica negativa*. *Op. cit.*, p. 230.

O salto, ou a liberação da liberdade

O final do primeiro conto será um final aberto, e o formularei reescrevendo três citações de Heidegger nas quais essa liberdade que vimos desfalecer, envelhecer e inclusive se horrorizar dela mesma ao se reconhecer culpável, é simplesmente abandonada. A primeira citação pertence à "Disputa de Davos entre Ernst Cassirer e Martin Heidegger", incluída como apêndice no livro de 1930 *Kant e o problema da Metafísica*. A citação é a seguinte:

> A pergunta "como é possível a liberdade?" carece de sentido. Porém, disso, não se quer dizer que, em certo modo, opere aqui o problema do irracional, senão que a liberdade não é objeto da compreensão teórica, o anterior não é outra coisa senão que a liberdade só é, e pode ser, na libertação. A única relação adequada com a liberdade, no homem, só pode se dar, no se-libertar-a-si-mesmo da liberdade (que há) no homem.[14]

"A liberdade que há no homem"; essa liberdade que é, sim, o objeto da compreensão teórica, significa para Heidegger a liberdade entendida metafisicamente como possibilidade de começar a partir de si mesmo. A liberdade é assim o atributo ou a propriedade de um sujeito que pode ser causa de si. Desse modo o pensamento da liberdade fica ligado ao pensamento da causa e ao pensamento do sujeito: ser livre é ser capaz de sobre-pôr-se ou de sobre-im-pôr-se ao mundo e aos outros sujeitos enquanto que estes podem constituir uma trama de causalidades. Ser livre é não estar afetado, não estar determinado, ter o poder de determinar-se a si próprio, ter o poder de autodeterminar-se independentemente de qualquer fatalidade e de qualquer vontade que não seja a própria, impôr-se a si mesmo como causa (dese-

---

[14] HEIDEGGER, Martín. *Kant y el problema de la metafísica*. México: Fondo de Cultura Económica, 1981, p. 218.

jada) frente à causalidade exterior (sofrida), impor a própria vontade (livre) frente às outras vontades, em definitivo ser dono de si mesmo, ser o próprio dono, ser propriamente dono ou, simplesmente, ser propriamente.

Por outro lado, esse "livrar-se a si mesmo da liberdade que há no homem" parece apontar até um libertar-se da liberdade do sujeito para abrir a liberdade do ser. O que ocorre é que essa liberdade já não é a liberdade de um ente, já não pertence ao ôntico como pertencem a causalidade e a subjetividade. Por isso essa liberdade não pode ser objeto da compreensão teórica ou, se se quer, não podemos ter uma ideia dessa liberdade. O que ocorre então é que, se tiramos a liberdade da jurisdição da teoria, então a liberdade é algo do qual não se pode ter ideia e, portanto, algo que não se pode realizar, nem produzir, nem fabricar, nem garantir, nem defender, porque como poderíamos realizar algo do qual não temos nem ideia, algo, em suma, que já não depende de nosso saber ou de nosso poder ou de nossa vontade?

Aqui está, me parece, o interessante da proposição heideggeriana: esse gesto com o qual se abandona qualquer tentativa de compreender teoricamente a liberdade, qualquer tentativa de se fazer uma ideia dela, qualquer tentativa de fazê-la depender de nós como sujeitos dotados de saber, de poder e de vontade, porém, retendo, não obstante, a palavra liberdade (que não é o conceito ou a ideia) para fazê-la soar de outro modo. Como se a liberdade fosse algo do qual não temos ideia, algo que não pode ser objeto da compreensão e que permanece, portanto, como incompreensível, porém, também, como se a palavra liberdade continuasse assinalando até algo ao qual temos que atender. Ao que esse gesto nos convida é a atender ao incompreensível da liberdade. E essa liberdade incompreensível só pode ser na libertação, diz Heidegger. Mas aí, na libertação, não é o homem enquanto

Ensaios políticos – A libertação da liberdade

sujeito aquele que possui a liberdade, senão que é enquanto que se liberta de seu ser-sujeito, de seu saber, de seu poder e de sua vontade, que o homem entra em relação com a liberdade. A liberdade seria então algo com o qual podemos entrar em relação, mas não algo que podemos ter ou possuir, não algo do qual pudéssemos nos apropriar.

A tarefa seria então manter a liberdade como o que não podemos saber, como o que não pode ficar determinada por nosso saber, como o que só pode aparecer no momento em que suspendemos nossa vontade de saber e no momento em que se dissolve o que sabemos. A tarefa seria também manter a liberdade como o que não depende de nosso poder, como o que só pode aparecer quando suspendemos nossa vontade de poder. E, por último, a tarefa seria manter a liberdade como o que não podemos querer, como o que não depende de nossa vontade, de nossos projetos ou de nossas intenções, como o que só pode aparecer quando suspendemos nossa vontade.

A segunda citação de Heidegger está tomada de um texto de 1956 que se chama *A proposição do fundamento*. Nesse livro, que reúne um curso e uma conferência, Heidegger tenta levar o pensamento a um "salto" no qual se abandona a pergunta sobre a razão ou o fundamento do ser para se chegar a um pensamento do ser como o que carece de razão ou de fundamento. E aí diz o seguinte: "O salto continua sendo uma possibilidade do pensar, e isso de maneira tão decisiva que inclusive a região essencial da liberdade se abre pela primeira vez na região do salto"[15].

Heidegger fala aqui de que é preciso se colocar no lugar de um salto, para perceber a região da liberdade. Já

---

[15] HEIDEGGER, Martín. *La proposición del fundamento*. Barcelona: Ediciones del Serbal, 1991, p. 151.

não se trata da liberdade como propriedade de um sujeito, ou como poder de um sujeito, ou como qualidade de um sujeito, ou como estatuto de um sujeito, ou como vontade livre ou livre arbítrio de um sujeito, senão que a liberdade é agora algo cuja essência reside, ou se guarda, ou permanece, ou se mantém em reserva em uma região, ou em um espaço que só se pode vislumbrar desde o lugar de um salto. Esse salto é, no texto de Heidegger, um salto fora da razão teórica, da razão fundamentante, como se a razão teórica ou fundamentante tivesse que transcender ou transgredir seus limites, saltar além de si mesma, para aceder a uma visão do espaço da liberdade, a uma visão que, não obstante, não é agora uma visão teórica. Por isso, a partir do lugar do salto, a liberdade aparece como o que reside no espaço de não fundado. E, além disso, esse espaço nomeia-se mas não se determina ou, melhor dizendo, nomeia-se in-determinando-o, no gesto mesmo de deixá-lo sem terminar e sem de-terminar, no gesto de deixá-lo in-de-terminado, isso é, aberto e livre.

Se colocamos este parágrafo em relação com o anterior, com esse de que a relação com a liberdade só se dá na libertação, no libertar-se a si mesmo da liberdade que já há o que já se tem, talvez possamos dizer que a liberdade só aparece quando o próprio sujeito percebe-se como não fundado, como carente de qualquer fundo ou de qualquer fundamento, como desprovido de qualquer razão ou de qualquer princípio que pudesse dar conta dele. E talvez a liberdade não seja outra coisa senão aquilo que se dá nessa experiência, na experiência dessa falta de fundamento, de princípio ou de razão, na experiência de um ser que não pode dar nada por fundado, nem seu saber, nem seu poder, nem sua vontade, nem sequer a si mesmo, e que justamente por isso salta fora de tudo o que o mantém seguro e assegurado, dono de si, idêntico a si mesmo.

Ensaios políticos – A libertação da liberdade

Para abrir ainda mais este final aberto e para sugerir um fio que conecte esse primeiro relato da libertação da liberdade com o motivo seguinte, da liberdade libertada, só dizer que, ao final desse curso ao qual pertence a citação do "salto" no qual abre-se a "região essencial da liberdade", esse território, ou essa região, fica assinalada com a criança que joga, da sentença de Heráclito. Primeiro, se nomeia o jogo: "Graças a este salto, o pensar acede à amplitude daquele jogo no qual está posta nossa essência de homens. Só na medida em que o homem é levado a este jogo, e posto ali em jogo, é capaz de jogá-lo verdadeiramente, e de continuar estando em jogo"[16].

E, um pouco mais adiante, *aión*, a criança que joga:

> O que diz Heráclito do aión? O fragmento 52 reza: a sina do ser é ser uma criança, que joga, que joga o jogo de tabuleiro; de uma criança é o reino [...] A sina do ser: uma criança que joga. Assim que também há crianças grandes. A criança maior, real graças à suave justeza de seu jogo, é aquele mistério do jogo, ao qual o homem e seu tempo de vida vêm levados, no qual sua essência vem posta em jogo (fica ao azar e à ventura).
>
> Por que joga a criança grande do jogo do mundo, essa criança vista por Heráclito no aión? Joga porque (enquanto que) joga.
>
> O "por quê" desaparece no jogo. O jogo é sem "por quê". Joga enquanto que (ao tempo que) joga. Segue sendo só jogo: o mais alto e o mais fundo"[17].

---

[16] HEIDEGGER, Martín. *La proposición del fundamento. Op. cit.*, p. 176.
[17] Idem, p. 178. Cito, a continuação, a tradução que faz A. García Calvo (*Razón común*. Madrid: Lucina, 1985, p. 255), do fragmento de Heráclito: "O tempo-todo é uma criança jogando-criancices, que joga o três-em--risca: de uma criança a coroa!".

A primeira fábula da liberdade nos levou da liberdade para a libertação; da saída ao salto (passando por uma aporia); da maioridade à infância; do tempo crônico da história ao tempo aiônico do instante-eterno; da razão ao jogo. Para fazer soar este final como um princípio, ou uma abertura, como o princípio ou a abertura de outra coisa, de outra liberdade ou, talvez, de outra coisa que a liberdade, de outra coisa que talvez podemos seguir nomeando com a palavra liberdade, porém, não agora com a ideia ou o conceito de liberdade que atravessa a filosofia moderna, agora vamos começar, ou abrir, a segunda parte dessa lição com esse texto de Nietzsche, já anunciado, no qual aparecem as figuras de camelo, de leão e de criança. Porém devo dizer, antes de continuar, que a história da liberdade, ou da travessia do sujeito moderno a partir do modo da liberdade, já terminou. A liberdade que se desprende e se realiza na história, ou também a liberdade que envelhece sem realizar-se na história, ou também a liberdade que finalmente se libera na história, essa liberdade já se liberou de si mesma, já saltou para outra coisa. Agora, se trata de outra liberdade, e de outra história. Por isso, a partir daqui, já não um relato, mas melhor dizendo, a exposição de uma série de motivos, ou de figuras, ou de fragmentos, nas quais a criança que joga aparece como o emblema dessa outra liberdade, e como a condição de possibilidade dessa outra história.

A liberdade libertada

O começo da segunda fábula da liberdade, também, inumeráveis vezes comentada, está no Zaratustra de Nietzsche, concretamente no primeiro discurso depois do prólogo, nesse que leva por título *As três metamorfoses*.

Nesse texto o herói da liberdade é o leão. Digamos que o camelo é uma mescla de moral cristã, má consciência e espírito ascético: um animal gregário, domesticado, escravizado, servil e de carga, um animal que diz sim a tudo o que se lhe impõe e que encontra sua felicidade em cumprir com seu dever. O leão, por sua parte, é o espírito crítico, rebelde e negativo. O espírito se transforma em leão porque "pretende conquistar a liberdade" opondo seu "Eu quero" ao "Tu deves", inscrito em cada uma das escamas do dragão-amo, contra o qual luta. O leão representa o movimento heroico do "fazer-se livre" lutando contra o amo e vencendo-o. Por isso, se define por oposição e só pode viver da confrontação, da luta, da destruição, como se seu destino estivesse ligado ao do dragão-amo que converteu em seu maior inimigo. O leão é um herói negativo, sua força é ainda reativa. Por isso é uma figura do espírito ressentido e nihilista, de fato encarna a consumação do nihilismo, a vontade do nada levado à sua máxima potência, e por isso é estéril. A criança, por último, é esquecimento, inocência, jogo, afirmação, criação, abertura, possibilidade, início. As palavras de Nietzsche-Zaratustra são as seguintes:

> dizei-me irmãos meus, o que pode fazer a criança que não possa fazer o leão? Por que é preciso que o leão raptor se transforme em uma criança? A criança é inocente e esquece; é uma primavera e um jogo, uma roda que gira sobre si mesma, um primeiro movimento, uma santa afirmação. Oh irmãos meus! Uma afirmação santa é necessária para o jogo divino da criação.[18]

Se as palavras chave do texto de Kant eram palavras como Emancipação, História, Razão e Homem, essas palavras com as quais se trama um dos grandes relatos, ou metarrelatos, da modernidade, as palavras chave do texto

_____

[18] NIETZSCHE, Fiedrich. *Así habló Zaratustra*. Madrid: Alianza, 1972, p. 32.

de Nietzsche são inocência, afirmação, jogo e criação. Se a liberdade em Kant, essa liberdade que temos visto desfalecer, estava ligada à maioridade, a liberdade aqui está ligada ao nascimento e à criança.

Não vou entrar aqui nos "temas" nietzschianos que poderiam se desenvolver como contexto doutrinário desse fragmento: a doutrina da passagem entre o homem e o super-homem ou a questão do eterno retorno. Podemos valorizar positiva ou negativamente a excepcionalidade estilística de *Assim Falou Zaratustra*, pode nos molestar, ou não, seu tom exaltado e profético, podemos pensar que esse livro não é estritamente um livro de filosofia ou podemos considerar, melhor dizendo, que representa uma forma revolucionária na exposição filosófica, podemos tomá-lo como uma anomalia incômoda do *corpus* nietzschiano, ou podemos também buscar uma continuidade temática e de desenvolvimento, entre esse texto impar e as obras anteriores e posteriores de seu autor, porém, do que não resta dúvida, é de que Zaratustra funciona como um personagem conceitual, no sentido que Deleuze dá a essa expressão. E esse personagem conceitual que, às vezes, pode vestir-se com a máscara metafísica da doutrina do eterno retorno, ou com o mito ambíguo do anúncio do super-homem, poderia ter, também, o nome de início. Se em outros escritos de Nietzsche prevalece um *pathos* destruidor, corrosivo, polêmico, crítico e, em suma, negativo, Zaratustra é uma afirmação pura, um canto à vida, uma chamada à transfiguração, uma figura da ligeireza, da alegria e da inocência do porvir. E a criança das três metamorfoses é um de seus múltiplos emblemas. Nietzsche quer ser um começo. Não só um destruidor, mas um começo. E seu encarniçamento destrutivo e crítico não é mais do que a condição para o começo, o trabalho preliminar de limpeza.

A crítica e o porvir

Vou desenvolver agora, brevemente, a relação entre o leão e a criança ou, se se quer, a relação entre a negação e a afirmação, ou, também, a relação entre a crítica do presente e a abertura do porvir. E vou fazê-lo tomando como ponto de partida um opúsculo de Martin Hopenhayn sobre "As três metamorfoses" de Zaratustra, um texto formoso e muito perspicaz que se intitula "As três metamorfoses: um relato de libertação". Ao início desse texto, Hopenhayn escreve o seguinte:

> sob este movimento do espírito (camelo, leão, criança), se resume um complexo itinerário de luta pela autonomia e pela emancipação. Metáfora da consciência secularizada (livre de pré-determinações), este relato pré-figura um momento utópico de salto emancipatório, cujo logro depende de um trabalho prévio, de crítica profunda àquilo que a história colocou em nossos ombros como carga moral.[19]

Ao ler juntas as palavras "libertação", "autonomia" e "emancipação" (junto com "crítica") é quase impossível não pensar no relato kantiano da difícil e valorosa marcha do homem até a liberdade com a qual comecei meu primeiro conto. E ao ler a palavra "salto" junto à expressão "momento utópico", uma expressão na qual gostaria de acentuar a palavra "momento" mais do que na palavra "utopia" para assinalar o que o "salto" tem de instante e de interrupção do curso linear do tempo, é difícil não pensar no texto de Heidegger com o qual se terminou o primeiro relato. O que vou fazer, agora, acompanhando em alguns momentos

---

[19] HOPENHAYN, Martin. *Después del nihilismo. De Nietzsche a Foucault.* Barcelona: Andrés Bello, 1997, p. 73.

a Hopenhayn e separando-me, às vezes, dele, é pensar qual é a imagem da crítica que sugere a figura do leão, uma crítica que já não é a do criticismo, e qual é a imagem da utopia que sugere a figura da criança, uma utopia que já não é a do utopismo. Digamos que Kant e o criticismo de inspiração kantiana não tem nada do espírito do leão. E digamos que esse utopismo "consolador" – do qual Foucault diz, no início de *As palavras e as coisas*, que "desabrocha num espaço maravilhoso e liso; abrem cidades com largas avenidas, jardins bem plantados, regiões fáceis, ainda que o acesso a elas seja quimérico"[20] – não tem nada do espírito da criança.

A partir do ponto de vista do leão, o criticismo kantiano não só aparece como demasiado conciliador, demasiado respeitoso, mas, sobretudo, como um criticismo que reproduz de outro modo a lei do amo e o espírito do camelo. Como se sabe, Kant configura uma crítica imanente de caráter jurídico: a crítica da razão pela própria razão, todo esse motivo do "tribunal da razão", e a crítica da moral pela própria moral, todo esse motivo do imperativo categórico universal servindo de critério para o juízo sobre o comportamento empírico particular. E com isso não faz em pedacinhos os antigos valores, mas sim, de algum modo, os confirma e os fortalece por interiorização. Tem que se obedecer à razão e fazer um bom uso da razão. E tem que se obedecer à consciência (uma consciência racional, é sim, que funciona por abstração, por elaboração de princípios e por juízo) e saber escutar sua voz e seus mandatos. Quando o homem adquire maioridade, isto é, quando deixa de obedecer a deus ou ao rei ou ao pai ou ao amo, quando se emancipa de qualquer autoridade exterior, aparecem em cena a razão e a consciência que o obrigam a seguir obedecendo.

---

[20] FOUCAULT, Michel. *Las palabras y las cosas*. México: Siglo XXI, 1979, p. 3.

Ensaios políticos – A libertação da liberdade

O sujeito – tanto o sujeito da razão como o sujeito moral – é o grande invento no qual o próprio sujeito assume a dupla tarefa de vigiar e de ser vigiado, de dominar e de ser dominado, de julgar e de ser julgado, de castigar e de ser castigado, de mandar e de obedecer. A crítica imanente e jurídica o que faz é instalar em nós o amo, convertê-lo em parte de nós mesmos. Pelo simples expediente de converter-nos em donos de nós mesmos, a crítica nos faz livres e escravos ao mesmo tempo: somos livres por interiorização da lei. Assim, o sujeito kantiano não opõe, como o leão, o "eu quero" ao "tu deves", mas sim configura o "eu quero" a partir do ponto de vista do dever, como "eu devo". É aqui que o bom uso da subjetividade desdobrada coincide estranhamente com a confirmação dos valores estabelecidos: o sujeito maduro, maior de idade, é o que se rege pela verdadeira razão, pela autêntica moral, e pela verdadeira liberdade. Outra figura do camelo em suma.

Por isso, o homem que chegou a ser adulto, o livre sujeito kantiano, o produto da Ilustração, é uma criança. Nietzsche poderia dizer que o mundo adulto kantiano está atravessado de infantilismo, porém de infantilismo no mal sentido da palavra. Um infantilismo que não tem nada a ver com o "espírito de criança" precisamente porque não foi precedido pelo leão. O mundo infantil kantiano é um mundo que mantém o mito de um mundo providência, no qual nossos esforços encontrarão sua recompensa, nossas intenções serão compreendidas, nossa obediência aprovada, nosso desejo de felicidade acolhido com benevolência e nossa existência justificada. Nesse mundo, é onde Nietzsche vê falta de valor e de coragem, minoridade autoculpável, dependência, uma debilidade que se resolve na necessidade de um apoio, de uma sustentação. O adulto kantiano é um adulto infantilizado, um adulto ao qual se lhe impede crescer. Porém, não porque seja um falso adulto, mas, porque sua própria maioridade realizada é de natureza infantil. E se resulta infantil, não é, porque não tenha alcançado a idade adulta, mas, porque, seu vir-a-ser-adulto foi realizada a partir do ponto de vista da debilidade e da submissão, a partir do ponto de vista da infantilização e do infantilismo.

Então, quem é o leão? O leão encarna um tipo de crítica infinitamente mais destrutiva, mais despiedada, mais dissolvente, mais cética e mais trágica que a do criticismo. Sua face negativa é muito mais radical, mais negativa, porque o tipo de afirmação que prepara é, também, mais radical, mais afirmativa. O leão não muda os valores, mas sim os despedaça; e não muda tampouco o lugar do qual derivam os valores, mas suprime todo lugar. Por isso seu território é esse lugar que é um não lugar: o deserto. E não somente nega o amo, senão que, para negá-lo completamente, se nega, também a si mesmo. Por isso Hopenhayn centra seu comentário, não tanto na luta do leão contra qualquer figura externa da submissão, como, na dimensão autodestrutiva dessa luta: "A criança pressupõe um último gesto autodissolutivo no leão. Para que a criança nasça, o leão deve perecer, e para isso deve estar disposto a perecer"[21].

Poderíamos dizer que o leão representa uma forma da negação que não está normada pela autoconservação. Não luta para se conservar, para ser mais ele, mais forte, mais livre ou mais rico, mas para dar lugar a uma vinda que pressupõe sua própria desaparição, sua própria morte. O leão anuncia assim a algum desses aventureiros do espírito, penso por exemplo em Bataille, ou em Artaud, ou em Michaux, que tomam-se a si próprios, como a matéria prima de

---

[21] HOPENHAYN, M. *Después del nihilismo. De Nietzsche a Foucault. Op. Cit.*, p. 76.

uma experiência limite, na qual coincidem a destruição e a criação, na qual, a aparição epifânica de algo novo, de algo imprevisto, de algo outro, só se dá ao preço do sacrifício do que já se é. Por isso, a criança não supera o leão se pensamos a superação no modo dialético, como uma figura na qual algo se conserva superando-se, na qual algo se transforma apropriando-se ou reapropriando-se de outra maneira, mas que aparece no instante de sua morte.

Porém, da criança nada se pode dizer. A criança, não se pode antecipar, nem se projetar, nem se idealizar, nem se determinar, nem se antecipar. A criança, não cumpre nada, não realiza nada, não culmina nada. É um limite, uma fronteira, um salto, um intervalo, um mistério. O último parágrafo do opúsculo de Hopenhayn expressa isso com clareza:

> O salto do leão não tem garantia. Nietzsche rompeu com a concepção hegeliana-dialética do progresso e da liberdade, pondo esta última como possibilidade que descansa mais na vontade singular que na determinação da história. Tem que se entender a libertação como um processo crítico que torna possível a autopoiese, essa autoprodução não se desprende necessariamente do exaustivo trabalho crítico do leão. Precisamente, estamos falando de libertação, não de necessidade. A autocriação não é consequência necessária de nada que a anteceda. Este argumento parece especulativo, porém não é refutável dentro de uma lógica da liberdade. Para que nasça a criança o leão deve morrer primeiro e deixar, entre os dois, um espaço de incerteza. Nesse espaço aposta o camelo para perpetuar-se, o vazio para dissolvê-lo todo, e a criança para dar-se à luz.[22]

---

[22] HOPENHAYN, M. *Después del nihilismo. De Nietzsche a Foucault. Op. Cit.*, p. 79.

O leão tem a ver com a crítica do que somos, do que nos constitui, do que nos aparece como necessário, do que fixamos em identidade. E com a crítica também do que queremos ser, de tudo aquilo que ainda está na lógica do projeto, do ideal, da autoconservação, do sentido. E tudo isso para abrir o devir, o porvir, a possibilidade de um salto que não está regrado pelo futuro, nem pelo futuro projeto, nem pelo futuro guia, nem pelo futuro promessa, nem pelo futuro ideal, nem pelo futuro consumação, nem pelo futuro realização. A criança abre um devir que não é senão o espaço de uma liberdade sem garantias, de uma liberdade que não se sustenta já sobre nada, de uma liberdade trágica, de uma liberdade que não pertence à história mas que inaugura um novo começo, de uma liberdade libertada. Sob o signo da criança, a liberdade não é outra coisa que a abertura de um porvir que não está determinado nem por nosso saber, nem por nosso poder, nem por nossa vontade, que não depende de nós mesmos, que não está determinado pelo que somos mas que se in-de-termina no que vimos a ser. A liberdade é a experiência da novidade, da transgressão, do ir além do que somos, da invenção de novas possibilidades de vida.

A liberdade está assim na brecha entre o leão e a criança. É uma brecha, como muito bem diz Hopenhayn, na qual ameaça de novo o camelo, a falsidade de tudo aquilo que nos é dado como liberdade, como vida, como intensidade, porém que não é senão uma série de mercadorias que consumimos e que nos consomem, e na qual ameaça a dissolução. Porém somente nessa brecha pode aparecer algo que não é apenas o prolongamento de nós mesmos no tempo mas o acontecimento de algo que sempre vai mais longe, algo que traz ao ser aquilo que não era, um resultado livre, aberto e desconhecido.

A difícil conquista da infância

Visto que o outro nome da criança de *As três metamorfoses* é criação, gostaria agora de refletir sobre essa fascinação pela infância que recorre as vanguardas artísticas do século que termina. Tomemos, por exemplo, a declaração de Paul Klee: "quero ser como um recém-nascido, não saber nada, absolutamente nada da Europa [...] ser quase um primitivo". Ou a de Pablo Picasso: "aos doze anos pintava como um adulto [...] e necessitei de toda uma vida para pintar como uma criança". Pensemos no puríssimo olhar de Joan Miró, nesses olhos brilhantes, intensos e infantis de suas fotografias de ancião. Tomemos os "Exercícios de ser criança" do poeta Manoel de Barros, ou essa "Didática da invenção" que termina pelo imperativo de "desaprender oito horas por dia". Ou, esse "tem que se olhar com olhos de criança e pedir a lua" no qual Federico García Lorca cifrava a chave da inspiração em uma conferência ditada em 1928. Ou, essa declaração programática de Peter Handke que poderia se utilizar como emblema de toda sua obra: "Quem disse, pois, que agora não há aventuras? O caminho que vai do amorfo, simplesmente selvagem, ao formalmente selvagem, ao selvagem repetível, é uma aventura (do espírito de criança à criança de espírito)" Relemos, por exemplo, os *Tateios de crianças; trabalhos de crianças* nos quais Henri Michaux expõe alguma das chaves de sua pintura. Ou, as *Reflexões sobre as crianças, os jogos e a educação* de Walter Benjamin, nas quais pulsa essa ânsia messiânica de começo que atravessa sua teoria da história. Ou, a reivindicação da imaturidade e do informe, do "ferdydurkismo", na qual Witold Gombrowicz via a exigência e a possibilidade da criação. Ou, esse imperativo de des-aprendizagem que Dubuffet considera como premissa de todo descobrimento. E poderíamos multiplicar os exemplos.

COLEÇÃO "EDUCAÇÃO: EXPERIÊNCIA E SENTIDO"

Trata-se de uma fascinação que tem correspondências, sem dúvida, com outras curiosas figuras como a fuga da Europa e a busca de uma certa renovação espiritual em outras tradições (a viagem ao oriente seria aqui clássico), o descobrimento do primitivismo, ou o uso experimental de substâncias alucinógenas ou psicotrópicas. Figuras todas elas da evasão. É como se o artista moderno estivesse cansado de si mesmo, prisioneiro de sua própria história, farto de sua própria cultura. Demasiado peso, demasiado lastro, demasiados condicionamentos, demasiada maturidade, demasiado trabalho, demasiada consciência. Nesse contexto, o regresso à infância, a difícil conquista da infância, aparece como uma figura da inocência recuperada, como uma imagem do novo. A busca que o artista faz de sua própria infância está ligada, me parece, a uma vontade de desprendimento de si, de de-subjetivação, de alcançar um estado além ou aquém de si mesmo. Como, se só a partir daí, a partir de sua própria destruição como sujeito, pudesse surgir o novo.

O novo, não obstante, a paixão do novo, não se dá sem ambiguidades. Às vezes aparece revestindo um progressismo tão ingênuo, como exaltado: essa ideia de que o futuro será sempre melhor que o presente, de que o tempo não é outra coisa que a contínua superação do velho pelo novo. A leitura, mesmo que superficial, de muitos dos manifestos vanguardistas, nos dá ideia de uma ânsia de novidade que não se refere somente ao anúncio profético de uma arte nova, mas, também, e sobretudo, de uma maneira nova de estar no mundo. E nossa época permanece, em parte, obnubilada pelo progresso, imersa em uma acelerada fuga para diante, em uma carreira desenfreada em direção ao futuro. E o novo se degrada na novidade, em uma permanente fabricação do novo com vistas à sua venda em um mercado ávido de novidades.

238

Outras vezes, a paixão pelo novo tem um sentido eminentemente negativo. Já Adorno viu com clareza de que forma a vanguarda estava atravessada de negatividade, desse espírito que avança declarando suspeitoso e caduco tudo o que recebe. Também Lyotard assinalou como "a ideia da modernidade está presa ao princípio de que é possível romper com a tradição e instaurar uma maneira de viver e de pensar absolutamente nova"[23]. E, seguramente, a apologia do esquecimento que Nietzsche fez na segunda intempestiva contra o peso da história tenha, ainda, muito de negativo. Como se o esquecimento ativo fizesse parte desse espírito vanguardista, basicamente negativo e destruidor.

Às vezes, também a paixão pelo novo está implicada com essas estéticas da fugacidade, da caducidade, do efêmero, do acontecimento instantâneo e único em suma, que rompem com toda vontade de permanência e, portanto, de história. Porém, não deixa de ser irônico que os produtos das vanguardas tenham vindo finalmente a se ordenar cronologicamente, que seja tão importante o momento exato em que aparece tal corrente, tal moda ou tal estilo, ou que nossa compreensão da arte moderna esteja baseada em ordenações cheias de "evoluções" e "desenvolvimentos", de "neos" e de "pós", de listas de "ismos" que se sucedem uns aos outros, de história, definitivamente, ainda que seja uma história cada vez mais acelerada e mais prolífica.

Dá, às vezes, a sensação de que a vontade de ruptura com a tradição, além de se ter feito já tradicional, estivesse mais ligada à tradição do que parece à primeira vista. Parece, também, às vezes, que as constantes declarações de primitivismo não são outra coisa que sintomas de decadência e senilidade criativa, de captura daquilo cada vez mais

---

[23] Lyotard, Jean-François. *La postmodernidad explicada a los niños*. Barcelona: Gedisa, 1987, p. 90.

Coleção "Educação: Experiência e Sentido"

arcaico e cada vez mais primitivo para sua transformação em mercadoria de urgência para o insaciável mercado da novidade. Também dá a impressão, às vezes, de que o elogio da infância como atitude estética e vital não deixa de ser suspeito em uma época na qual funcionam a todo vapor os aparatos de infantilização maciça dos indivíduos e de produção sistemática do esquecimento. E, em meio a todas essas perplexidades, a assim chamada "arte pós-moderna", submetendo à crítica esse entusiasmo pelo novo, próprio das vanguardas, ou talvez, esgotado e aborrecido, incapaz já de inovar, ou talvez, imerso na debilitação da ideia de progresso da qual as vanguardas eram ainda devedoras, ou por acaso, suspeitando dum inconformismo que se fazia já demasiado conformista e de uma liberdade que se havia feito agora obrigatória, nos convide a transitar por uma paisagem de citações, de imitações irônicas, de plágios evidentes, de continuações espúrias e de recuperações paródicas.

Porém, além de todos esses paradoxos, além do perigo de degradação em clichê que sempre ameaça qualquer forma de expressão artística ou de pensamento, o que a reiteração da figura da infância – tanto para afirmá-la como para negá-la – revela é a relação inquieta que a arte mantém com a história (a tensão não dialetizável entre continuidade e descontinuidade) e, talvez mais importante, a relação atormentada que o artista mantém consigo mesmo como sujeito criador. A criança das três metamorfoses é, outra vez, mais um catalizador de nossas perplexidades do que uma figura teoricamente unívoca e doutrinalmente assimilável.

A criança é, em Nietzsche, origem, começo absoluto. E a origem está fora do tempo e da história. O artista busca sua própria infância porque deseja a possibilidade pura. E busca também devolver a infância à matéria com que

Ensaios políticos – A libertação da liberdade

trabalha, à palavra no caso do poeta: o poeta quer que as palavras recuperem sua primitiva inocência, sua primitiva liberdade, à margem ou aquém das contaminações às quais as submeteu o uso dos homens. Por isso a origem não tem que ver com o novo como futuro, visto que aí estaria prisioneiro de um tempo linear e progressivo, aliado da história, nem com o novo como renascimento, ou como "revival", posto que aí estaria próximo da nostalgia superficial, despreocupada e acrítica, que no fundo não encontra mas o mesmo de sempre, mas com o novo como intemporal, como êxtase do tempo, como instante ou como eternidade, ou se se quer, como instante eterno ou como eternidade instantânea. E por isso é capaz de apagar tanto o caráter de passado do passado como o caráter de futuro do futuro. A criança não tem nada a ver com o progresso. Tampouco nada tem a ver com a repetição. A figura da criança não remete a uma pontuação do tempo em direção ao passado, como ainda na velha cultura humanística para a qual a idade de ouro já passou e é irrecuperável, ainda que suscetível, isso sim, de uma emulação sempre insuficiente. E tampouco remete a uma pontuação do tempo em direção ao futuro para o qual o paraíso se projeta sempre num horizonte inalcançável, ainda que suscetível, naturalmente, de uma aproximação sempre incompleta. A criança não é nem antiga nem moderna, não está nem antes nem depois, mas agora, absolutamente atual porém fora da atualidade, como tirando a atualidade de seus escaninhos e separando-a de si mesma, absolutamente presente porém fora da presença, como separando o presente de si mesmo. A criança suprime o histórico pela aliança do presente com o eterno. Seu tempo não é linear, nem evolutivo, nem genético, nem dialético, mas que está feito de clarões, de intermitências. A criança é um presente fora do presente, isto é, um presente inatual, intempestivo.

Cronos e aión, ou o acontecimento

A figura da criança está dirigida contra o tempo, é uma figura do contratempo, ao menos a partir do ponto de vista do tempo pontual, homogêneo, infinito, quantificável e sucessivo que é o tempo dominante desde muitos séculos no ocidente. Por isso gostaria de voltar, como última exposição das perplexidades da liberdade libertada, aos motivos que apareceram na citação de Heidegger com a qual terminei o primeiro relato da libertação da liberdade: esse motivo heraclitiano da luta entre *chronos* e *aión* como duas figuras opostas e complementares do tempo, e esse motivo também heraclitiano do jogo ao qual se referem, também, em algum momento, quase todos os comentaristas da criança nietzschiana. Como se para libertar a liberdade, para que a liberdade tivesse a forma de *aión* e do acontecimento, tivesse que libertá-la do tempo contínuo e crônico no qual está apegada.

O tempo crônico é o tempo enquanto o *antes* e o *depois*, o tempo dotado de uma direção e de um sentido, o tempo irreversível representado por uma linha que vai de trás para diante. Essa experiência do tempo tem sua origem matemática na Física aristotélica; modifica-se substancialmente ao cristianizar-se, sobretudo ao incluir uma dimensão apocalíptica, uma dimensão de fim dos tempos, que é a que a dota de sentido; e chega até nós configurado pela experiência de trabalho nas manufaturas, convertido já em processo, em um processo-sucessão abstrato, em uma sucessão de agoras que passam sempre em fila, ordenadamente; o tempo converteu-se agora em uma mera cronologia que para conservar um certo sentido, uma certa orientação, deve preservar a ideia de um progresso, ou pelo menos, de um desenvolvimento contínuo e infinito.

A esse tempo crônico se opõe, como contratempo a figura de *aión*. *Aión* é um nome derivado de *aieí*, que poderia ser traduzido por *sempre*, e que vem da mesma raiz que dá o latim *aeternus*. No fragmento de Heráclito, *aión* poderia

Ensaios políticos – A libertação da liberdade

referir-se ao tempo considerado de uma vez, ao tempo-todo, ao tempo perene. Porém, o surpreendente é que esse tempo-todo é uma criança que joga e que acaba coroado como o rei do jogo. Ao relacionar o tempo-todo com uma criança que joga e não, como pareceria mais evidente, com um velho ao final de sua vida, ou com algo que desse a sensação de eternidade e completude, de permanecer fora do tempo, o tempo fora do tempo da eternidade, ou do final, se confunde com o tempo fora do tempo do instante, ou do princípio, porém, com um instante que já não é um momento matemático, um mero passar, mas um instante original, uma origem. O jogo tem por modelo a jogada, a ocasião, a decisão, o *kairós*, o estado de exceção, o aconteci-mento imprevisto e imprevisível que faz saltar o contínuo do tempo em uma jogada instantânea que, não obstante, como momento decisivo, concentra em si mesma o todo do tempo e ao mesmo tempo, fecha o tempo e abre o tempo. *Aión*, ou a criança, ou o jogo é, então, uma figura da interrupção, da descontinuidade, mas também da decisão, e também do final, e também da origem. Por exemplo, a figura an-árquica e a-teleológica da revolução em política, ou da criação em arte, ou do nascimento e do renascimento na vida descontínua e metamórfica dos homens. Por exemplo, a figura daquilo no qual o que somos e o que devimos está cada vez, e cada vez novamente, posta em jogo.

Para não concluir

Até aqui um conto, o conto ou a história da libertação da liberdade, e uma série de motivos que podem nos dar uma ideia daquilo que nos leva a pensar no âmbito da liberdade libertada. E tudo isso, repito, com a intenção de abrir um espaço de interrogação em cujo interior inscrever nossas inquietudes e nossas perplexidades.

A partir daqui, trata-se de continuar com outros exercícios de libertação a propósito das outras palavras, ou ideias, que em meu conto apareciam ligadas a essa liberdade moderna desfalecente e desfalecida, essas palavras maiúsculas que são Razão, Homem ou Sujeito, e História, igualmente arruinadas por muito que sigam trovando em nossos ouvidos com intenções fundamentalmente repressivas. Se estamos nos libertando da Liberdade, ou se estamos começando a vislumbrar algo assim como uma liberdade libertada, uma liberdade à qual talvez não lhe convenha agora a palavra ou o conceito "liberdade", também estamos começando a libertar-nos da Razão e estamos começando a vislumbrar algo assim como uma razão libertada, uma razão à qual talvez não lhe convenha mais a palavra ou conceito de "razão", e estamos também libertando-nos do Sujeito e começando a vislumbrar algo assim como uma subjetividade libertada, uma subjetividade à qual talvez não lhe convenha mais agora a palavra ou o conceito de "homem", estamos também começando a libertar-nos da História e a vislumbrar algo assim como uma temporalidade libertada, uma temporalidade à qual talvez não lhe convenha agora a palavra ou o conceito de "história". Ou, se se quer, estamos começando a pensar algo assim como uma relação com o tempo que não passa agora pela ideia totalizante e totalitária da História, uma relação com o sentido que não passa agora pelas ideias totalitárias e totalizantes da Razão ou da Verdade, uma relação com nós mesmos e com os outros que não passa agora pelas ideias totalitárias e totalizantes do Homem ou do Sujeito, e uma relação com nossa própria existência, e com o caráter contingente e finito de nossa própria existência, que não passa agora pela ideia totalitária e totalizante da Liberdade. Invenção de novas possibilidades de vida? Criação? Autocriação? Talvez.

ENSAIOS POLÍTICOS

Inventar um povo que falta

... queria escrever de maneira política e as palavras
me faltavam. Havia palavras, claro, mas não tinham
a ver comigo.

Peter Handke. Falso Movimento.

... no meu país de origem nunca foi possível ter sequer a ideia de formar parte do país ou das gentes.
Nem sequer havia uma ideia do que é um país e do
que são suas gentes. E é precisamente este deserto
daqui o que me dá a ideia do que é um povo?

Peter Handke. Lento Regresso.

A inutilidade de nossa política não está sem relação com
a inutilidade de nossa linguajem política. Palavras que têm
encarnado potentes figuras da comunidade humana e que tem
desencadeado gigantescos modos de subjetivação coletivos,
palavras como "liberdade", "igualdade", "povo", "cidada-
nia" ou "democracia", estão em um estado tão deplorável
que quase já não dizem nada a ninguém. Nos soam tão falsas
e tão alheias que nada têm a ver conosco. Esforçamo-nos
continuamente em ressignificá-las, em dar-lhes uma certa
força crítica, em inserir nelas e em expressar com elas nossa

vontade de viver. Mas talvez já estejam tão manipuladas que haveria que abandoná-las, assim, completamente, "deixá-las ao inimigo", como dizia García Calvo, o que se haveria de fazer com todas as palavras maiúsculas e traidoras, entre elas, e talvez em primeiro lugar, com a palavra "realidade"[1]. E ainda que os "realidófilos"[2] sigam gritando que a política tem a ver com feitos, com realidades e não com palavras, e que existem coisas muito mais importantes e mais urgentes que fazer do que diagnosticar a degradação do nosso vocabulário político, talvez haveria que recordar uma vez mais que a existência mesma da pólis, como comunidade política, depende da definição de homem como o *vivente que possui linguagem* e que pode, portanto, comunicar não só "a sensação de dor e de prazer", mas "o sentido do bem e do mal, do justo e do injusto"[3]. Não há política porque há exploração, violência ou dor, mas porque seres falantes inscrevem polemicamente essas "realidades" no espaço comum da pólis segundo o sentido do bem e do mal, do justo e do injusto.

Existe política porque seres falantes comunicam seu desacordo, um desacordo que não se refere somente ao que é bom ou mau, justo ou injusto, mas ao sentido mesmo do bem comum e da justiça; e um desacordo que não só tem lugar na linguagem, mas que se refere também a quem fala, a quem pode falar e ao quê significa falar. O espaço político é um espaço comum, isto é, de todos e de ninguém, e além do mais, disputado, que permite a inscrição linguística da justiça, ou a injustiça das relações entre os homens. Por isso, não é somente que a política tenha a ver com a linguagem, senão que a política está feita (também) de linguagem. Por

---

[1] GARCÍA CALVO, A. Sobre la realidad o las dificultades de ser ateo. In: *Lalia. Ensayos de estudio lingüístico de la sociedad.* Madrid: Siglo XXI, 1973.

[2] A expressão é de HANDKE, P. *Historias de niños.* Madrid: Alianza, 1986, p. 73.

[3] ARISTÓTELES. *Política*, 1253a.

isso, a miséria de nossa política está feita também da miséria das palavras com as que lhe pomos em comum nosso desacordo sobre o justo ou o injusto.

Assim, haverá que começar desfamiliarizando as palavras como primeiro passo para sua renovação (ou seu abandono) possível. Com Julio Cortázar, por exemplo:

> Digo liberdade, digo: democracia, e prontamente sinto que disse essas palavras sem ter me proposto uma vez mais seu sentido mais fundo, sua mensagem mais aguda, e sinto também que muitos dos que as escutam estão recebendo-as, por sua parte, como algo que ameaça converter-se em um estereótipo, em um clichê sobre o qual todo o mundo está de acordo porque essa é a natureza mesma do clichê e do estereótipo: antepor um lugar comum a uma vivência, uma convenção a uma reflexão, uma pedra opaca a um pássaro vivo.[4]

As palavras-clichê, diz Cortázar, são palavras gastas pelo uso, obtusas/embotadas, sem fio; palavras que se pronunciam e se escutam quase automaticamente, superficialmente, sem encarnação singular no corpo, nem na alma; palavras mortas, solidificadas e opacas que já não são capazes de captar, nem de expressar vida; palavras comuns e homogêneas que já não podem incorporar um sentido plural.

Não há crítica da política existente nem possibilidade de invenção de uma política outra que não passe (também) pela crítica da linguagem política existente e pela invenção de uma linguagem política outra. Não há revolta política que não passe pela revolta linguística. Talvez por isso, alguns pensadores especialmente inquietos se voltaram para a escritura literária. Não só porque a literatura seja um dos

---

[4] Citado sem referência em IBÁÑEZ, J. Nada para el pueblo, pero sin el pueblo. In: *Archipiélago,* 9, 1992, p. 59.

lugares maiores da renovação da língua, da destruição das palavras-clichê, da luta contra a convenção e o estereótipo, mas também, e sobretudo, porque a escritura literária mesma, como forma maior de criação junto à filosofia e à arte, possa dar a pensar de outro modo o quê significa hoje, para nós, esse pôr em comum nosso desacordo sobre o sentido do bem e do mal, do justo e do injusto pelo que, talvez, ainda exista algo que possamos chamar política. Em outro lugar, escrevi alguma coisa sobre o modo como Foucault atende à escrita literária para apontar a uma ideia de liberdade como transgressão[5]. Nas páginas a seguir tentarei dar a pensar esse gesto deleuziano que consiste em tomar a escritura literária para apontar a uma certa ideia de política, e talvez de democracia, como "invenção de um povo que falta".

Este povo que falta

A expressão aparece repetida e transformada[6] em um dos últimos livros de Deleuze, nessa compilação de escritos sobre a escritura que se intitula *Crítica e clínica*. No primeiro capítulo desse livro, nesse belíssimo texto programático intitulado "A literatura e a vida", Deleuze escreve o seguinte: "saúde como literatura, como escritura, consiste em inventar um povo que falta. Pertence à função fabuladora inventar um povo". Para deslocar esse "povo que falta" de todas as substantivações identitárias, Deleuze o qualifica em seguida de um povo menor, bastardo, inferior, dominado... Um povo

---

[5] LARROSA, J. ¿La locura en el lenguaje? Foucault. In: *La experiencia de la lectura*. Barcelona: Laertes, 1996. Também "Crítica, escepticismo y libertad". In: *Propuesta educativa*, 19, 1998.

[6] Digo "repetida e transformada" porque essa expressão aparece também em outros lugares do *corpus* deleuziano significando o mesmo e, ao mesmo tempo, outra coisa. Por exemplo, em *Mil Platôs*, em relação à arte, ou em *O que é a filosofia?*, em relação à escritura filosófica.

Ensaios políticos – Inventar um povo que falta

sempre inacabado, sempre em devir... Um povo nômade, excêntrico... Um povo tomado em seu devir revolucionário. Deleuze pensa em um povo sem grandeza, sem pureza de língua, de sangue, de categoria ou de território, sem dignidade hierárquica, sem soberania, sem vontade de poder, sem identidade, sem definição totalizante, sem história, sem centro, sem origem e sem destino, sem nenhum princípio, nem nenhum *telos* unificador, literalmente anárquico e ateleológico. E conclui: "meta última da literatura, depreender no delírio (*dégager dans le délire*) esta criação de uma saúde, ou esta invenção de um povo, quer dizer, uma possibilidade de vida. Escrever por esse povo que falta".[7]

As perguntas aparecem em cascata: o que é esse povo que falta, em cuja invenção se joga nada mais e nada menos que uma saúde ou uma possibilidade de vida? O que é esse povo que falta cuja existência depende da fabulação, da invenção, do delírio da palavra literária, do trabalho da escritura? O que é esse povo que falta que se dá a ler no delírio (lire/délire) saudável e criador da literatura, da arte, da filosofia? O que é esse povo que falta cuja invenção exige um compromisso que vem do desprendimento (engager/dégager)? O que é esse povo que falta que atravessa em diagonal a escritura e a política e constitui um espaço intermediário e fronteiriço entre ambas, um espaço no qual a política devém escritura e a escritura devém política? Mas, como se poderia identificar um povo que se caracteriza por sua não identidade? Onde se poderia encontrar um povo que falta?

A política e a polícia

Talvez convenha esclarecer desde o princípio que não se trata aqui, nessa passagem entre escritura e política, ou

---

[7] DELEUZE, G. La littèrature et la vie. In: *Critique et clinique*. Paris: Minuit, 1993, p. 14 e 15.

entre política e escritura, das opiniões ou dos compromissos políticos dos escritores, nem da intenção política da literatura, nem da interpretação explicitamente política das obras, nem muito menos do valor político de uma literatura que possa ser considerada como "popular", ou bem porque se suponha que tenha sido produzida por um sujeito chamado "povo", ou bem porque se suponha que representa a realidade objetiva de algo chamado "povo", ou bem porque contribua a realizar uma determinada ideia, mais ou menos utópica, mais ou menos "idealizada", do que seja um "povo". Já se terá compreendido que o "povo" do qual fala Deleuze não é nem sujeito, nem objeto, não é uma realidade de nenhum tipo, nem subjetiva, nem objetiva, e tampouco é uma ficção ou uma ideia. O povo que falta está do lado da fábula. E a fábula é justamente esse modo de invenção que interrompe a lógica da representação, a lógica da *mímesis,* quer dizer, a lógica que permite distinguir e hierarquizar coisas como a essência e a aparência, a realidade e a idealidade, o modelo e a cópia, a ideia e o simulacro, o conceito e a metáfora. Também se terá compreendido que a política da qual aqui se trata não tem nada a ver com a arte do governo (esse conjunto de técnicas de produção e gestão dos indivíduos e das populações que poderíamos chamar, com Foucault, "polícia") nem com a legitimação, a distribuição, ou a luta pelo poder do Estado. A política acontece justamente quando algo, talvez esse "povo que falta", interrompe a lógica policial, ou transtorna a lógica da dominação. A política está do lado do acontecimento. E o acontecimento é algo excepcional ou, o que é o mesmo, dá-se sempre na forma do "estado de exceção". Há política quando há alguma exceção que interrompe o funcionamento dos aparatos policiais e da máquina do Estado.

Rigoberto Lanz, com quem compartilho a ideia de que não há debate político intelectualmente interessante que não parta do "encarregar-se do patetismo da democracia realmente existente e da fatal esterilidade teórica do mundo acadêmico", concluía sua vigorosa apresentação de um dos dossiês de RELEA com uma "moral da história": "se queres 'viver em democracia', põe-te a dormir"[8]. Poderíamos dizer, então, que há política quando algo interrompe o pesado sopor da normalidade policial e estatal. Isto é, *quase nunca,* se somente prestamos atenção ao espetáculo político montado precisamente para que nada aconteça ou, o que é o mesmo, *talvez todos os dias* com a única condição de que saibamos perceber o murmúrio de todas essas interrupções que acontecem à margem ou nos interstícios do ruído que produzem as formas estabelecidas, mediáticas ou acadêmicas, de representação do político.

Se há um "entre" entre política e escritura e se esse entre passa às vezes pela invenção de um povo que falta, é justamente porque esse "povo que falta" irrompe no espaço público para fazer valer seu desacordo com respeito ao "sentido do bem e do mal", "do justo e do injusto" e, nesse desacordo, põe em questão tanto a normalidade do funcionamento do político, como a estabilidade de sua própria representação como povo.

A supressão do povo

Como "democracia" e "liberdade" na citação de Cortázar, a palavra "povo" também é um lugar comum, uma convenção, uma pedra opaca. Além do mais, hoje, com pouco prestígio. A palavra "povo" é praticamente inexistente no vocabulário teórico. E é possível que a derrota do fascismo e do comunismo explique o final de seu uso massivo na retórica política. O povo como sujeito

---

[8] LANZ, R. La democracia como simulacro. In: *RELEA*, 8, 1999, p. 13.

foi jogado no lixo junto com as "ilusões" da história e da revolução, junto com as "promessas" escatológicas de emancipação, junto com a concepção teleológica de política. Expressões como "poder popular", "frente popular", ou "revolução popular" se nos fizeram impronunciáveis. Por outro lado, ainda está demasiado perto de nós o populismo fascista que converteu uma imagem delirante de *das Volk, il popolo*, em uma gigantesca máquina excludente, totalitária e mortífera. E demasiado próximo, também, o populismo paternalista e redencionista que faz da massa dos miseráveis objeto de compaixão e de tutela. Povo soa hoje a antigualha nostálgica, a totalitarismo ou a paternalismo e, em todo caso, a demagogia, a publicidade ou a propaganda.

Nos encontramos hoje com a desaparição do povo de todo fundamento e de todo horizonte político. E essa desaparição coincide com o final da política, com a pacificação final da política, com a despolitização final da política, com a insignificância final da política, que resulta da emancipação final da democracia contemporânea com respeito a suas infantis origens revolucionárias. Uma democracia finalmente "razoável", "madura", "adulta" é uma democracia que se liberou dos estorvos do "mito do povo". A atual democracia liberal-capitalista é, desse modo, democracia sem *demos,* o resultado da redução do político à luta dos partidos pelo poder, à fabricação de consensos, à gestão e à negociação dos interesses, a legitimação das elites e ao cálculo do economicamente rentável, do eleitoralmente proveitoso e do socialmente tolerável. E isso quando não é a casca vazia na qual proliferam a dupla verdade, a dupla moral, e a dupla contabilidade.

Nesse contexto, com a política esvaziada de todo sentido emancipador, o povo permanece como obstáculo anacrônico, como um resto intolerável que há que suprimir.

Do que se trata é de suprimir o povo para assim poder manipular suas imagens. Às vezes o povo dá medo e se aproxima metaforicamente à massa, ao *óchlos* grego, à *turba* latina, ao vulgo, à plebe, à multidão anônima e indiferenciada, ao populacho, em suma, e então aparece representado como violento, vociferante, perturbador, irracional e imprevisível. Outras vezes o povo dá pena ou faz doer a consciência e então dá nome aos deserdados da terra, aos pobre, aos desgraçados, às vítimas. Mas em ambos casos se trata de sua desativação política. Como se o objetivo principal do que hoje chamamos política fosse justamente a supressão do povo e, com o povo, a supressão da própria política.

No primeiro caso, o que deve ser suprimido é a divisão essencial entre o Povo como conjunto de cidadãos identificados e representáveis e o povo como turba popular, como turbulência de massas, como presença ameaçadora desse "animal" dominado pela paixão ou pelo desejo que tanto escandalizava a Platão no livro VI de *A República*, ou dessa "massa carente de pensamento" que tanto incomodava a Kant em *O que é a Ilustração?* Para desativar a desordem da "massa", a arte política deve constituir, ordenar e gestionar partes, lugares, categorias, grupos, funções, identidades políticas, econômicas, culturais ou sociais que coexistem e divergem de forma mais ou menos equilibrada, mais ou menos calculável. Um dos dispositivos encaminhados a essa ordenação das diferenças é a participação: ninguém está excluído se se identifica, se se constitui em interlocutor, em parte interessada. E dá no mesmo que as partes sejam majoritárias ou minoritárias, homogêneas ou heterogêneas. O que importa é que sejam partes e que participem. Mas, seguramente, o grande dispositivo de despolitização da política por supressão do povo seja a invenção do indivíduo pessoal. O indivíduo pessoal como sujeito definido, identificado e sujeitado, e a coletividade humana como conjunto calculável e governável de indivíduos pessoais aparentemente soberanos (soberanos para perseguir seu próprio interesse) é o grande dispositivo que cancela os perigos e as desordens do povo.

No segundo caso, o que deve ser suprimido é a divisão essencial entre o Povo como sujeito político constitutivo, o Povo como o conjunto de cidadãos portadores da soberania, e o povo como classe excluída da existência política, como o conjunto dos corpos indigentes, cuja existência mesma cai exclusivamente do lado da necessidade. Enquanto o Povo da soberania tem uma vida política, o povo dos miseráveis é uma pura vida nua que se define unicamente por suas carências. Tanto o derrotado projeto revolucionário da sociedade sem classes como o triunfante projeto liberal-capitalista do desenvolvimento coincidem na pretensão de fechar essa excisão tão embaraçosa para produzir um povo sem fratura. Não sei se deveríamos lamentar-nos de que a grande utopia planetária seja hoje a constituição de uma pequena burguesia universal. O paradoxo é que a miséria é ao mesmo tempo necessariamente produzida e politicamente embaraçosa. O sistema liberal-capitalista, a serviço do qual se constitui a democracia consensual moderna, produz massivamente um povo miserável, porém, ao mesmo tempo, deve expulsá-lo para a periferia e/ou suprimi-lo politicamente, eliminá-lo como povo, em suma. A proliferação, sobretudo retórica e espetacular, das ações "humanitárias", realiza com certa eficácia essa supressão, de modo que o "humanitário" se define precisamente por sua separação do político, por se fazer presa exclusivamente na vida nua das populações, em seu corpo doente e necessitado.

No projeto "político?" da democracia moderna o povo já não tem inscrição política, não tem existência reconhecida na pólis. O único que existe é um conjunto de indivíduos pessoais entregues à persecução de seus próprios interesses (a participar na luta por sua própria parte), turbas vociferantes que irrompem de quando em quando a "normalidade" e a "ordem" política, e uma massa silenciosa de excluídos, definidos apenas por sua vida nua necessitada, ou por suas puras necessidades vitais, objeto de ajuda humanitária. Se pensamos, com Debord, que a nossa é a sociedade do espetáculo, a política é a produção e a representação espetacular do *silêncio* doente da inumanidade miserável, do *rugido* enfurecido da infra-humanidade multitudinária e das *opiniões* triviais dos indivíduos e dos grupos dessa pequena classe média planetária que reclama para si a exclusividade da humanidade "democraticamente" realizada.

Nessa distribuição de inscrições políticas, poderia parecer que os indivíduos pessoais constituídos em partes são os únicos que têm nome e são alguém, os únicos que falam, os únicos que têm reconhecido o direito de falar em nome próprio, os únicos que participam, os únicos que podem constituir-se em interlocutores legítimos, os únicos que têm existência política porque podem inscrever na pólis seu sentido do bem e do mal, do justo e do injusto. Mas os indivíduos pessoais e os grupos só falam e se identificam na forma espetacular da opinião, isto é, no modo como são produzidos e representados pelos votos, pelas enquetes e pelas pesquisas de opinião. O povo da soberania é agora o povo da "opinião pública", quer dizer, nada mais que o modo como o conjunto dos indivíduos e as partes é produzido, determinado, apresentado e exibido sem cessar pela conjunção dos aparatos científicos e dos aparatos mediáticos.

O populacho grita ou vocifera. A humanidade miserável não fala, posto que seu modo de existência é puramente biológico. A supressão do povo funciona assim, em primeiro lugar, expulsando do âmbito político a voz da maioria dos homens sob as figuras do ruído animal da massa ou do silêncio doente da humanidade miserável. Aqueles que estão privados de palavra somente podem ser tomados em conta mediante a representação política de sua própria inexistência política ou, em outras palavras, mediante a representação humanitária da infra-humanidade ou da inumanidade pura de sua existência. Por isso os excluídos são sempre eles, os outros, os que não falam, aqueles dos quais se fala ou, suprema arrogância, aqueles em cujo nome se fala. Mas a supressão do povo funciona também, em segundo lugar, convertendo ao conjunto dos indivíduos e das partes em mostra estatística, na contabilidade de seus interesses e de suas opiniões, no cálculo e na previsão de seus comportamentos.

O povo por vir

Existe política porque a comunicação do desacordo põe em questão a normalidade do funcionamento dos aparatos policiais e estatais. E há democracia quando é o povo, o *demos,* o que inscreve polemicamente a questão de sua própria existência-inexistência nesse desacordo. Jacques Rancière, a cuja obra deve muito a epígrafe anterior, tem mostrado como a democracia tem como condição de possibilidade o fato de que os homens sem qualidade e sem propriedades, a mistura/confusão das pessoas sem nada, institui-se como povo apelando, como único título, para sua existência política a uma única propriedade vazia: a liberdade. Escreve Rancière:

> é através da existência desta parte dos sem parte – os pobres antigos, o terceiro estado, o proletariado moderno – que a comunidade existe como comunidade política, isto é, dividida por um litígio fundamental, por um litígio que se refere à conta/soma das partes antes inclusive de referir-se aos seus "direitos". O povo não é uma classe entre outras. É a classe da distorção que prejudica à comunidade e a institui como "comunidade" do justo e do injusto.

E um pouco mais adiante,

> a política existe quando a ordem natural da dominação é interrompida pela instituição de uma parte dos que não têm parte [...]. À margem desta instituição não há política. Não há mais que a ordem da dominação ou a desordem da revolta.[9]

Poderíamos dizer que o conflito político fundamental, o litígio ou o desacordo político fundamental, o litígio pelo qual simplesmente *existe* política e não apenas equilíbrio consensual, melodrama humanitário ou gestão policial dos indivíduos e das populações, não é outra coisa que o litígio pela conta dos que não contam, pela existência dos que não existem, pela voz dos que não falam. O acontecimento pelo qual existe política, o acontecimento que interrompe a normalidade do funcionamento dos aparatos policiais e estatais, não é outro que o escândalo da aparição pública do povo.

O grande problema (e o grande escândalo) político dos modos de inscrição do povo na pólis foi aparentemente dissolvido na democracia capitalista-liberal, finalmente despolitizada, pelo simples expediente de suprimir o povo. E nos dizia Deleuze que a função fabuladora consiste justamente em inventar um povo que falta. Esse "povo que falta" na pólis finalmente despolitizada e que a leitura delira, não é o Povo maiúsculo da Nação por fim idêntica a si mesma ("um só Povo, uma só Bandeira, uma só História, um só Destino é um lema inequivocamente fascista independentemente do que funcione como princípio unificador: a raça, a religião, a cultura, o território, a língua...), nem o Povo maiúsculo na marcha da revolução triunfante. Esses Povos maiúsculos, tomados em sua Identidade ou em sua História, são o resultado do delírio mau, doente, do delírio da essência ou do destino,

---

[9] RANCIÉRE, J. *El desacuerdo*. Buenos aires: Nueva Visión, 1996, p. 19-26.

do delírio de grandeza, do delírio da vontade de domínio. Como também é resultado do delírio mal esse povo talvez minúsculo, mas já inofensivo, bem contado e determinado pela ciência e os mass-media, e produzido como população calculada e calculável. Esse povo produzido, identificado e representado com critérios sociais, econômicos ou culturais, esse povo dividido em profissões, classes de idade, grupos de status, crenças religiosas, identidades culturais, hábitos de consumo, opiniões políticas, valores culturais, necessidades de saúde ou de educação, intenções de voto, etc., não é outra coisas que o correlato do funcionamento delirante das figuras paralelas da polícia e do estado. E, naturalmente, também são um produto do delírio mau, da produção policial, essas imagens tão facilmente manipuladas e manipuláveis que nos apresentam o povo como massa vociferante ou como multidão necessitada.

Deleuze, e nisso segue a estela de Nietzsche, não opõe o delírio ao não delírio, mas o delírio doente ao delírio são. O homem não é tanto um animal racional, um animal falante, ou um animal político, como um animal de invenção, um animal delirante. Tanto a filosofia como a literatura ou a política são produtos desse delírio, dessa função fabuladora, dessa capacidade de invenção. E o critério para estabelecer a doença ou a saúde das distintas formas do delírio está em qual é sua relação com a vida. Existiria então um delírio doente, negativo, negador da vida, e um delírio são, afirmativo, produtor de novidade, inventor de possibilidades de vida. A saúde nietzschiana está do lado da intensificação da vida, na abertura de possibilidades de vida. Mas o que tem isso a ver com o povo e com sua inscrição política?

O delírio doente é o delírio induzido pelo medo à vida e pelo seu correlato, a vontade de domínio. O delírio doente como delírio político passa pela subjetivação em um povo sem vida. E um povo sem vida é, por exemplo, esse povo idêntico a si mesmo delirado pelas distintas formas

Ensaios políticos – Inventar um povo que falta

de fascismo. Diz Deleuze em um parágrafo onde a palavra "literatura" poderia ser substituída pela palavra "política":

> O delírio é uma doença, a doença por excelência, cada vez que erige uma raça supostamente pura ou dominante. Mas é medida de saúde quando invoca essa raça bastarda e oprimida que não cessa de agitar-se sob as dominações, de resistir a tudo o que a aplasta e a aprisiona, de desenhar-se em diagonal na literatura como processo. Ainda aí sempre existe um risco de que um estado doentio interrompa o processo ou o devir; e se volte a encontrar a mesma doença que interrompe a saúde, o risco constante de que um delírio de domínio se misture ao delírio bastardo e leve a literatura a um fascismo oculto, à doença contra a que luta, se não a diagnostica em si mesma.[10]

O delírio doente está do lado do fascismo e da morte e por isso tinha razão Foucault quando dizia que a obra de Deleuze se pode considerar como uma introdução à vida não fascista[11], à escritura vitalmente não fascista, à política vitalmente não fascista. Como também é um povo sem vida, sem devir, idêntico a si mesmo, aquele que se representa como puro objeto de necessidade, ou o que se erige como mera contabilidade dos indivíduos e das partes. A vida do povo não está nem na "realidade" que o faz idêntico a si mesmo, nem na antecipação de seu futuro que o faz um povo "a realizar". O povo que falta consiste justamente na elaboração de sua própria falta, em algo que não é nem real nem fictício, nem presente nem utópico, nem verdadeiro nem falso, porque é a capacidade de resistência e de invenção de um povo sem essência, sem identidade, sem propriedade, sem autenticidade, a possibilidade de devir de um povo fabulador/fabulado, delirante/delirado.

---

[10] DELEUZE, G. La littérature et la vie. *Op. Cit.*, p. 15.

[11] FOUCAULT, M. El antiedipo: una introducción a la vida no fascista. In: *Archipiélago*, 17, 1994, p. 88-91.

COLEÇÃO "EDUCAÇÃO: EXPERIÊNCIA E SENTIDO"

Para estabelecer na "invenção de um povo que falta" uma passagem "de saúde" entre escritura e política, Deleuze faz jogar forte seu antiplatonismo. Contra as normas da *mímesis*, Deleuze faz jogar a capacidade fabuladora da escritura; contra a lógica identitária da representação, a força desidentificadora da língua; contra o delírio doente da estabilidade, da determinação e da vontade de domínio, a desordem viva da escritura. A fábula deleuziana interrompe a figura transcendental da representação e, com ela, toda distinção possível entre realidade e ficção, entre modelo e cópia, entre verdade e aparência. Uma vez fora do esquema da *mímesis,* não há maneira de distinguir ou hierarquizar boas ou más imagens. Assim, frente ao mundo dualista e vertical da representação, Deleuze opõe o mundo horizontal das multiplicidades; frente à trama ou à ação, frente à história, em suma, a força antinarrativa do devir; frente ao sentido, a força assignificante do acontecimento; frente ao personagem ou ao herói, a força metamórfica das modalidades não pessoais de individualização; frente às formas da transcendência, os processos da imanência. E com isso Deleuze sublinha o trabalho da escrita literária como um trabalho de indeterminação, de indiferenciação e de desidentificação. Do que se trata é de atender à potência mesma da escrita literária como potência de vida e, ao mesmo tempo, como potência política.

A política democrática como experiência política e a escrita literária como experiência de linguagem compartilham uma mesma ontologia. Do mesmo modo que a potência da escrita literária consiste na criação, na língua materna, de uma língua estrangeira, a potência política democrática consiste na inscrição, na pólis, de um povo que falta. A literatura e a democracia introduzem o outro, são respectivamente a heterologia da língua e a heterologia da política. Por isso a inscrição na pólis de um povo que falta está do lado da fábula. O povo sem qualidades, sem identidade real nem ideal, é o grande "fabulador" e o grande "fabulado", é o devir-su-

Ensaios políticos – Inventar um povo que falta

jeito da fábula compartilhada da liberdade e da igualdade. O povo que falta é esse ser capaz de fabular a irrealidade de sua própria representação, quer dizer, de fazer produtiva sua própria ausência, sua própria falta. A invenção de um povo que falta é a potência da fábula que desfaz a identidade das partes, dos grupos e das representações, que desfaz inclusive esse indivíduo pessoal sujeitado a uma identidade calculável.

Deleuze supõe que a existência desterritorializada e molecular do povo no capitalismo avançado (o capitalismo é uma gigantesca máquina de desterritorialização, de desenraizamento e de mobilização dos indivíduos e das populações) é correlativa ao pôr em funcionamento uma série de dispositivos de captura orientados a organizar, controlar ou suprimir sua força, fazendo-o idêntico a si mesmo como, por exemplo, os mass-media, os aparatos científico-estatísticos, as organizações do povo como sindicatos ou partidos, ou as organizações para o povo como aparatos policiais de assistência e integração. Nesse contexto se pergunta pela possibilidade de esperar, de suscitar ou de engendrar um povo por vir. E aí, de súbito, como uma descarga/explosão, a grande alternativa emprestada de Virilio:

> habitar no poeta ou no assassino". O artista, escreve Deleuze, "deixou de dirigir-se ao povo, de invocar o povo como uma força constituída. Nunca teve tanta necessidade de um povo, mas constata no ponto mais alto que o povo falta – o povo, o que mais falta [...]. O povo é o essencial, e portanto falta. O problema do artista é então que o despovoamento moderno do povo desemboque sobre uma terra aberta.[12]

Inventar um povo que falta consiste, então, em levar ao limite a desterritorialização capitalista e voltá-la contra si mesma, para apelar a uma terra nova e a um povo novo.

---

[12] DELEUZE, G. e GUATTARI, F. *Mille plateaux*. Paris: Minuit, 1980, p. 427.

Algo no qual se unem a arte e a filosofia como formas revolucionárias da fábula e da invenção:

> a criação de conceitos apela em si mesma a uma forma futura, pede uma terra nova e um povo novo que ainda não existe [...]. A arte e a filosofia se unem neste ponto, a constituição de uma terra e de um povo que faltam, enquanto correlato da criação.[13]

Não posso deter-me aqui em percorrer os autores que, na análise de Deleuze, funcionam como exemplares nessa passagem de saúde entre política e escritura que consiste em fabular um povo que falta. Basta dizer que esses autores não são precisamente os mais populares ou os mais populistas, que seus nomes são Klee ou Bacon na arte, Spinoza ou Nietzsche na filosofia, Kafka ou Melville na literatura:

> Kafka para a Europa central, Melville para a América apresentam a literatura como a enunciação coletiva de um povo menor, ou de todos os povos menores que não encontram sua expressão senão pelo e no escritor.[14]

Não posso tampouco comentar aqui outras interessantíssimas operações de passagem entre política e escritura literária que poderiam relacionar-se, sem dúvida polemicamente mas a partir de uma comunidade de base, com a proposta deleuziana[15]. E, desde já, não vou tentar construir

---

[13] DELEUZE, G. e GUATTARI, F. *¿Qué es la filosofía?* Barcelona: Anagrama, 1993, p. 110.

[14] DELEUZE, G. *Critique et clinique. Op. Cit.*, p. 15.

[15] Por exemplo, Rancière, J. *Courts voyages au pays du peuple.* Paris: Seuil, 1990 e *La chair des mots. Politiques de l'écriture.* Paris : Galilée, 1998. Também Agambem, G. *La comunidad que viene.* Valencia : Pre-Textos, 1990. Os dois últimos livros discorrem os respectivos capítulos sobre el Bartley de Melville, o livro no qual Deleuze vê a fórmula política por excelência. Sobre esse breve e enigmático texto em cujas proximidades se organizou uma autêntica constelação filosófica, ver também Agamben, G. *Bartley ou la création.* Paris: Circé, 1999.

Ensaios políticos – Inventar um povo que falta

e justificar minha própria lista, que sem dúvida estaria enca-
beçada por Handke[16]. Basta indicar que são autores que não
tratam de expressar outra imagem ou outra realidade do povo
oposta à representação policial-estatal de nossa política, mas
que apontam a uma força que destrói toda imagem, todo
modelo, toda representação e toda realidade.

O devir povo do povo

Um povo menor, bastardo, inferior, dominado, inacabado, nômade e excêntrico só pode habitar uma palavra
menor, bastarda, inferior, dominada, inacabada e excên-
trica... Um povo tomado em seu devir revolucionário só
pode dar-se um nome igualmente em devir, igualmente
revolucionário... Um povo contingente e inessencial só
pode cobiçar-se em uma palavra igualmente contingente e
inessencial... Um povo que falta só pode oferecer-se em uma
palavra que falta, mas não porque não a tenhamos, senão
porque o que nos oferece é precisamente sua própria falta
constitutiva. Sabemos que para Deleuze a falta não está do
lado da privação, mas da criação. Justamente porque o povo
falta, sua falta (de identidade, de essência, de propriedade,
de qualidades) pode produzir novas possibilidades de vida...
Justamente porque a palavra "povo" não é uma palavra, mas
sempre mais que uma palavra ou menos que uma palavra,
produz sempre novos modos de subjetivação que, quando
se inscrevem politicamente, têm a forma do acontecimento.
"Povo" é mais que uma palavra porque sempre busca dizer
mais e outra coisa que o que diz e porque não só busca des-
crever mas encarnar, nomear, interpelar, intrigar, seduzir,
fazer e desfazer comunidades, romper a estabilidade das
existências, pôr os seres humanos em movimento. E "povo"

---

[16] Uma interesantísima leitura política de Handke pode-se encontrar em
Poca, A. El silencio civil. Notas sobre la escritura política en Peter Handke.
In: *Archipiélago*, 9, Barcelona, 1992

é menos que uma palavra porque sempre diz menos do que diz, porque esvazia qualquer significado preestabelecido transtornando os modos habituais de ser sujeito e levando-os a outra liberdade. Jacques Rancière o diz assim: "mais além de todo litígio particular, a 'política do povo' transtorna a distribuição policial dos lugares e das funções, porque o povo é sempre mais e menos que si mesmo".[17]

Por isso a invenção de um povo que falta não é nunca a afirmação de uma identidade real ou ideal, mas a contestação de qualquer identidade. É a lógica policial-estatal a que quer nomes próprios, exatos, que determinem a correspondência das pessoas ao seu lugar e a sua função: a polícia sempre pede identificações. A invenção de um povo que falta tampouco é a reivindicação de uma pare ou de uma participação. De novo é a lógica policial-estatal a que exige que as pessoas se constituam em partidos. A invenção de um povo que falta é a possibilidade de uma subjetivação política que não passe pela identidade nem pela participação. O povo que falta é uma palavra vazia que se enche de uma forma cada vez mais singular e contingente com uma vontade de viver em comum resistindo ao presente, quer dizer, com esse movimento imprevisível que não nasce de nada senão da fabulação coletiva e impossível da liberdade. Algo, em suma, para o que não nos serve de muito nem a pequenez democrática nem a boa consciência humanitária.

---

[17] RANCIÉRE, J. Politique, identification, subjectivation. In: *Aux bords du politique*. Paris: La fabrique éditions, 1998, p. 84.

ENSAIOS POLÍTICOS

Educação e diminuição

> Conheceis essa sensação de diminuir
> dentro de alguém?
> Witold Gombrowicz. *Ferdyduke*

Trata-se da diminuição[1]. E dos aparatos culturais e educativos como lugares de diminuição. Trata-se das políticas da diminuição. Se poderia partir de uma experiência, talvez de uma sensação compartilhada: "conheceis essa sensação de diminuir dentro de alguém?"[2]. Trata-se da experiência de diminuir dentro dos outros, de que "o homem, no mais profundo do seu ser, depende da imagem de si mesmo que se forma na alma alheia, ainda que essa alma seja cretina"[3], de que cada um de nós somos definidos e criados na alma dos demais, de que nós mesmos definimos e criamos aos outros com as imagens que formamos deles. Trata-se do que ocorre quando essas almas que nos criam e nos definem, essas almas com as que definimos e criamos, são elas mesmas pequenas, carentes de amplitude

---

[1] Nota da tradutora: a palavra utilizada pelo autor em espanhol é "empequeñecimiento", que aqui se traduzirá por diminuição.

[2] GOMBROWICZ, W. *Ferdyduke*. Barcelona: Seix Barral, 2001, p. 25

[3] GOMBROWICZ, W. *Ferdyduke*. Barcelona: Seix Barral, 2001, p. 18.

e de grandeza: então *"é como se nascesses em um milhar de almas estreitas!"*[4]. Trata-se da diminuição, do estreitamento, de todos aqueles que só podem sentir-se grandes quando diminuem aos outros, dos que só podem sentir-se crescer diminuindo. E se trata também do rebaixamento, da autoelevação por rebaixamento, de todos os que se colocam em posições altas, dos que olham e atuam das alturas, mas porque rebaixam aos demais, porque alimentam sua estatura de todo o baixo e o rebaixamento que produzem e reproduzem ao seu redor. Trata-se do jogo entre o grande e o pequeno, entre o superior e o inferior, entre o alto e o baixo. Trata-se da verticalidade, da desigualdade, da criação de diferenças de valor entre os homens: de tamanho, de nível, de estatura. Trata-se da arrogância, do menosprezo, do poder, da submissão, da dignidade, da humilhação. Trata-se dessa sensação de diminuição dentro de alguém.

Trata-se também da educação, da igualdade e da desigualdade na educação, do jogo pedagógico do alto e do baixo, do grande e do pequeno, do avançado e do atrasado. Trata-se "de uma questão de filosofia: trata-se de saber se o ato mesmo de receber a palavra do maestro – a palavra do outro – é um testemunho de igualdade ou de desigualdade"[5]. E de uma questão de política: "trata-se de saber se um sistema de ensino tem como pressuposto uma desigualdade a reduzir ou uma igualdade a verificar"[6]. Trata-se da ordem pedagógica como uma ordem edificada na construção social da desigualdade. Trata-se do farisaísmo que atravessa a pedagogia.

---

[4] GOMBROWICZ, W. *Ferdyduke. Op. cit*, p. 19.

[5] RANCIÈRE, J. Prefacio a la edición española de *El maestro ignorante. Cinco lecciones sobre la emancipación intelectual*. Barcelona: Laertes, 2003, p. IV.

[6] RANCIÈRE, J. Prefacio a la edición española de *El maestro ignorante. Cinco lecciones sobre la emancipación intelectual*. Barcelona: Laertes, 2003, p. IV.

Perfis de uma conversação

Tudo começou com uma conversa, uma dessas conversas recorrentes entre professores, e a maioria das vezes pouco interessantes, sobre o que significa ser professor, sobre as distintas maneiras de ser professor; sobre como habitar essa posição tão comum e ao mesmo tempo tão estranha, tão antiga e tão intempestiva, tão segura e ao mesmo tempo tão contestada, tão solidificada e tão cheia de paradoxos; sobre como ocupá-la lucidamente, honestamente, sem enganar-se e sem desenganar-se, sem fazer trampas, assumindo suas luzes e suas sombras, seus limites e suas possibilidades, seus mistérios e seus imprevistos, todas as suas contradições. Tudo começou porque, em Madrid, em uma noite de outono, deu-se um desses raros momentos de intimidade, nos quais se fala com os outros e não aos outros e nos que o afeto coletivo da conversação leva a cada um dos interlocutores mais além de si mesmos, mais além do que já sabe, do que já pensa. Tudo começou porque ali, nessa conversação, alguém falou de grandeza e de redução.

Nesse mesmo dia tínhamos sido convidados para uma aula de Filosofia da Educação na Universidade. Passear pela Universidade que não é a própria produz certa sensação de estranheza. De um lado, tudo é familiar e, ao mesmo tempo, tudo é distinto. Pode-se sentir em casa, mas se sente também estranho, fora de lugar. E é como se mudasse o olhar, como se se constituísse um olhar diferente sobre aqueles que são como tu, mas, ao mesmo tempo, são outros. A todos nos chamou atenção o ambiente de confiança e de cordialidade que se respirava em aula: uma combinação rara de afeto e de distância, de suavidade e de respeito. E nos impressionou, sobretudo, o modo como o professor se movia pelos corredores, pelo bar, por esses lugares intermediários propício aos encontros. A simples presença do professor transmitia uma amizade sem falsa camaradagem, uma estranha honestidade, uma sensação de comum humanidade que atravessava, sem dissolvê-las, as hierarquias e as posições. E aquela noite, falando sobre as distintas formas de habitar um espaço educativo, ainda comovidos pelas sensações da manhã, tocados por essa mescla de estranheza de si e de intimidade com os outros que requer a conversação, alguém falou de grandeza e de redução.

Alguém falou depois de como a posição do professor se constitui reduzindo, definindo aos outros pelo que não são, pelo que lhes falta, pelo que deveriam ser, o que deveriam saber, o que deveriam pensar, o que deveriam fazer. E alguém falou também do difícil que é uma grandeza que não reduza, que não diminua, que não rebaixe. Algo que, obviamente, passa por coisas mais profundas e mais sutis que o método didático, e que não tem nada a ver com essas dicotomias tão caras aos pedagogos de "aula magistral" versus "diálogo de experiências", "ensino baseado na aprendizagem" versus "ensino baseado na transmissão", "atividade" versus "passividade", "diretividade" versus "não diretividade", etc... Algo que talvez tenha a ver com o tom da voz, a altura do olhar, a arte das distâncias, esses velhos valores em desuso que se chamam respeito, humildade, honestidade, com a relação que se mantém com as ideias e as palavras que constituem a matéria da transmissão e também, naturalmente, com a forma da relação que se estabelece com a palavra, o pensamento, o silêncio e a presença dos estudantes.

Por esses mesmo dias se acabava de publicar uma seleção de textos sobre educação de María Zambrano e alguns dos companheiros tinham em comum seu amor por essa escritora. Assim, foi inevitável introduzir María Zambrano em nossa conversa. Em um desses textos, Zambrano fala da dificuldade de "subir à cátedra para olhar dela para baixo e ver as frontes de seus alunos todas levantadas para ela"[7]. A situação trata da verticalidade, da dificuldade da verticalidade, Os alunos oferecem seu silêncio, sua quietude, sua presença. E, antes de começar a falar, antes de tratar de corresponder com sua presença e com sua palavra a essas frontes e a esses olhares que, ainda desde baixo, são exigentes e interrogativos, desafiadores inclusive, o maestro se demora um momento no silêncio e treme. Aí Zambrano escreve que

> poderia medir-se talvez a autenticidade do maestro por esse instante de silêncio que precede a sua palavra, por esse ter-se presente, por essa apresentação de sua pessoa antes de começar a dá-la. E ainda pelo imperceptível tremor que lhe sacode. Sem isso, o maestro não chega a sê-lo nunca por grande que seja sua ciência.[8]

O maestro não o é por seu saber, senão por seu silêncio e por sua tremura. Aí está sua responsabilidade, sua autenticidade, talvez sua dignidade. Mas não a dignidade que tem, senão a que se ganha a cada dia expondo e arriscando ante os outros o valor de sua presença e de sua palavra. Depois desse parágrafo, Zambrano fala da dupla tentação que acomete o maestro para defender-se dessa tremura, para não sentir "essa vertigem que acontece quando se está só, em um plano de silêncio da aula", para furtar-se à responsabilidade de ser maestro, para não aceitar sua própria solidão. A primeira é habitar uma verticalidade já dada: "amparar-se na autoridade já estabelecida" ou "dar por feito o que se há de fazer". Desde aí nenhuma vacilação, nenhuma tremura,

---

[7] ZAMBRANO, M. La mediación del maestro. In: *L'art de les mediacions. Textos pedagògics* (selección, introducción y notas de Jorge Larrosa y Sebastián Fenoy). Barcelona: Publicacions de la Universitat de Barcelona, 2002, p. 109.

[8] ZAMBRANO, M. La mediación del maestro. In: *L'art de les mediacions. Textos pedagògics* (selección, introducción y notas de Jorge Larrosa y Sebastián Fenoy). p. 112.

nenhum silêncio. O lugar que se ocupa está assegurado pelo poder e o impõe como superior e o modo de ocupá-lo está assegurado pelas convenções sobre seu funcionamento. A segunda é refugiar-se na pseudo-horizontalidade: "querer se situar no mesmo plano do discípulo"[9]. A primeira tentação é rebaixar mediante a simples ocupação de uma altura segura e assegurada. A segunda tentação é rebaixar-se.

Meses mais tarde, em Barcelona, depois do relato de algumas experiências de humilhação, outra conversa seguiu sobre o mesmo fio. Dessa vez o tema foi a dignidade, essa virtude que se relaciona coma verticalidade e com a estatura, com o tamanho e com a grandeza do homem. Alguém disse que a dignidade é a qualidade de um ser que não admite a servidão, que não pode ser obrigado a ajoelhar-se, a dobrar-se, a baixar temerosamente os olhos ou olhar implorante para cima. Alguém disse que a dignidade é a qualidade de um ser que não aceita ser diminuído, rebaixado. Alguém se perguntou o que é manter a dignidade, ou perdê-la. Alguém falou da dignidade do demandante, do suplicante, e se perguntou se pode haver dignidade em uma posição que se reconhece como inferior, como necessitada e que, dignamente, sem perder a dignidade, reconhece sua indigência e olha para cima. Alguém tratou de distinguir a dignidade da soberba, e falou então de como a dignidade própria passa pelo reconhecimento da dignidade alheia, da comum humanidade, de que ninguém é mais, nem menos, que ninguém. Alguém falou de que essa comum humanidade é também a condição comum de um ser que se sabe necessitado dos outros, mas que se mantém digno em sua dependência. A dignidade, então, tem também uma dimensão horizontal que coloca o homem em igualdade de estatura em relação aos demais homens, em igualdade de grandeza, em igualdade de pequenez, em

---

[9] ZAMBRANO, M. La mediación del maestro. *Op. cit.*, p. 113.

Ensaios políticos – Educação e diminuição

igualdade de necessidade e desamparo. E em algum momento alguém falou de hombridade, essa velha palavra.

Pela mesma época, um dos babilônios, um dos amigos que nos ajudaram a pensar o que significa isso de "habitar Babel babelicamente", veio dar uma conferência em um curso de doutorado. E aquela tarde, em uma sala de aula universitária, deu-se também o milagre da conversação. Talvez foi uma suavidade especial no recebimento, ou uma suavidade insólita na escuta, ou as risadas do começo. Quem sabe se foi a incipiente primavera, ou certo cansaço, ou a beleza e a intensidade de uns olhos que olhavam atentos do fundo da sala. Talvez o professor convidado se sentiu incômodo em sua posição de professor e percebeu por um instante a impostura de estar dizendo uma vez mais o que já sabia dizer, o que já podia dizer, o que já queria dizer. Talvez foi alguma pergunta impertinente, dessas que fazem cambalear a posição de saber e de poder daquele que fala, ou um gesto carregado de ironia. Em qualquer caso, o que ocorreu é que o babilônio apartou as folhas que trazia escritas e continuou sua fala com outro tom, com outra voz, olhando as pessoas nos olhos.

Tínhamos começado falando da cidade e do contraste entre um olhar que a contempla de cima e um olhar que a vive de dentro. Tínhamos estado explorando a oposição entre um olhar panorâmico, planificador, orientado ao domínio, orgulhoso de seu saber e de seu poder, e um olhar atônito, fragmentário, constituído de ignorância e de impotência mas, precisamente por isso, curtido na arte dos encontros; entre a perspectiva do amo que reside nas alturas, e a perspectiva do habitante, do passante, do intruso, do que se desloca na altura do chão; entre o ponto de vista dos *designers* e dos engenheiros, e o ponto de vista dos transeuntes, dos vagabundos; entre um olhar que identifica, classifica e ordena, que pretende determinar o quê de cada coisa e que se há de fazer com ela, e um olhar que vive, que se move, que se cruza com outros olhares, com outros corpos; entre uma visão racionalizadora, burocrática, objetivante, administradora, feita de teorias e de programas, de saber e de poder, e uma visão aberta às surpresas, aos paradoxos, às aventuras, à experiência, a tudo aquilo ao que só se acede quando se renuncia à vontade de saber e à vontade de poder; entre uma ótica que busca descobrir ou impor significados estáveis e estabilizadores, que busca codificar, que busca compreender e fazer compreensível, e uma ótica que vive do provisório, do azaroso, do insignificante, do incompreensível.

E aí, alguém nomeou Babel como proibição do olhar vertical, do olhar de cima. Babel já não era só o mito da dissolução da cidade, da dispersão dos homens, da confusão das línguas e da perda do nome, mas também falava de verticalidade e de horizontalidade, de altura e rebaixamento, de posições de poder e de posições de impotência. Babel era também o mito da impostura de olhar de cima. Só de cima pode impor-se uma cidade ordenada, transparente; uma humanidade idêntica e identificada, regulada em suas posições e em seus fluxos, em uma língua única, legítima, feita de conceitos bem definidos e de significados estáveis; um nome para cada coisa e uma coisa para cada nome.

Alguém falou de cinema, da arte que forma e transforma o olhar, que a constrói e a desconstrói, que a desfamiliariza, da arte que nos ensina a olhar. E de como alguns filmes exploram justamente o contraste entre a cidade vista de cima e a cidade vivida de dentro. Alguém falou de literatura, da arte que forma e transforma a linguagem, que nos ensina a problematizar como nomeamos o que vemos e como vemos o que nomeamos. E de como certas narrativas urbanas constroem um mundo de personagens anônimos, de identidades efêmeras e incompreensíveis, de acontecimentos

Ensaios políticos – Educação e diminuição

banais e, ao mesmo tempo, cheios de possibilidades de vida. Alguém falou dessa galeria de personagens composta pelo imigrante, pelo artista, pelo passante, pelo desorientado, pelo marginal, pelo deslocado, pela criança, pelo louco, pelo fugitivo, pelo insubmisso, pelo nômade... de todas as figuras do *outsider*. E de como todas essas figuras do menor, do pequeno, e do baixo nomeiam o que lhes passa, o modo como se compreendem a si mesmos e ao mundo no qual vivem, de uma maneira que não tem nada a ver com a linguagem dos que sabem, dos que podem, dos que têm um lugar na ordem e uma linguagem que ordena. Alguém recordou a Michel de Certeau, concretamente sua anotação sobre a visão da cidade do andar 110 do derrubado World Trade Center, de Nova York. Daí, de cima, parece que a cidade é legível, transparente, aberta ao olhar, completamente exposta ao nosso saber, ao nosso poder e a nossa vontade. No entanto, e ao mesmo tempo, não se pode evitar a suspeita de uma opacidade total da vida lá embaixo, de uma ilegibilidade completa do que passa, de uma invisibilidade absoluta. A esse comentário segue a essa citação:

> É abaixo, em troca, a partir desse solo em que cessa a visibilidade, onde vivem os praticantes ordinários da cidade. A forma elementar desta experiência são os passantes, aqueles cujo corpo obedece às grossuras a às finuras de um 'texto' urbano que escrevem sem poder ler. Estes praticantes se movem por espaços que não se veem; têm dele um conhecimento tão cego como o do corpo a corpo amoroso. Os caminhos que se respondem uns aos outros nesse entrelaçamento, poesias ignorantes das que cada corpo é um elemento assinado por muitos outros, escapam à legibilidade. Tudo passa como se um cegamento caracterizasse as práticas organizadas da cidade habitada. As redes dessas escrituras que avançam e se entrecruzam compõem uma história

múltipla, sem autor nem espectador, formada de fragmentos de trajetórias e de alteração de espaços, que se mantêm cotidianamente, indefinidamente, outra.[10]

E aí, nesse contexto, alguém se perguntou o que significaria falar e escrever, viver e pensar, ler e escutar, projetar e atuar de baixo, fora das posições elevadas e cegas da torre, fora das posições de saber e de poder que asseguram um posto na torre, fora até mesmo dessas boas intenções morais e moralizantes que só podem se dar nas alturas da torre. Se Babel significa que o olhar elevado que se apoia sobre a torre é uma infâmia, uma impostura, a questão seria, de novo, como habitar Babel, babelicamente. Talvez foi essa pergunta a que acabou com a ficção de uma aula universitária na qual, quase por definição, fala-se de cima do que acontece abaixo. Talvez foi essa pergunta, que se dirigia a cada um de nós, a que provocou a conversa, a surpresa da conversa.

Quase todos os que nos encontrávamos ali estávamos embarcados em projetos de investigação pedagógica. Havia sobre muitos temas e formulados de diversas perspectivas teóricas. Havia alguém que trabalhava em educação moral, alguém que se estava especializando em imigração e multiculturalismo, alguém que analisava programas educativos para populações em situação de risco social, alguém a quem lhe interessava a relação entre educação e emprego, alguém que estudava as novas formas de pobreza, alguém que estava preocupado pela violência entre os jovens. Obviamente todos queríamos uma sociedade sem exploração, sem violência, sem miséria, sem desigualdade. Todos queríamos o bem dos outros. Alguns estávamos implicados em distintas formas de ativismo político, social, cultural. Mas todos sentíamos que as regras discursivas de nossos trabalhos cons-

---

[10] CERTEAU, M. de. *L'invention du quotidien*. I. Paris: Gallimard, 1992, p. 141-142.

Ensaios políticos – Educação e diminuição

tituíam tramas hierárquicas de saber e de poder, relações verticais, olhares de cima. Todos nos soubemos habitantes da torre ou aspirantes a ocupar algum de seus aposentos. E foi então, quando ninguém era outra coisa que a comum estranheza de si e uma sensação de intimidade com os outros, quando se iniciou a conversa, quando por fim pudemos conversar sobre o que não sabíamos dizer, sobre o que talvez não queríamos dizer, sobre o sentido ou o não sentido de nossas palavras, de nossas ideias, de nossos projetos.

Um convite ao maestro ignorante

Em meio a todas essas conversas comecei a trabalhar na edição espanhola de *El maestro ignorante,* um livro de Jacques Rancière que também ressoa estranhamente com a questão da diminuição e dos aparatos pedagógicos como lugares da diminuição[11].

Nesse livro, Rancière usa a voz de um solitário e excêntrico pedagogo da época da revolução francesa, Joseph Jacotot, para mostrar que, do ponto de vista da instrução, a pedagogia *embrutece,* quer dizer, ensina e faz aprender (constitui-se como uma teoria e uma prática de ensino e de aprendizagem), mas produzindo e reproduzindo, nessas mesmas operações, tanto a distância no saber como a desigualdade das inteligências. Rancière-Jacotot mostram como a ordem pedagógica do embrutecimento é consubstancial a uma ordem social e política que persegue a igualdade ao mesmo tempo que reproduz a desigualdade e que aspira à liberdade ao mesmo tempo que constrói a dominação.

---

[11] RANCIÈRE, J. *El Maestro ignorante. Op. cit.* A primeira edição, em francês, é de 1985. O livro se insere na interrogação que faz Rancière nessa época dos discursos e das práticas políticas do século XIX e do papel dos intelectuais progressistas em sua constituição. Ver, por exemplo, *La nuit des proletaires.* Paris: Fayard, 1981; *La philosophie et ses pauvres.* Paris: Fayard, 1983; e *Courts voyages au pays du peuple.* Paris: Seuil, 1990

Seguindo essa estela, poderia dizer-se que, do ponto de vista da formação, a pedagogia, solidária também nisso com a ordem social, produz e reproduz distâncias e desigualdades que já não são de ordem cognoscitiva ou de ordem intelectual mas de ordem pessoal ou moral. Se a instrução tem a ver com o que se sabe, a formação tem a ver com o que se é. Se em um caso se trata de *eu sei o que tu não sabes... e sei o que tu deverias saber... logo, posso e devo ensinar-te*, ou também de *eu sei como funciona uma inteligência... e sei como deveria funcionar a tua... portanto, posso e devo dirigi-la,* no outro se trata de *eu sou melhor que tu... e sou o que tu deverias ser... logo, posso e devo formar-te.* Em ambos os casos, a pretensão da igualdade, a boa consciência igualitária, parte da produção sistemática da desigualdade. E essa tem por origem o menosprezo – intelectual em um caso, moral em outro – e seu correlato necessário, a soberba: se todos soubessem o que eu sei, se todos pensassem como eu penso, se todos fossem como eu... sem dúvida o mundo seria melhor[12].

É assim como muitos dos projetos de melhora da humanidade se formulam de uma perspectiva vertical na qual as posições do bom e do mal, do alto e do baixo, do superior e do inferior, ficam retoricamente definidas e moralmente marcadas, ao tempo que disponíveis para ser ocupadas por distintos indivíduos. Do que se trata, então, é de situar-se em uma posição segura e assegurada que permita falar e atuar de cima. E isso significa, na Modernidade, falar e atuar desde

---

[12] Em um livro recente, Sloterdijk analisou o componente do desprezo implícito no grande projeto político-pedagógico da Modernidade, o de transformar radicalmente a sociedade convertendo a massa em sujeito, esse sonho ao mesmo tempo político e pedagógico que consiste na pretensão de mudar o mundo liberando ou emancipando através da educação dos homens que vivem nele ou, dito de outra maneira, na pretensão de criar uma humanidade livre, em realizar a utopia de uma humanidade constituída como uma comunidade de homens livres e iguais. SLOTERDIJK, P. *El desprecio de las masas. Ensayos sobre las luchas culturales de la sociedad moderna.*

Ensaios políticos – Educação e diminuição

uma instancia de Poder, basicamente o Estado. Já o pícaro espanhol por excelência, o Lazarillo de Tormes, esforçava-se inutilmente em ser *dos bons* e identificava a entrada nesse grupo privilegiado com *ter um emprego* da Igreja ou da Coroa.

Sabemos desde Platão que é constitutivo à pedagogia um olhar desde cima. E, para que esse olhar seja possível, tem de fabricar retórica e ontologicamente um abaixo: a infância, o povo, os estudantes, os emigrantes, os imorais, os pobres, os desempregados, os trabalhadores, os consumidores, os jovens, os maestros, os ignorantes, os selvagens..., os outros..., definidos sempre por uma distância: pelo que lhes falta, pelo que necessitam, pelo que são, pelo que deveriam ser, por sua resistência a submeter-se às boas intenções dos que tratam de que sejam como deveriam ser. De fato, situar-se no discurso pedagógico significa, em muitos casos, adquirir certa legitimidade e certa competência para olhar os outros de cima, para falar deles, para lançar sobre eles certos projetos de reforma ou de melhoramento.

A única exceção, a única dissonância realmente exterior a essa ordem pedagógica da verticalidade é o maestro ignorante. O maestro ignorante, o maestro que ensina o que não sabe com base no axioma da igualdade das inteligências, o único maestro que emancipa sem emancipar, pela simples proclamação da liberdade, começa desmontando o dispositivo pedagógico da explicação.

Esse dispositivo, verdadeira condição de possibilidade de toda pedagogia, autêntica matriz estruturante de toda relação educativa, é o que divide o mundo em dois decretando a desigualdade das inteligências, dividindo a inteligência em dois, construindo uma relação vertical e, portanto, de subordinação, entre ciência e ignorância, entre capacidade e incapacidade, entre professores e alunos, entre os que explicam e os que compreendem, entre os que dão e os que recebem, entre os que sabem e os que não sabem. A pedagogia vive dessa distinção, produz e não cessa de reproduzi-la, implanta-a obsessivamente e a administra com todo cuidado:

> antes de ser o ato do pedagogo, a explicação é o mito da pedagogia, a parábola de um mundo dividido em espíritos sábios e espíritos ignorantes, espíritos maduros e imaturos, capazes e incapazes, inteligentes e estúpidos.[13]

Para o mestre ignorante, a explicação é a ficção pedagógica da incapacidade do outro. A pedagogia se sustenta sobre uma ficção vertical. Por isso, para construir um acima, necessita inventar um abaixo: nesse caso, o incapaz, o ignorante. E da mesma maneira que o abaixo necessita do acima (não há possibilidade de ascender se não for com a ajuda dos superiores, o aluno embrutecido necessita e inventa o maestro embrutecedor), também o acima necessita do abaixo: não há maestro explicador sem aluno incapaz, o maestro embrutecedor necessita e inventa o aluno embrutecido. Dito de outro modo, não há pequenez que não aspire à grandeza (e portanto a reconheça e se subordine a ela) e não há grandeza sem diminuição. Em palavras de Carlos Skliar,

> explicar é um monstro de mil caras cuja finalidade parece ser a de diminuir ao outro através dos terrores das palavras habilmente encadeadas na gramática do maestro; esse monstro explicador cria a cada momento a sensação de que o corpo do mestre aumenta seu tamanho, na mesma proporção em que faz diminuto o corpo do aluno. E na medida em que o maestro faz mais ampla a magnitude de sua explicação, o corpo do aluno vai ficando cada vez menor, até se fazer órfão de si mesmo. Essa é a diminuição da explicação. A explicação é um constante e perverso processo de

---

[13] RANCIÈRE, J. *El maestro ignorante. Op. cit.*, p. 15.

Ensaios políticos – Educação e diminuição

diminuição do outro ou, em palavras de Rancière, do embrutecimento do outro.[14]

A ordem pedagógica não para de cultivar o dispositivo da explicação, de estilizá-lo, de aperfeiçoá-lo, de embelezá-lo, de redefini-lo. Até, suprema astúcia, não para de construir alternativas explicadoras às formas existentes de explicação. E esse ir de explicação em explicação é o progresso monótono da pedagogia, sua lógica tão implacável como insossa.

A ordem pedagógica se estrutura assim sobre uma ficção de desigualdade que lhe permite, imediatamente, apresentar seu trabalho como orientado ao logro da igualdade. Primeiro inventa e constrói as distâncias e depois se esforça em reduzi-las e se propõe, no limite, a acabar com elas. Constitui-se assim em uma particular e perversa arte das distâncias, numa terrível e potentíssima arte das desigualdades. A pedagogia, então, cultiva um evidente "afeto igualitário"[15] inseparável de uma encarniçada "paixão pela desigualdade"[16], essa paixão primitiva que provém desse olhar sobre o outro que lhe diz "tu não és meu igual" e que sustenta na onipresente lógica social da comparação vertical, da autoelevação por rebaixamento, do autoengrandecimento por diminuição. A pedagogia está atravessada por um profundo menosprezo tingido, isso sim, das melhores intenções e, sobretudo, de muitíssima boa consciência.

O maestro ignorante, então, ao desmontar tanto o dispositivo da explicação como a ficção vertical que é sua condição de possibilidade, situa-se em uma posição inassi-

---

[14] SKLIAR, C. Jacotot-Rancière ou a dissonância de uma pedagogia (felizmente) pessimista. In: *Educação e Sociedade*. Campinas, 2003, v.24, n.82, p. 233.

[15] Essa expressão é usada por Sloterdijk em *El desprecio de las masas. Op. cit.*

[16] RANCIÈRE, J. *El maestro ignorante. Op. cit.*, p. 106 e seguintes.

milável para qualquer pedagogia, literalmente intempestiva, impensável desde os pressupostos que estruturam qualquer ordem pedagógica, completamente louca, estranhamente perturbadora, radicalmente exterior.

Obviamente, o maestro ignorante se situa a margem do que Inês Dussel chama

> as retóricas da equidade que pululam nos discursos educativos e que, tendo renunciado à possibilidade de considerar aos pobres, aos marginais ou aos perdedores como iguais, se conformam, no melhor dos casos, com gerenciar a crise e silenciar os conflitos".

Mas se situa também fora das pedagogias herdeiras das tradições críticas e emancipadoras. Como também diz Dussel,

> o professor que se anuncia como emancipador das mentes está reproduzindo a mesma hierarquia desigual de saberes e poderes; segue sem renunciar a situar-se no degrau superior das inteligências [...]. O intelectual crítico não desmantela as hierarquias; antes bem, consagra-as, ainda que seja por meio da condenação e da crítica. Ao denunciar que os pobres e os marginais são privados do único conhecimento que vale, que é o que ele detém, eterniza a desigualdade e a divisão do trabalho que garante seu lugar de privilégio.[17]

Mais radicalmente ainda, o maestro ignorante se situa também à margem de qualquer retórica politicamente progressista e, portanto, fora de qualquer ideia de educação que a considere como um mecanismo de progresso moral, social ou político. Como diz Rancière,

---

[17] DUSSEL, I. Jacotot ou o desafio de uma escola de iguais. In: *Educação e Sociedade. Op. cit.*, p. 216.

Ensaios políticos – Educação e diminuição

a singularidade, a loucura de Joseph Jacotot, foi perceber isto: se estava no momento em que a jovem causa da emancipação, a da igualdade dos homens, estava transformando-se em causa do progresso social [...]. Uma enorme maquinaria se punha em marcha para promover a igualdade através da instrução. Aí estava a igualdade representada, socializada, desigualada, perfeita para ser aperfeiçoada, quer dizer, atrasada de comissão em comissão, de informe em informe, de reforma em reforma, até o final dos tempos. Jacotot foi o único que pensou esta desaparição da igualdade sob o progresso, esta desaparição da emancipação sob a instrução [...]. Jacotot foi o único igualitário que percebeu a representação e a institucionalização do progresso como renúncia à aventura intelectual e moral da igualdade, o único que percebeu a instrução pública como trabalho do luto da emancipação. Um saber deste tipo gera uma solidão espantosa. Jacotot assumiu essa solidão. Rechaçou toda tradução pedagógica e progressista da igualdade emancipadora [...]. O nome Jacotot era o nome próprio deste saber ao mesmo tempo desesperado e irônico da igualdade dos seres razoáveis sepultada sob a ficção do progresso.[18]

E ainda mais: o maestro ignorante se situa também à margem dessa pedagogização integral da sociedade que seria a culminação e ao mesmo tempo o cancelamento do projeto político e pedagógico moderno. Como diz Lílian do Valle,

a conversão do político em educacional é obra da modernidade que, depois de decretar impossível o partir da igualdade em política, estabeleceu que tudo dependia da educação do povo. desde então, a educação pública, em vez de derivação, aparece como pré-condição para a participação política ampliada. No entanto, convertida em questão educacional, a desigualdade política

---

[18] RANCIÈRE, J. *El maestro ignorante. Op. cit.*, p. 172-173.

evidentemente não só desaparece, mas se desdobra em uma nova desigualdade insuperável amplamente destacada pelos esforços educativos que deveriam atenuá-la: aquela que divide a sociedade entre os que estão em condições de exercer sua autonomia e aqueles que, para isso, ainda dever ser educados.[19]

O maestro ignorante, então, situa-se fora da unânime valorização moderna da educação, inclusive da educação pública, e fora também do grande número de significações que, para nós, tem a educação. Põe-se à margem da lógica oniabarcadora da sociedade pedagogizada e de todos os seus disfarces sociais, culturais e políticos.

Por isso Estanislao Antelo escreve que

> quem consegue se deixar tomar seriamente pelo maestro ignorante não pode evitar se submeter a essa conhecida sensação de véspera de desemprego [...]. Como se um grão de areia tivesse se introduzido de golpe na engrenagem da sábia pedagogia que pensamos e praticamos [...]. Já não se precisam maestros explicadores progressistas. Já não mais pedagogos bem pensantes. Um raro mutismo nos envolve depois de semelhante ranger da máquina pedagógica.[20]

Por isso Paco Jódar e Lucía Gómez falam dele como "a experiência do impossível em educação", como "o impensado no pensamento pedagógico", como "a atração do real impossível" que "exige ir onde é impossível ir" e "pensar o que não se deixa pensar", como "a experiência de uma heterogeneidade radical" que, ao introduzir a diferença no que nos

---

[19] DO VALLE, L. Pedra de tropeço: a igualdade como ponto de partida. In: *Educação e Sociedade. Op. cit.*, p. 262.
[20] ANTELO, E. Nada melhor que ter a um bom desigual por perto. In: *Educação e Sociedade, Op. cit.*, p. 252

Ensaios políticos – Educação e diminuição

constitui, "não diz o que somos mas aquilo do qual diferimos, não estabelece nossa identidade mas aquilo que a dissipa"[21].

A excentricidade do maestro ignorante consiste em pôr a educação sob a ficção da igualdade. Ainda que isso faça que já não seja estritamente educação e a coloque fora da ordem pedagógica. A igualdade das inteligências é uma e outra vez desmentida pelos fatos (e a ordem pedagógica da explicação sabe muito de fatos), mas para o maestro ignorante se trata de um axioma, de um princípio que deve ser constantemente posto a prova e verificado: "nosso problema não é provar que todas as inteligências são iguais, mas ver o que se pode fazer com essa suposição".[22] A igualdade é um pressuposto e não um objetivo, deve pôr-se antes e não depois, não como uma ilusão mas como uma potência da qual é possível verificar seus efeitos. E só nos restará, como ao maestro ignorante, comprovar o que se pode fazer com base nela.

A antipedagogia do maestro ignorante se baseia em pôr à prova a potência da igualdade, mas não de uma igualdade reivindicada ou desejada, mas de uma igualdade praticada. Em palavras de Alejandro Cerletti,

> o que interessa a Rancière é descobrir a potencialidade de todo homem ou mulher quando se considera igual aos demais e considera a todos os homens iguais a ele [...], a volta sobre si do ser que se reconhece com capacidade para pensar, para falar e para atuar.[23]

E essa potência da igualdade não é outra coisa que a potência da comum humanidade que radica na capacidade

---

[21] JÓDAR, F. e GÓMEZ, L. Emancipação e igualdade: aspectos sócio-políticos de uma experiência pedagógica. In: *Educação e Sociedade*, *Op. cit.*, p. 245.

[22] RANCIÈRE, J. *El maestro ignorante*. *Op. cit.*, p. 64.

[23] CERLETTI, A. A política do maestro ignorante. A lição de Rancière. In: *Educação e Sociedade. Op. cit.*, p. 306.

comum da palavra, no reconhecimento, em cada homem, da dignidade comum da palavra. Essa é a única moral do maestro ignorante, essa que preside o ato de falar e escrever, de escutar e de ler, de perguntar e de responder, de dizer e de contradizer, o reconhecimento do outro como alguém que tem algo a dizer e como alguém capaz de compreender o que os outros lhe dizem. De fato, é a linguagem que aceita todos os paradoxos da comunidade e da diferença, o que nos faz a todos iguais e diferentes ao mesmo tempo, o que faz com que a comunidade humana seja uma comunidade plural na qual aquilo que os homens têm em comum, o que os faz iguais, não é outra coisa que a materialidade comum na qual desdobram suas diferenças. Não suas desigualdades, mas suas diferenças. O maestro ignorante fala e escuta, pergunta e responde, lê e escreve, diz e contradiz, mas como homem, não como maestro. Portanto, sempre fala e pergunta a seres humanos, não a alunos. Situa-se na linguagem como um igual, como um conversador, como alguém a quem interessa o que os outros dizem, o que pensam, o que fazem, não como um sábio que já sabe todas as respostas, que já sabe de antemão o que os outros dizem e o que querem dizer, nem tampouco como um orador consciente das intenções e da eficácia da sua palavra. Como ele mesmo diz: "toda a prática do ensino universal se resume na pergunta: e tu que pensas? Todo seu poder radica na consciência de emancipação que ela atualiza no maestro e suscita no aluno"[24].

A pedagogia do maestro ignorante é uma antipedagogia porque não pode estar institucionalizada, porque não pode depender de posições de saber ou de poder, porque não pode pensar-se nem praticar-se de cima, de nenhuma das posições superiores da torre. O maestro ignorante é muito claro nisso: "jamais nenhum partido governante, nenhum exército,

---

[24] RANCIÈRE, J. *El maestro ignorante. Op. cit.*, p. 52.

Ensaios políticos – Educação e diminuição

nenhuma escola nem nenhuma outra instituição emancipará a uma só pessoa"[25]. E é muito claro também que essa antipedagogia não se pode pensar nem praticar baseando-se numa visão da sociedade em geral como a que têm todos aqueles que se sentem autorizados a falar dos demais valendo-se de um suposto saber sobre o que são, o que querem ou o que necessitam: "o ensino universal não pode se dirigir jamais a sociedades"[26]. A verificação da potência da igualdade não necessita de maestros, nem de pedagogos, nem de líderes, nem de sociólogos, nem de especialistas, nem de políticos. Necessita, isso sim, de seres humanos dispostos a aprender, a pensar, a falar, e a atuar com outros seres humanos. Sem outras intenções. Sem outra legitimidade. Sempre em presença. Sempre horizontalmente. No chão.

Um convite a Ferdydurke

Enquanto estava preso pelos paradoxos contrapedagógicos do maestro ignorante, recordei a outro excêntrico, a outro solitário, a outro exilado, a outro radical, e reli a Witold Gombrowicz, o grande maestro das relações humanas verticais, ao grande observador dos jogos do grande e do pequeno, do superior e do inferior. E pensei que poderia trazer o seu Ferdydurke a essa poética e quase obsessiva conversa sobre a lógica social e pedagógica da elevação e do rebaixamento, sobre as regras sociais e pedagógicas do eterno jogo da diminuição.

Por que Gombrowicz? Primeiro, pelo modo como encarna a distância com respeito à forma, à consciência de seu caráter inautêntico, falso, artificial. Em segundo lugar, pela aguda percepção de como o jogo da formação descansa sobre uma desigualdade moral fabricada e permanente-

---

[25] RANCIÈRE, J. *El maestro ignorante. Op. cit.*, p. 132
[26] RANCIÈRE, J. *El maestro ignorante. Op. cit.*, p. 136.

mente reproduzida. Tanto em suas novelas como em suas obras de teatro ou em seus diários, Gombrowicz elabora sua própria patologia: toma seu eu – sua estranheza, sua excentricidade, sua indefinição, sua anomalia, sua impossibilidade, sua inexistência – como matéria de dissecação e experimentação. Podemos encontrar aí o menino no castelo de Maloszyce, incapaz de ocupar Seu Lugar Próprio nessa sociedade rural e estupidamente aristocrática na qual se cultiva a soberba da casta e a absoluta divisão entre amos e servos. Ou ao escolar no Instituto São Estanislao de Kotska, fascinado e ao mesmo tempo humilhado por seus nobres e sofisticados companheiros, dedicando-se a certas leituras lamentáveis e incapaz de entrar no que aí se dava como Grande Literatura. Ou ao jovem provocador do café Ziemianska que nunca pode sentar-se nas mesas nas quais se discutiam os Problemas Importantes. Ou ao estudante da Faculdade de Direito, aprovando os cursos sem nenhum convencimento e incapaz de identificar-se com esses companheiros que já estavam elaborando sua superioridade e a consciência de seu destino como Dirigentes ao Serviço do Estado e da Pátria. Ou ao observador irônico das formas sociais já decadentes e um tanto ridículas as que se aferrava uma burguesia em declive como se nelas pudesse encontrar salvação em um mundo que se derrubava. Ou ao viajante polonês ruminando sua inferioridade cultural diante das Grandes Culturas de Paris ou da Grande História de Roma. Ou ao desertor da guerra incapaz de estar à Altura das Circunstâncias. Ou ao homem aterrorizado pelo espetáculo dessas caretas uniformizadas tão sedutoras como monstruosas com as que Europa se dirigia à catástrofe. Ou ao emigrante na Argentina, já sem nenhuma vontade de continuar sendo Polaco e incapaz de se converter em Argentino, entre outras coisas, porque isso supunha também ser um Europeu que nunca conseguirá

Ensaios políticos – Educação e diminuição

ser Europeu. Ou ao escritor que nunca entra, por impossibilidade e por desprezo, nos cenáculos literários os quais se reúnem os Cultos e os Sofisticados de Buenos Aires. Ou ao incuravelmente cético perante todas as formas de crença coletiva que lutavam por impor a Ideia Superior (a Democracia, o Socialismo, o Nacionalismo). Ou ao eterno aspirante ao Amor fascinado pela promiscuidade homossexual dos bairros baixos. Ou ao imaturo permanente que nunca pode chegar a ser Adulto. Ou, ao final de sua vida, quando lhe havia chegado o êxito e a fama, ao homem doente e cansado incapaz de ser Artista, Intelectual e Escritor Reconhecido chamado Gombrowicz.

Atraído e ao mesmo tempo enojado e rechaçado pelo alto, preso pela ambígua fascinação do baixo, cultivador obsessivo de todas as formas do egoísmo e da extravagância, *outsider* irremediável, Gombrowicz experimentou, tanto em sua carne com em sua escritura, o esquema da superioridade--inferioridade e o jogo perverso da elevação-rebaixamento no sexual, no cultural, no social, no político, no moral, no pedagógico, no profissional, no intelectual, no pessoal. Porque não quis, ou não pode, ou não lhe deixaram ser *alguém*, Gombrowicz nunca aceitou nenhuma abstração identitária, nunca se identificou com nenhum *nós*, e se manteve no limbo do *pseudo*: pseudonobre, pseudoestudante, pseudopolonês, pseudoexilado, pseudoescritor, pseudointelectual, pseudointeligente, inclusive pseudovanguardista ou pseudoprovocador.

Incapaz de adscrever-se a nenhuma das Tribos Superiores, refratário a qualquer *dentro* e, portanto, habitando o território intermediário do *entre*, especialista na paródia e no camaleonismo, impossibilitado para ser nada e, por isso, capaz de fingir qualquer coisa, "favorável a todas as formas, inclusive às mais extravagantes, como essas figurinhas de massa plástica que permitem ser modeladas indefinidamente e com as que se pode fabricar o monstro mais espantoso"[27], Gombrowicz se fez incapaz de denunciar através da sátira, da parodia, da burla mais mordaz, a mentira dos que se valem de qualquer dessas formas pré-fabricadas para lisonjear sua vaidade, para ocultar sua estupidez, para proteger-se da vida e para jogar de maneira oportunista o jogo das posições e das hierarquias, o jogo da autoelevação por menosprezo, inferiorização e rebaixamento do outro, o jogo do farisaísmo em suma.

Por que *Ferdydurke?* Primeiro, porque *Ferdydurke* não é nem um romance nem um ensaio nem um manifesto (ainda que poderia ser uma parodia de todos esses gêneros), mas um panfleto, uma descarada bomba verbal, um manual de instruções para a guerra de guerrilha cultural. Além do mais, porque *Ferdydurke* pode ser lido como um romance de formação levado ao absurdo. Por último, porque, igual ao livro de Rancière-Jacotot, *Ferdydurke* aniquila qualquer forma de boa consciência, impossibilita qualquer alternativa medianamente sensata que possa vender-se nesse mercado do que se deveria fazer com os outros, nos que os melhoradores da humanidade compram e vendem suas mercadorias. Em *Ferdydurke* tudo está levado ao limite do ridículo: os ideais se tornam grotescos e sangrentos, os valores aparecem como irreais e estúpidos, as identidades mostram seu lado servil, sua rigidez e sua mumificação, as construções morais exibem sua falsidade e seu caráter destrutivo e autodestrutivo, as formas são elevadas ao extremo do grotesco. *Ferdydurke* é implacável contra todas as modalidades do dar-se importância, contra todas as formas de elevação. E implacável também contra todas as formas de diminuição que são seu correlato. Seu alvo são os altos, mas também os que consentem em seu próprio rebaixamento, talvez para rebaixar depois a outros.

---

[27] GOMBROWICZ, W. *Testamento. Conversaciones com Dominique de Roux.* Barcelona: Anagrama, 1991, p. 40.

Mas não se limita a ser um simples atentado à hipocrisia, aos convencionalismos ou às hierarquias. *Ferdydurke* é toda uma antropologia do absurdo humano e, ao mesmo tempo, toda uma teoria das poéticas e das políticas da falsificação: uma reflexão sobre as trampas da formação da subjetividade e sobre as perversões dos jogos da intersubjetividade. E uma reflexão tão acirrada que até se anula a si mesma como Reflexão, como Teoria, como Obra, como Literatura, como Arte, como Valor. *Ferdydurke* não quer ser nada porque só assim pode livrar-se de entrar como uma peça mais no sistema do qual revela os dispositivos.

Gombrowicz resume assim o tema do seu livro:

> Ferdydurke não só se ocupa do que poderíamos chamar a imaturidade natural do homem, mas ante tudo da imaturidade lograda por meios artificiais: quer dizer que um homem empurra a outro na imaturidade e que também – que estranho! – do mesmo modo atua a cultura [...] O supremo desejo de Ferdydurke é encontrar a forma para a imaturidade. Podemos em forma madura expressar a imaturidade alheia, mas com isso não logramos nada [...] ainda se nos puséssemos a analisar e a confessar nossa própria insuficiência, sempre o faríamos em forma madura.[28]

Ou, em outro lugar:

> sim a Forma nos deforma, então o postulado moral exige que tiremos as consequências pertinentes. Ser eu mesmo, defender-me contra a deformação, manter as distâncias, respeito aos meus sentimentos, aos meus pensamentos mais íntimos, na medida em que nem uns nem outros me expressam adequadamente. Essa é a primeira obrigação moral. É simples, não? Mas surge

---

[28] GOMBROWICZ, W. Prólogo para la primera edición castellana. In: *Ferdydurke. Op. cit.*, p. 17-18.

aqui a razão fatal: se sou sempre artificial, sempre definido pelos demais homens e pela cultura, assim como por minhas próprias necessidades formais, onde buscar meu "eu"? Quem sou realmente, e até que ponto sou? Essa questão me perturbava na época em que escrevia Ferdydurke. Não encontrei mais resposta que esta: ignoro qual é minha forma, o que sou, mas sofro quando se deforma. Assim pois, ao menos sei o que não sou. Meu "eu" não é senão a vontade de ser eu mesmo.[29]

Para Gombrowicz não existe a espontaneidade, nem a simplicidade, nem a autenticidade. E mais: percebe-as como formas sofisticadas e pretensiosas da falsificação e do farisaísmo. Suas burlas ao existencialismo são, nesse sentido, altamente mordazes:

> Talvez não me achasse longe de escolher a existência que eles denominam autêntica, ao contrário dessa vida fútil, imediata e temporal que chamam banal, pois a pressão do espírito de seriedade nos oprime com força de todas as partes. Hoje, neste severo tempo atual, não há pensamento nem arte que não nos grite com voz alterada: não te evadas, não brinques, assume a partida, responsabiliza-te, não sucumbas, não fujas! Bem, claro que também eu preferiria, apesar de tudo, não mentir-me sobre minha própria existência. Tentei então conhecer esta vida autêntica, ser absolutamente leal ante a existência. Mas não me foi possível. Não me foi possível pela razão de que tal autenticidade resultou mais fictícia que todas minhas brincadeirinhas, voltas e saltos juntos.[30]

O indivíduo só pode ser alguém no interior de alguma configuração formal. O homem é criador de formas e,

---

[29] GOMBROWICZ, W. *Testamento. Op. cit.*, p. 82.
[30] GOMBROWICZ, W. *Diario argentino*. Buenos Aires: Adriana Hidalgo, 2001, p. 201.

Ensaios políticos – Educação e diminuição

ao mesmo tempo, é criado por elas. Qualquer formação é deformação. Somos deformados pela forma, deformamos aos outros e somos deformados por eles. E esses processos de formação e deformação mútua funcionam muitas vezes em uma ordem vertical. O homem não pode elevar-se nem tratar de elevar aos outros se não é rebaixando. Ferdydurke contém vários desses jogos de falsificação e de rebaixamento. A cena em que Pimko, o Maestro, exibe sua maestria magistral para infantilizar com ela o narrador e convertê-lo em aluno. A cena em que Pimko exibe sua fé pedagógica na pureza e na inocência da juventude para, ajudado pelas mães que observam através dos buracos da cerca, inocentar os garotos que jogam no pátio da escola. A cena da luta entre o adolescente que pretende adolescentizar os garotos e o garoto que quer garotizar os adolescentes e que culmina em um delirante duelo de caretas. A descrição da forma vazia do corpo pedagógico que, justamente para ser pedagógico, tem de carecer de qualquer conteúdo. O relato da aula de literatura na qual o magro professor luta desesperadamente contra a "nãopoderdade" da maioria dos alunos que não podem se comover como deveriam se comover pelos elevados e comovedores sentimentos dos grandes poetas nacionais. O desfile dos diferentes ideais de juventude que disputam a formação dos jovens. A aula de latim na qual, pese a todas as evidências contra, o professor confiado confia nas virtudes formativas da matéria que ensina e, perante a "nãopoderdade" que se apodera da aula, mantém sua confiança nos poderes enriquecedores e aperfeiçoadores das conjugações latinas. O encontro do narrador com a colegial e seu ar colegial, com a jovem "Joventuda" perfeitamente moderna em seu perfeito e juvenil modernismo, e suas tentativas desesperadas para escapar dos efeitos juvenilizadores e modernizadores que lhe causa. Etc..

E, no meio desse paroxismo de interformações e interdeformações, de superioridades que produzem inferioridades e se nutrem delas (e ao contrário), de elevações e rebaixamentos no meio de todas essas abstrações, de toda essa irrealidade, de toda essa mobilização demoníaca de falsificações, a única possibilidade é a da distância da forma. Uma distância que só será tal, e não outra versão do farisaísmo, se se toma em nome da vida, em nome do ambíguo, do inacabado, do indefinido, do misterioso, do promíscuo e do vago da vida:

> liberem-se da forma. Deixem de se identificar com o que os define. Tratem de fugir de toda expressão sua. Desconfiem de suas opiniões. Tenham cuidado com suas fés e defendam-se de seus sentimentos [...] Em breve nos daremos conta de que já não é o mais importante morrer pelas ideias, estilos, teses, lemas e credos, nem tampouco aferrar-se e consolidar-se neles, mas isto: retroceder um passo e distanciar-nos frente a tudo o que se produz sem cessar em nós [...] Em breve começaremos a temer a nossas pessoas e personalidades porque saberemos que essas pessoas não são de todo nossas, e, em vez de vociferar e rugir: Eu acredito isso, eu sinto isso, eu sou assim, eu defendo isso, diremos com mais humildade: através de mim se crê, se sente, se diz, se faz, se pensa, se obra... O trovador repudiará seu canto. O chefe tremerá ante sua ordem. O sacerdote temerá o altar, a mãe ensinará a seu filho não só princípios, mas também como defender-se contra eles para que não lhe causem dano. E, acima de tudo, o humano se encontrará algum dia com o humano.[31]

Para que o humano encontre o humano, há que se buscar a própria liberdade e o encontro com os outros no jogo das formas, mas se mantendo a distância. Há que se cultivar a incredulidade e o ceticismo com os demais e consigo mesmo, provocar e assumir as contradições (sobretudo as próprias), ocupar ironicamente as formas para destruí-las de dentro (e

---

[31] GOMBROWICZ, W. *Ferdydurke. Op. cit.*, p. 62.

Ensaios políticos – Educação e diminuição

autodestruir-se com elas), mover-se permanentemente de uma forma a outra, aprender a expressar nossa ignorância, nossa imaturidade, nossa estupidez, nossa baixeza, evitar todo contraste vertical se não é para mobilizar o baixo contra o alto, negar-se a ser rebaixados... talvez assim, algum dia, os intelectuais poderão sair de sua intelectualidade, os maestros de sua maestridade, os alunos de sua alunidade, os cultos de sua cultidade, os políticos de sua politicidade, os artistas de sua artisticidade, os bons de sua bondade, os maus de sua mal-dade, os superiores de sua superioridade, os inferiores de sua inferioridade, os indivíduos de sua individualidade, as pessoas de sua pessoalidade... só assim se abrirá um caminho para a realidade, para a vida.

No final, Ferdydurke, o herói se sente cansado e es-tranho, mas ainda é capaz de beijar e de deixar-se beijar, e de sentir a força vivificante do humano que se encontra com o humano:

> e me acercou sua cara. E me faltaram as forças, no sono submergiu a vigília e não podia; tive que beijar sua cara com minha cara, pois ela com sua cara beijou minha cara. E agora, venham, caras! Não, não me despeço de vocês estranhas e desconhecidas carrancas de estranhos, desconhecidos petulantes que me vão ler; saúde, saúde, graciosos ramalhetes de partes, jus-tamente agora que começa! Cheguem e se acerquem a mim, comecem a sua compressão, façam-me uma nova cara para que de novo tenha que fugir de vocês em outros homens, e correr, correr, correr através de toda a humanidade. Pois não há fuga ante a cara senão em outra cara, e ante o homem somente podemos nos refugiar em outro homem. E, ante a bundinha, já não há nenhuma fuga. Persigam-me se querem! Fujo com minha cara nas mãos.[32]

---

[32] GOMBROWICZ, W. *Ferdydurke. Op. cit.*, p. 313.

Final

Como diz Rancière no Prefácio à edição espanhola de sua obra, é difícil fazer escolas, programas e reformas depois de se ter tomado a sério a excentricidade do maestro ignorante. Mas ninguém disse que os livros tenham de servir para que as coisas sejam fáceis. O desafio está, naturalmente, em fazer escolas, programas e reformas tendo aprendido essa lição que nem se explica nem se pode explicar, a da igualdade das inteligências. Uma lição que nunca aprenderão nem os padres, nem os políticos, nem os policiais, nem essa mescla de padres, políticos e policiais que tanto abundam entre os pedagogos. Tendo tomado a sério a excentricidade de Gombrowicz, é difícil seguir dando importância ou seguir tomando a si mesmo a sério, utilizando para isso qualquer valor, qualquer ideal, qualquer superioridade intelectual ou moral, qualquer máscara de fariseu. Mas ninguém disse que os livros sirvam para que os importantes possam dar-se importância. No entanto, talvez se possa trabalhar apaixonadamente na contingência, na relatividade e na finitude, na estupidez e na baixeza, contemplando a realidade de dentro e não de cima, encontrando o humano não em abstrações retóricas e vazias, mas no humano e desde o humano, na arte da conversação.

Para o combate contra o farisaísmo, proponhamos, pois, uma aliança entre o clube dos jacototianos e o clube dos ferdydurkistas. Por uma instrução que não abobe: todas as inteligências são iguais. Por uma língua que não intimide: a arte da conversação. Por uma formação que não rebaixe: quanto mais inteligente, mais estúpido[33]; quanto mais alto, mais baixo; quanto maior, mais anão. Enfim, não somos ninguém (nem queremos ser), mas gostamos de nos encontrar, conversar, fazer coisas juntos e, às vezes, meter-nos em confusões.

---

[33] Esse é o título de um fragmento do Diario de Gombrowicz que foi publicado à parte e que funcionou como um manifesto da sublevação cultural. Pode-se encontrar em *Gombrowicz-Dubuffet. Correspondencia*. Barcelona: Anagrama, 1971.

CONVERSAÇÕES

Da pluralidade,
do acontecimento e da liberdade

Magaldy Téllez. *Uma característica do teu trabalho (refiro-me, sobretudo, à Pedagogia Profana) é a pluralidade de textos e autores (Goethe, Nietzsche, Rousseau, Handke, Lezama, Rilke, Arendt...) e a diversidade de assuntos dos que te encarregas (a formação, a autoconsciência e a autodeterminação, a leitura, seu controle pedagógico, sua relação com a formação e a transformação do que somos, seu exercício como forma de liberdade, a educação como relação com o porvir). E creio que se pode apreciar que a linguagem é um dos fios que atravessa e articula dita pluralidade e dita diversidade.*

Existe um convite claro por renovar a linguagem na qual se fala de educação. Digamos que tentei ampliar tanto a biblioteca pedagógica convencional, como os temas pedagógicos convencionais. E isso, fundamentalmente, por recorrer à literatura e pela recuperação de textos e autores de antes de que o vocabulário pedagógico fosse colonizado pelas Ciências Sociais, especialmente a Psicologia. E, naturalmente, procurando sempre não criar outro jargão especializado. E tratando de evitar colaborar nessa edificação moralista e insignificante que Hegel já denunciou como "miséria da filosofia". Parece-me que pensar de outro modo é escrever de outro modo, e que escrever de outro modo requer ler de outro modo (e sobretudo ler outras coisas).

Como tu bem sabes, movo-me em um terreno fronteiriço entre a Filosofia, a Literatura e a Pedagogia. E não deixa de ser curioso como se escutam minhas coisas em relação a essa lógica acadêmica tão estranha do dentro e do fora: quando falo em contextos "não pedagógicos", meu discurso costuma ser compreendido como claramente pedagógico, obcecado pelas questões do ensino e da aprendizagem, pelas questões da transmissão e da renovação, da formação, em suma; mas quando falo para "pedagogos", a maioria dos meus colegas têm a impressão de que abandonei o campo. Costumam dizer que são discursos "sugestivos", "provocadores", mas não sabem muito bem o que fazer com eles. Se além do mais, sais pela escritura mesma, da lógica epistemológica, da lógica da verdade positiva, e o único que pretendes é produzir efeitos de sentido (como diria meu amigo Miguel Morey, não apelar tanto em dizer "a verdade do que são as coisas", mas problematizar "o sentido do que nos passa"), os problemas de escuta se agudizam. E como vosso convidado, creio, porém, que tenho a obrigação de dizer, encontrei em alguns grupos acadêmicos, sobretudo latino-americanos, uma cumplicidade muito estimulante e uma enorme generosidade. Especialmente em grupos pouco contaminados pela lógica perversa das especializações acadêmicas e pouco interessados pela lógica econômica dos temas de moda, dos que têm alta cotização no mercado, cada vez estou mais convencido de que se trata de uma questão de "sintonia", como de "simpatia no tom".

Deixa-me desenvolver isso um pouco valendo-me de Aristóteles e de María Zambrano. Primeiro essa célebre passagem de Aristóteles, em *Sobre a Interpretação*, na qual diferencia a *phoné* animal do logos humano, essa passagem que diz que "o que está na voz constitui o símbolo dos pathemas ou dos padecimentos da alma, e o que está escrito constitui o símbolo do que está na voz". Nessa passagem,

Conversações – Da pluralidade, do acontecimento e da liberdade

o que constitui o passo da voz (animal) à linguagem (humana) ou, se se quer, da natureza à cultura, é precisamente a existência das letras, dos *grammata*, que articulam a voz e convertem o *logos* humano em uma linguagem articulada. Por isso os gramáticos antigos opunham a voz inarticulada dos animais à voz humana articulada, quer dizer, a que se pode escrever porque está constituída em letras. Mas há elementos da voz, precisamente os que não se podem articular, como o gemido, o sussurro, o balbucio, o soluço, talvez o riso, que não se podem escrever, que necessariamente se perdem na língua escrita, assim como se perdem também os elementos estritamente musicais como o ritmo, o sotaque, a melodia ou o tom.

Agora leiamos essa sentença de María Zambrano que diz que "pensar é antes de tudo – como raiz, como ato – decifrar o que se sente" à luz dessa distinção aristotélica segundo a qual o que está na voz é justamente o que se sente, o que se padece, os padecimentos da alma, e o que está na escritura é o articulado da voz. Uma palavra que contenha só o articulado da linguagem, só o meramente inteligível, seria uma palavra sem voz, uma palavra afônica e apática. E seria também uma palavra sem tom, atonal ou monótona, entoada no tom dogmático próprio desse pensamento que evita o padecer para se limitar a explicar ou a compreender. María Zambrano nos estaria recordando então que um pensar passional, um pensar que seja "decifrar o que se sente", pôr em letra e em cifra os padecimentos da alma, exige uma palavra fônica ou, melhor, uma palavra tonal ou politonal, uma palavra, sem dúvida, que conserve sua dimensão musical-passional, sua "dia-pasión": diapasão, uma palavra que não pode ser tomada só ao pé da letra.

Poderíamos dizer então que renovar a linguagem não é só mudar o vocabulário ou a sintaxe, mas também mudar o tom, e o que faz com que simpatizemos com determinados tipos de escritura e não com outros, independentemente de seu "conteúdo", ou de que estejamos ou não de acordo com sua tese, o que faz com que sejamos surdos ou não a determinados tipos de escritura, é justamente uma questão de tom, ou de paixão. Cada vez me interessa mais a diferença de tons, o *Wechsel der Töne* dos escritos poetológicos de Hölderlin, isso que constitui a "preocupação principal" de Derrida segundo escreve em *La carte postale*. E se somos capazes de "sintonizar" é porque somos sensíveis a outros componentes da língua mais além do significado, da comunicação ou da representação.

Magaldy Téllez. *Mas me parece, além do mais, que existe no teu trabalho uma espécie de inquietude por aquilo que na linguagem emerge como enigma, por aquilo que dá o que pensar uma vez produzida a fratura da certeza ilusória sobre uma única linguagem capaz de aglutinar a pluralidade da vida e das perspectivas que implicam os atos de nomear e construir isso que chamamos realidade. Uma vez questionada a verdade sobre a significação e a comunicação; uma vez que sobre a linguagem se exerceu a suspeita de que esta não é remissível à representação, não é unívoca em seus efeitos de sentido nem responde à intenção de quem o diz, que valor tem para ti a questão da linguagem como base de outro modo de se aproximar do espaço cultural e educativo, das práticas, experiências e mecanismos que se desdobram em dito espaço?*

Se entendo bem, aqui se trata do modo como tratei de problematizar a relação entre educação e linguagem ou, talvez, a relação entre educação e literatura, se entendemos por "literatura" não a novela ou a poesia ou o teatro, mas simplesmente a vida da linguagem, quer dizer, o acontecimento da linguagem, aquilo que na linguagem está mais além do seu uso instrumental, automático, previsível, mais além do

Conversações – Da pluralidade, do acontecimento e da liberdade

nosso saber, do nosso poder e da nossa vontade. Parece-me que a grande limitação da tematização pedagógica dominante da linguagem é sua consideração como um suporte (de significado), como um instrumento (de expressão, de comunicação) ou como um veículo (de informação). Digamos, para utilizar tuas próprias palavras, que se segue pensando a língua desde a ótica da significação (homogênea), da comunicação (transparente), da representação (verdadeira), da intencionalidade (manifesta) e, sobretudo, de um modo objetivante, da perspectiva das ciências da linguagem. É possível que o que tentei fazer se possa resumir em dois gestos complementares. O primeiro é tratar de problematizar a linguagem de uma perspectiva não objetivante e não instrumental, não desde o saber e desde o poder, mas desde a experiência. E o segundo é tratar de pôr o acento no que a experiência da língua tem de incontrolável. Só com esses dois gestos, que haveria que seguir radicalizando, a imagem do que tu chamas "espaço cultural e educativo" como um espaço constituído de linguagem e na linguagem se modifica completamente.

Rigoberto Lanz. *Tratarei de entrar em "sintonia" com as perguntas anteriores, mas mudando a perspectiva. Como é sabido o tema do poder foi "abandonado" pelo pensamento crítico na medida em que esse "pensamento crítico" abandonou por sua vez toda chance de questionamento radical da sociedade pós-capitalista. Dir-se-ia que existe uma secreta correlação entre a renúncia a uma crítica radical e a evaporação da questão do poder. Tu insistes em tematizar as relações de poder no interior das formações discursivas, no campo da linguagem, na comunicação mediada pela escritura. Isso significa que o assunto do poder pode ser trabalhado (pensado, nomeado) sem recair em uma redução puramente empírica política?*

Se tematizei as relações de poder na linguagem foi, naturalmente, com uma intenção de denúncia, de desmascaramento. Mas também porque é a única coisa que se pode tematizar. Não estou seguro de que se abandonou o tema do poder. O que sim se abandonou foi o tema da liberdade, ao menos essa ideia moderna de liberdade que a entende como autonomia da vontade, como a propriedade de um sujeito capaz de autoconsciência e autodeterminação, não submetido a nenhuma imposição exterior, dono de si..., essa ideia de liberdade como algo que se tem ou ao que se aspira. A modernidade inventou a "liberdade" (esse conceito de liberdade que a relaciona com a razão, com o homem e com a história, e que produz todos esses motivos da "aventura humana" como "realização histórica da ideia de liberdade", como "conquista racional da liberdade", como "luta pela liberdade", como "reflexão crítica permanente da liberdade sobre si mesma") e ao mesmo tempo inventou as disciplinas, pôs em marcha as técnicas de dominação e de controle que ainda constituem nosso mundo. A modernidade logrou uma fórmula comum entre liberdade e opressão com a ideia de sujeito, com essa ideia que é a condição de possibilidade para todas essas "soberanias imaginárias" das que falava Marx, e abriu caminho para que a ideologia liberal remetesse a liberdade ao cultivo da individualidade e da persecução dos interesses individuais. Creio que o pensamento crítico contemporâneo, ao menos o que me interessa, desembaraçou-se, afortunadamente, dessa ideia de liberdade.

Já não sabemos o que é a liberdade, e só podemos compreendê-la na resistência e na transgressão, na resistência ao poder e na transgressão dos limites que se nos impõem, quer dizer, também do poder. Quero dizer que o que tem existência positiva e, portanto, pode ser submetido à análise e à crítica, o que sim pode ser tematizado, é o aplastamento, a manipulação ou a limitação da liberdade. Mas a liberdade mesma (ou uma vontade de viver que ainda seguimos no-

Conversações – Da pluralidade, do acontecimento e da liberdade

meando com a palavra liberdade) só podemos compreender, sem nunca apropriar-nos dela, na experiência da resistência e na experiência da transgressão, quer dizer, sempre que se produz em nós uma relação com o poder que não é de submissão. O poder sim tem existência empírica, ainda que sua tematização não possa ser feita de forma exclusivamente empirista. O que ocorre, e talvez por aí se possa dar o efeito de que se evaporou a questão do poder, é que se desubstantivamos e desubjetivamos a liberdade, o poder também nos desubstantivou e nos desubjetivou. O poder, como a liberdade, já não existe como substância, mas como relação, e como uma relação que não é apenas relação entre sujeitos, entre indivíduos pessoais que tratam de impor suas respectivas vontades. Além do mais, também tiramos a liberdade, a experiência da liberdade, de um espaço exclusivamente político. Digamos que nossas resistências e nossas transgressões não nos comprometem só como cidadãos e nem sempre se transformam em assuntos políticos, ou jurídicos. Por isso tampouco o poder pode ser reduzido ao político.

Permita-me retomar o assunto com respeito ao modo como tematizei as relações de poder nas práticas de escritura e de leitura. O que analisei foram os dispositivos de controle da leitura. Com isso se trata de mostrar o funcionamento de todos esses mecanismos que fixam o significado e nos dão o texto já lido de antemão. E também de todos esses mecanismos que fazem que o leitor encontre no texto só a projeção do que já sabe (ler) ou do que já quer (ler). Mas, obviamente, nunca tentei determinar o que seria uma leitura livre. A liberdade na leitura só está na resistência a esses mecanismos de controle e na possibilidade sempre aberta de transgredi-los. A liberdade, no leitor, não existe como algo que se tem ou como algo a que se aspira, como a propriedade de um sujeito leitor supostamente livre. Mas algo, que talvez possamos chamar liberdade, insiste uma e outra vez na leitura e a leva às vezes a um resultado imprevisível. Creio que um trabalho desse tipo tem a ver com o que poderíamos chamar "políticas da leitura" ou "políticas da interpretação" (em um sentido parecido à "expressão política da verdade") ainda que naturalmente haveria que precisar o que significa aqui "política". De todos os modos, não creio que os mecanismos de produção e de controle do sentido que se dão, por exemplo, no discurso mediático explicitamente político sejam essencialmente distintos dos que se dão no discurso acadêmico ou, em geral, nos aparatos culturais. Creio que chamar político a uma análise das relações de poder e resistência que se dão em torno a uma textualidade eleitoral e não chamar política a uma análise das mesmas relações em torno a uma textualidade literária é uma arbitrariedade.

Magaldy Téllez. *Às voltas com o poder e a liberdade, a resistência e a transgressão, também na comunicação mediada. A propósito da leitura e das políticas da leitura... um dos aspectos que acentua a crítica derridiana é a pluralidade e a disseminação em temas e significados do texto. Daí sua condição de ilegibilidade, a que faz o texto algo incalculável, imprevisível e incomunicável, a que transtoca qualquer pretensão de sua escritura e de sua leitura legitimada na identidade de um sentido, em um querer dizer imutável e definitivo. Um dos teus campos fundamentais de reflexão é precisamente o da leitura e sua relação com a formação. A esse respeito propuseste a ideia de que toda leitura é formação e de que toda formação é leitura. Se poderia sustentar que dita condição articula o que rompe com o que normalmente se entende e efetua como leitura, a leitura normal, normalizada, a leitura como dispositivo de poder-saber normalizado, o que abre a leitura à possibilidade ilimitada e incontrolável de seu exercício como experiência de liberdade?*

Conversações – Da pluralidade, do acontecimento e da liberdade

Na tua pergunta está a crítica derridiana à identidade do sentido, a questão da leitura como formação, a questão da experiência da leitura como experiência de liberdade e, como pano de fundo, tudo isso da leitura como dispositivo normalizador. Pondo tudo isso junto apontaste, parece-me, o problema principal que agora vejo no meu livro *La experiencia de la lectura*. Vejamos se sou capaz de explicar-me com certa clareza, ainda que tenha que me estender talvez excessivamente.

Como se sabe, a hermenêutica contemporânea, sobretudo gadameriana, afirma o primado da compreensão. Dessa perspectiva, ler os textos da tradição é incluir-lhes no presente da nossa conversação, fazer com que dialoguem conosco, fazer que comuniquem, pô-los em comum conosco e pôr-nos em comum com eles, convertê-los em textos disponíveis, legíveis, compreensíveis. E isso sem desatender tanto as resistências à compreensão como a pluralidade e o conflito das interpretações que derivam do caráter polissêmico da língua e da diversidade de contextos. O convite da des-construção é romper o princípio hermenêutico da compreensão e radicalizar o sentido criativo e dionisíaco da leitura: disseminação contra polissemia, por dizê-lo de uma forma demasiado tachante. Ou, de outro modo, a pluralidade errante, proliferante e diabólica da disseminação contra a pluralidade controlada e ainda dialógica da polissemia, ainda claramente do lado do sentido. Nessa "sintonia" está também o "não interpreta, experimenta" de Deleuze ou o "o que necessitamos é uma erótica e não uma hermenêutica da interpretação" de Sontag: fazer passar a experimentação e o desejo pela relação com o texto, não só a compreensão ou o sentido.

Pois bem, um dos leitores de meu livro disse que o que mais lhe havia interessado era o gesto de pensar a lei-

COLEÇÃO "EDUCAÇÃO: EXPERIÊNCIA E SENTIDO"

tura como experiência e não como compreensão, como se o modo como aí se elabora a questão da experiência (da leitura) tivesse me permitido sair da problemática clássica da compreensão. Um problema, por outro lado, ainda facilmente pedagogizável posto que, em contextos pedagógicos, saber ler (bem) é ser capaz de compreender. Mas não estou seguro de que minha problematização da experiência da leitura esteja claramente fora do primado hermenêutico da compreensão. Do que sim se separa claramente, parece-me, é da compreensão meramente apropriadora, dessa concepção instrumental da leitura na qual ler é enriquecer o que sabemos ou o que somos sem pô-lo nunca em questão. Ou seja, essa concepção da leitura que rompe com a leitura normalizadora dos aparatos pedagógicos talvez não esteja muito mais além de um pluralismo do sentido ou de um dialogismo polissêmico de tipo mais ou menos liberal. O qual não é pouco se temos em conta que ainda se segue lendo, ensinando a ler e controlando a leitura como se o sentido fosse único e homogêneo. Mas talvez não seja suficiente.

E o mesmo ocorre com a questão da leitura como formação. Por um lado, creio que recuperar criticamente o conceito de formação aplicado à leitura pode ser interessante e provocativo porque situa a leitura fora do modelo cognitivo dominante que a entende como processamento de informação, como apropriação e elaboração exclusivamente mental de um conteúdo. Mas, por outro lado, também é verdade que a ideia de formação tem as mesmas bases filosóficas, estéticas, literárias e culturais que a ideia hermenêutica de compreensão: toda a tradição que vai do neo-humanismo, do idealismo, do historicismo, e do romantismo alemão de finais do século XVIII até a cultua da crise na república de Weimar. E é muito difícil liberá-lo dessas bases. O que eu tentei foi pensar a leitura não tanto baseando-me no mo-

Conversações – Da pluralidade, do acontecimento e da liberdade

delo da formação, da *Bildung,* mas com base em sua crise, em sua explosão. De fato, anunciei a questão da formação reescrevendo o subtítulo de *Ecce Homo* de Nietzsche: *Wie man wird, was man ist,* como se chega a ser o que se é. E utilizei o enunciado assinado por Nietzsche justamente para lê-lo em sentido nietzschiano, quer dizer, com base em uma ideia do devir que não flui no ser mas que permanece como devir, e baseando-me em uma ideia do ser que não se opõe à aparência mas que é ele mesmo uma aparência, uma interpretação, uma ficção: a formação entendida como um processo interminável e como um jogo de máscaras. Nada a ver com a constituição final de uma identidade substancial mais ou menos determinada. Nada a ver tampouco com o cultivo da sensibilidade e da formação do caráter. Mas talvez tampouco seja suficiente.

Ocorre-me que talvez todas essas vacilações tenham a ver com o que dizia antes do dentro e do fora da Pedagogia. É como se pensar a experiência da leitura em um contexto pedagógico exigisse manter-se dentro da compreensão, dentro do sentido, ainda que seja em sua crise, e dentro da formação, dentro do sujeito, ainda que seja na sua explosão. Daí talvez a oscilação ou a ambiguidade de minha elaboração da noção de experiência. Como se houvesse tratado de sugerir uma libertação do sentido, mas mantendo-o como sentido, e uma libertação da formação, mas mantendo-a como formação.

Magaldy Téllez. *Há em teus escritos outra chave interpretativa cujas ressonâncias se apreciam de maneira especial nos ensaios da terceira parte de Pedagogia Profana. Se trata da ideia de acontecimento, com a qual buscas romper com a marca indelével do conceito de educação "como fabricação do futuro através da fabricação dos indivíduos que o encarnam". Esse conceito an-*

corado no "sonho totalitário", do qual se pode dizer que definiu o projeto educativo da modernidade e que continua presente, sob novas roupagens, como regra do discurso pedagógico dominante. Com a palavra acontecimento tratas de criar um efeito de sentido para "uma forma outra de pensar e escrever em Pedagogia", para reinventar a ideia de formação, para a invenção de outro tipo de práticas e experiências educativas a partir das quais propiciar a criação de outras formas de relação dos indivíduos com o mundo, com os outros e consigo mesmos?

Tens razão em que *Pedagogia Profana* dá mais jogo ao acontecimento que *La experiencia de la lectura*. E tenho a impressão de que meu próprio pensamento vai cada vez mais por esse lado. E acho que essa figura pode ajudar a pensar uma pluralidade que não se reduza a uma síntese do heterogêneo e uma descontinuidade que não se limite à conservação na renovação. O acontecimento faz a diferença incompreensível e a ruptura inapropriável. E já não permite pensar a educação como diálogo entre diversidades nem como mediação entre o passado e o futuro.

Rigoberto Lanz. *Parece inevitável avançar alguma ideia sobre o espaço institucional onde habitamos (como professores, como pensadores, como indivíduos). A crise costuma ser a chave comum de todos os diagnósticos sobre a realidade universitária. Vivemos uma experiência paradoxal de agonias e nascimentos; de espaços inertes e bolhas de excelência. Como visualizas a perspectiva de um mundo acadêmico revitalizado, de uma universidade que reviva seu potencial criador?*

Parafraseando a Freud, podemos formular a seguinte alternativa: como universitários, estamos aprisionados no "porvir de uma ilusão" ou seremos capazes de gerar a ilusão de um porvir? Em *Crepúsculo dos Ídolos* há um aforismo que diz:

> – Qual é a tarefa de todo sistema escolar superior?
> – Fazer do homem uma máquina. – Qual é o meio
> para isso? – O homem tem que aprender a aborrecer-
> se. – Como se consegue isso? – Com o conceito de
> dever. – Quem é seu modelo nisto? – O filólogo, que
> ensina a ser aplicado. – Quem é o homem perfeito? –
> O funcionário estatal. – Qual é a filosofia que ensina
> a forma suprema do funcionário estatal? – A de Kant:
> o funcionário estatal como coisa em si, erigido em juiz
> do funcionário estatal como fenômeno.

A Universidade a serviço do Estado. O funcionário como modelo da humanidade. agora se fala muito de autonomia universitária, mas nunca como agora a Universidade se orientou tanto em direção aos interesses do Estado e do Capital, ainda que a isso lhe chame "demanda social", "utilidade pública" e coisas parecidas. Quase todo o mundo trabalha para o governo ou para a empresa. E naturalmente se está convertendo basicamente em um aparato de capacitação profissional. Creio que o que tu chamas "possibilidades", "nascimentos" ou "ilhas de excelência" são, e acho que seguirão sendo, exceções. Exceções até das políticas oficiais de excelência ou de revitalização. Às vezes tenho a impressão de que, como universitários, ainda seguimos idealizando a Universidade, como se a Universidade tivesse que ser distinta de outros espaços institucionais. Mas o que sim é verdade é que a Universidade cresceu exponencialmente nas últimas décadas e se converteu em um gigantesco aparato de massas. Por outro lado, multiplicaram-se as redes de intercâmbio, de comunicação. As pessoas viajam muito, os livros circulam com rapidez, constituem-se grupos de trabalho com pessoas de diferentes países, de diferentes áreas de trabalho. Eu acho que tudo isso fez a Universidade demasiado grande, demasiado fluida e demasiado plural para ser controlada eficazmente. E aí está a esperança.

Magaldy Téllez. *Agregaria o seguinte: reviver o potencial criador da Universidade, implicaria a criação de condições como aquela na qual, como escreveste, "a palavra produz palavra e o pensamento, pensamento?" Dito de outro modo, fazer lugar ao pensamento e à palavra como acontecimentos que se abrem ao pensamento e à palavra do outro, como exercícios que enlaçam ética e estética na relação com o outro e o outro?*

Claro. O tema está em que a Universidade é um espaço onde se produzem e se fazem circular palavras e ideias. Palavras e ideias de todo o tipo: como dogmas que têm de ser acreditados, como mercadorias que têm de ser compradas ou consumidas, como pacotes de informação que têm que ser assimilados. Mas, em qualquer caso, nosso ofício é um ofício de palavras e de pensamento. E a palavra e o pensamento são algo que não se pode controlar nunca completamente. As palavras produzem palavras e as ideias produzem ideias. E as palavras ou as ideias que se produzem nunca podem ser completamente previstas, prescritas, fabricadas. A língua não funciona apenas como um automatismo. Bernstien dizia que "o discurso não pode controlar o discurso". E se poderia dizer também que o pensamento não pode controlar o pensamento. Por isso, ambos, linguagem e pensamento, são lugares em que se exercem potentíssimas estratégias de dominação e controle, de reprodução do mesmo, mas também são lugares de acontecimento, de diferença, de descontinuidade, de novidade, de criação. Portanto, sempre pode ocorrer que se diga o que não está dito ou que se pense o que não está pensado. Mas o acontecimento, por definição, não se pode fabricar. Portanto, não podem existir políticas de produção de acontecimentos e só se podem favorecer suas condições. A esperança para o que tu chamas "o potencial criador da universidade" está precisamente em que ocorra o que não depende de nosso saber, nem de nosso poder, nem de nossa vontade. Mas isso sobre o que não podermos ter nenhuma expectativa ocorre, e por isso existe história.

Rigoberto Lanz. *O trabalho intelectual é ao mesmo tempo uma empresa radicalmente solitária e necessariamente coletiva. Como resolves essa tensão? Que papel joga no teu trabalho de investigação o diálogo intelectual?*

Antes de responder a tua pergunta, quero dizer que não estou seguro de fazer investigação. É mais, às vezes tenho ironizado sobre a desaparição da palavra estudo no âmbito acadêmico e sua substituição pela palavra investigação. Hoje ninguém estuda, todo o mundo investiga. Na Espanha, nem as crianças pequenas estudam, senão que também investigam, quer dizer, buscam e copiam informação das enciclopédias ou das bases de dados ou das páginas da internet. A investigação, pelo menos nos âmbitos, digamos, teóricos, das Ciências Humanas e Sociais, não é outra coisa que mover informação, recortar e colar, ler apressadamente o que nos serve para o que estamos escrevendo, e escrever a toda velocidade. E muitas vezes os assim chamados fóruns de diálogo (refiro-me a congressos, seminários, etc.) não são outra coisa que lugares nos quais nos interamos do tipo de informação que se está movendo nesse momento, as fontes que manejam nossos colegas, os temas e os autores da moda, tudo o que se tem de fazer, como se tem lido. Onde está a humildade do estudo, a lentidão do estudo, o silêncio do estudo? E não é que eu me considere um estudioso, que tampouco o sou, não ao menos no sentido da erudição sistemática e especializada com a que se configura a ideia de professor universitário na Alemanha de princípios do XIX.

Além do mais, e voltando a tua pergunta, tampouco estou seguro de que o que eu faço seja trabalho. Não te parece um pouco suspeito que a atividade intelectual, digamos o pensamento, para usar uma palavra talvez demasiado retumbante, se nomeie com toda naturalidade com a categoria do trabalho? Na Espanha, os estudantes fazem constantemente "trabalhos". E é um fato que, no campo intelectual, se estão introduzindo formas de divisão do trabalho, formas de produção e de marketing que não são essencialmente distintas das que dominam em outros âmbitos de produção e venda de mercadorias.

Não digo tampouco que o que eu faço seja "pensar", que seria uma barbaridade, não só uma imodéstia, mas uma barbaridade, uma estupidez, porque sabemos bem demais que não se pensa quando se quer, mas quando acontece. Eu preferiria dizer que o que eu faço é ler e escrever, escrever lendo e ler escrevendo. Steiner diz que um intelectual é um sujeito que lê com um lápis na mão. E poderíamos dizer, inversamente, que um intelectual é também um sujeito que escreve em uma mesa cheia de livros. E é desse ponto de vista, do ponto de vista do leitor que escreve, ou do escritor que lê, ou do professor que escuta, ou do ouvinte que fala, como eu gostaria de propor a resposta a tua pergunta.

Porque me parece que nessa atividade dupla de ler-escrever ou de escrever-ler se dá uma articulação muito especial da solidão e da comunicação. A solidão da leitura-escritura é uma solidão específica, uma solidão que é comunicação: retirar-se a ler-escrever é estabelecer uma separação que une, uma distância que aproxima. O leitor-escritor se separa da realidade e dos outros para recuperá-los de outra maneira. O que o leitor-escritor necessita é mudar seu modo de relação com aquilo que lhe dá o que pensar, com os demais e consigo mesmo. E ademais de uma solidão que é comunicação (ainda que uma comunicação especial), e de uma distância que é proximidade (ainda que uma proximidade característica), a leitura-escritura dá também o silêncio que interrompe essa fala vazia e ruidosa, presa das circunstâncias e das urgências da vida. A solidão da leitura-escritura deriva, parece-me, da necessidade de calar esse rumor insubstancial e sempre excessivo no qual estamos continuamente submergidos. Necessitamos retirar-nos a ler-escrever porque falamos demais sem dizer nada, porque escutamos demais sem ouvir nada, porque necessitamos outro tipo de comunicação. Ler-escrever é antes de nada um impor silêncio à fala da comunicação mais banal, a que responde, em suma, às necessidades mais imediatas. Na fala as palavras sempre circulam depressa demais, e por isso nos traem; sentimos que as palavras que ouvimos nos invadem, atacam-nos, fazem-nos trampas; e sentimos também que as palavras que dizemos nos escapam, que as perdemos no momento mesmo de dizê-las. E necessitamos então escapar de algum modo à velocidade do momento e à pressão das circunstâncias. O ler-escrever nos dá então o silêncio de que necessitamos para dar-nos tempo, para deter o tempo, ao menos esse tempo crônico, veloz, pelo qual nos sentimos arrastados. E nos dá também o silêncio que nos é preciso para escapar das circunstâncias, para fugir desse modo de estar no mundo sempre pragmático e interessado, sempre demasiado concreto, demasiado próximo, demasiado circunstancial em suma, pelo que nos sentimos aprisionados.

Rigoberto Lanz. *Se tivesses que fazer alguma profecia sobre esse "mundo cachorro": qual seria tua nota (como gostam de dizer os amigos mexicanos)? És um otimista ou um pessimista? Olhando o mundo da Europa ou da Hispano-América, quais seriam tuas apostas com relação ao curso da sociedade pós-capitalista?*

Magaldy Téllez. *Como podes ver, ao Rigoberto não lhe abandonou o desejo de profecias (risos). Eu ficaria apenas com isso das apostas, sem defini-las como provenientes de definidos "otimistas" ou "pessimistas", coincidindo com Pessoa nisso de que "a vida é para os indefinidos; só podem conviver com os que nunca se definem, e são um e outro/ninguém/".*

A meu ver, aqui vem a calhar uma anedota e uma citação. Talvez como artifício retórico para escapar da pergunta-

COLEÇÃO "EDUCAÇÃO: EXPERIÊNCIA E SENTIDO"

trampa do Rigoberto ou para afirmar isso de "nem sim nem não, senão todo o contrário" ao que aponta Magaldy com sua negativa à dicotomia otimista/pessimista. Uma vez, em uma viagem para Portugal, em princípios dos anos de 1990, alguns entrevistadores pediram a Agustín García Calvo que fizesse uma profecia sobre os próximos anos, sobre o que faltava para o 2000. E Don Agustín deu uma resposta dupla e contraditória. Uma

> para aqueles que creem no Futuro e outra para os que não". Para os que creem no futuro, no de si mesmo e no da Humanidade ou no do Mundo ou da Sociedade Pós-capitalista, ou o que quer que seja isso, assim no geral, fez uma profecia clara e limpa: seguirá impondo-se o modelo da Tecnodemocracia com sua correspondente produção de inutilidades, com sua correspondente produção de diversões para encher o tempo vazio e o tédio, com sua correspondente produção de guerras nas margens do mundo desenvolvido. Para os que não têm futuro nem creem no futuro fez uma contraprofecia, porque "a esses todas as profecias soam a mentira; esses riem do ano 2000 que lhes vêm vendendo faz 50 anos; se negam a crer em fatalidade nem destino algum; sabem, como canta Antonio Machado, que 'caminhante não há caminho / se faz caminho ao andar'. Para esses os 10 anos que vêm não são nada: são uma pergunta que não encontrou sua resposta ainda, e por mais dura que seja a resistência contra o Poder, esses dez anos são um campo de batalha contra o Futuro que lhes impõem Estado e Capital.

A única coisa segura é que nós (e também nossas palavras, nossas ideias, nossos ideais, nossas esperanças e nossas desesperanças, nossos otimismos e nossos pessimismos, nossas profecias e nossas contraprofecias) seremos mais velhos.

CONVERSAÇÕES

Sobre leitura,
experiência e formação

– Na tua concepção da experiência se pode perceber um certo socratismo: por exemplo, nesse "não saber" que não é só o ponto de partida mas também a meta da experiência. O tom da tua exposição "sabe" a Sócrates. Porém, tua concepção de educação não tem nada de maiêutica... E no modo como tratas a questão da leitura ressoa também algo do modo como Platão condena a escritura no Fedro: isso de privilegiar a escritura na alma, a ciência que se escreve ou se inscreve na alma.

Talvez se trate de exercer certo gesto. Talvez socrático. Talvez, se a palavra não fosse solene demais, simplesmente filosófico, se pensamos que foi Sócrates quem inaugurou a filosofia separando o filósofo do *sofós*, do sábio, do que sabe. Em qualquer caso, esse gesto que insiste em interromper o que acreditamos saber sem ter parado para pensar. Ou, dito de outro modo, de questionar o que todo mundo sabe, o que todo mundo diz, o que todo mundo pensa, o que poderíamos chamar os automatismos do saber, os automatismos do dizer e os automatismos do pensar. E esse gesto de interrupção, de questionamento, tem mais de desaprendizagem que de aprendizagem. Do que se trata é de desautomatizar nossa percepção das coisas e de nós mesmos. O direi com palavras de Chantal Maillard:

> Somente uma coisa vale a pena ser ensinada: o descrer [...]. É preciso desaprender os gestos que imitam velhos padrões, aqueles nos quais subjazem ideias de segunda mão, ideias pequenas, mesquinhas, ideias que agrupam a uns contra outros, ideias que fazem maiorias, esse poder de fato sob o qual o autêntico poder, o poder de decisão para a ação livre, fica eliminado. Descrer para erradicar o medo e liberar o poder, o humano poder que corresponde a uma consciência aberta[1].

Nesse sentido da desaprendizagem, ou da interrupção dos automatismos, ou do ensinar a descrer, alguém observou que *La experiencia de la lectura* começa com um gesto de obscurecimento. A primeira frase é uma citação de Gadamer que diz: *"que coisa seja ler e como tem lugar a leitura me parece ser ainda uma das questões mais obscuras"*. Algo assim como o seguinte:... todos nós sabemos o que é ler, lemos todos os dias, dedicamo-nos a falar sobre nossas leituras e, até mesmo, sobre as leituras dos outros, fazemos investigações sobre a leitura, damos cursos sobre leitura e, com nossa arrogância pedagógica, queremos que os demais também leiam, e saibam ler... mas talvez não saibamos o que é ler, talvez ler seja outra coisa que o que sabemos, que o que fazemos, que o que queremos... talvez as possibilidades da leitura estão reduzidas por nosso saber ler, nosso poder ler, nosso querer ler... talvez não paramos para pensar... e aqui, parar para pensar, significa simplesmente converter em problema tudo o que já sabemos. Não se trata de converter o desconhecido em conhecido, mas que o gesto é, mais bem, converter em desconhecido, em misterioso, em problemático, em obscuro, isso que cremos saber.

E alguém observou também que o livro termina com a palavra "fogo", como convidando a queimar qualquer coisa

---

[1] MAILLARD, Chantal. *Filosofía em los días críticos*. Valencia: Pre-Textos, 2001, p. 45-46.

que se tenha construído ao largo de suas páginas. A última frase do livro, do capítulo "Imagens do estudar", desse capítulo que aparece também em *Pedagogia Profana* dentro da seleção que se intitula "Figuras do porvir", diz assim: "no meio do fogo, rodeado de fumaça, o estudante começou a estudar". Aqui a palavra "estudo" ressoa com fogo, com fumaça, e com começo, como se houvesse que queimar o que já sabemos para fazer de novo o vazio. Outra vez o direi com palavras de Chantal:

> Descrer. Descrer. Eliminar o lastro de todas as crenças. Este é o umbral do vazio, a porta que conduz ao interior que é centro e superfície. Não os convencerei. Não é um combate o ensino. Vieram a combater, mas eis aqui que o inimigo os diz: 'não creiais em nada do que os disse, não creiais o que os conto'. Esta é a primeira lição de filosofia; também será a última. Entre a primeira e a última ensinarei o que outros pensaram e creram. Ninguém pode entrar no reino da filosofia se não é sabendo esta lição, a primeira e a última. Já não. Nunca mais. Temos acreditado demais. Temos matamos demais. É hora de fazer limpeza. Que o nada espera ser provado. E depois, desde o nada, tudo. Tudo há de ser construído, por gosto ou por utilidade, nunca mais por crença[2].

Em *La experiencia de la lectura*, a última palavra está queimada para que não haja última palavra, para que não haja ponto final, para que o livro se abra a um espaço em branco no qual seguir lendo, pensando, escrevendo... Meu livro não quer enunciar nenhuma teoria. O que pretende é dar a ler uma pergunta, nada mais que uma pergunta. Por isso começa com uma obscuridade e acaba com um resplendor. Edmond Jàbes, esse poeta do qual tomei a citação que

---

[2] MAILLARD, Chantal. *Filosofía em los días críticos. Op. Cit.*, p. 237-238.

encabeça um dos capítulos do livro, essa citação que diz "...
eternidade do livro, de incêndio em incêndio", essa citação
maravilhosa na qual se dá a pensar a temporalidade paradoxal da transmissão através da leitura, essa temporalidade
ao mesmo tempo contínua e descontínua na qual a palavra
se conserva e renova ao mesmo tempo, escreveu também:
"a aurora é um gigantesco auto de fé de livros, espetáculo
grandioso do supremo saber destronado. Virgem é então a
manhã".

Para que a manhã seja virgem, nova, recém-nascida,
faz falta uma noite e uma aurora, uma obscuridade e um
incêndio. Por isso, convidar ao leitor a que pare para pensar,
a que questione o que já sabe, e convidá-lo também a que
leia incendiando o que lê, não é outra coisa que provocar
seu próprio pensamento, suas próprias perguntas, suas próprias palavras.

Gostaria que meu livro fosse lido interrogativamente,
ainda em suas afirmações. Gostaria até que suas afirmações
dessem o que pensar. Outro leitor de *La experiencia,* mas
menos brincalhão, depois de elogiar a erudição que se põe
em jogo no livro, escreveu: "esperamos que no próximo
livro, a única resposta não seja a reiteração das perguntas".
Gostei de sua perspicácia. Outros leitores, esses que dão por
suposto que todo enunciado afirmativo é, por definição, uma
representação daquilo sobre o que o livro trata, acreditaram
encontrar no livro uma espécie de modelo ou de paradigma
teórico que se pode pôr em relação com outros modos de
entender a leitura. E sem dúvida, algo disso existe, ainda
que a mim interesse agora destacar mais bem seus momentos
negativos, esses que percebeu a perspicácia do primeiro leitor
decepcionado. O que acontece é que quisera seguir decep-
cionando-lhe. O que me interessa é conservar as perguntas,
renovando-as. Eu acho que ler serve, sobretudo, para se fazer
perguntas. E não importa se são novas perguntas ou se são

perguntas de sempre. E caminho do pensamento tem a ver, parece-me, com chegar às próprias perguntas, ou à própria formulação das velhas perguntas.

Isso é socratismo? É Nietzsche, o anti-socrático? Sem dúvida é um gesto de liberação, mas como formulá-lo? Isso depende das ressonâncias que se produzam na cabeça de cada um, na biblioteca de cada um. O que sim sei é que não é didática, nem psico-pedagogia. E, se existe nesse gesto algo de liberador, não se trata da liberação ao modo de truque da maiêutica. Isso que consiste em que o aprendiz encontre por si mesmo, e bem guiado pelo professor, o que já estava de algum modo prefixado e predeterminado como termo dessa busca metódica. As metáforas ginecológicas, a meu ver, só podem ser usadas se a fecundidade se relaciona com o desconhecido. Talvez poderíamos usar os dois sentidos da palavra 'parto' em espanhol nestes versos de Gonzalo Rojas:

> Parto sou, parto serei.
>
> Parto, parto.

Se poderia pensar nos possíveis sentidos desse parto e considerar depois se é maiêutica, ou socratismo, ou que tipo de socratismo.

Ou este poema de Ulalume González de León, que se intitula "Escrevo":

> Pensamento para desenhar o que não existe
> e pensamento para borrar o que já é
> [...]
> Pensamento que se desenha borrando
> Pensamento que se borra a si mesmo.

Por outro lado, nesse descrer, nesse fogo, nessa desaprendizagem, nesse parar para pensar, nessa reiteração das perguntas, nesse borramento do que já é, nesse parto, existe algo assim como a produção de certo silêncio. Mas um silêncio que tem a ver mais bem com o calar de uma linguagem inservível ou, melhor, com a renúncia a uma linguagem envilecida. Um silêncio que tem a ver com a impossibilidade de usar a linguagem recebida. Ou, o que é quase o mesmo, com a impossibilidade de habitar o saber recebido ou com a impossibilidade de seguir pensando como se pensava. Barthes o disse muito bem:

> aquele que quer escrever, deve saber que começa um largo concubinato com uma linguagem que é sempre anterior. Portanto, o escritor não tem em absoluto que "arrancar" um verbo do silêncio, como se diz nas piedosas hagiografias literárias, mas o inverso, e quanto mais dificilmente, mais cruelmente e menos gloriosamente, tem que arrancar uma palavra segunda do envilecimento das palavras primeiras que lhe proporciona o mundo, a história, sua existência, em outros termos, um inteligível pré-existente nele, já que ele vem a um mundo cheio de linguagem, e que não fica nada real que não esteja classificado pelos homens.[3]

Para o que quero dizer, pode-se mudar a primeira frase e ensaiar variações como o "aquele que queira pensar" ou "aquele que queira aprender" ou "aquele que queira saber".

Sobre a condenação platônica da escritura, a segunda parte do teu comentário, ocorre-me que de alguma forma continuamos trabalhando com a oposição entre o exterior e o interior. Cada vez tenho mais clara a impressão de que deveríamos problematizar essa distinção tão cômoda, tão óbvia, tão demasiado cômoda. Mas é verdade que a usei talvez com demasiada facilidade e vou continuar usando-a aqui, ainda que seja apenas por sua expressividade. Em relação a

---

[3] BARTHES, Roland. Prefácio a *Ensayos críticos*. Barcelona: Paidós, 1972, p. 12.

esse certo platonismo que, sem dúvida, também atravessa meu livro, se poderia reler esse capítulo que se intitula "Sobre o ensino da filosofia" e que, com o pretexto de um texto marginal de Kant, opõe uma ciência exterior, grudada ao corpo como essas pastas que os estudantes e os professores carregam debaixo do braço, e uma ciência interior que de algum modo atravessa e constitui a alma daquele que aprende. Esse texto está todo ele escrito como uma revisão dessas críticas ao pedantismo e ao saber livresco que atravessam a cultura humanística. Existe outro poema de Gonzalo Rojas que poderia vir a calhar nesse contexto. O poema se intitula "Escrito com L" e diz assim:

> Muita leitura envelhece a imaginação
> do olho, solta todas as abelhas mas mata o zumbido
> do invisível, corre, cresce
> tentacular, se arrasta, sobe ao vazio
> do vazio, em nome
> do conhecimento, polvo
> de tinta, paralisa a figura do sol
> que existe em nós, nos
> viciosamente mancha.
>
> Muita leitura entristece, muita envilece, fedemos
> a velhos, os gregos
> eram os jovens, somos nós os revoltos
> como se os papiros dissessem algo distinto ao anjo
> do ar:
> somos nós os soberbos, eles eram inocentes,
> nós os da desconfiança, eles os sábios.
>
> Muita leitura envelhece a imaginação
> do olho, solta todas as abelhas mas mata o zumbido
> do invisível, acaba
> não tanto com o L da famosa lucidez
> mas com esse outro L

da liberdade,
da loucura
que ilumina o fundo
do lúgubre.

Naturalmente não quero dizer com isso que não se há que ler. Gonzalo Rojas também leu de tudo. Do que se trata aqui é da experiência da leitura, da leitura como experiência, e isso não tem nada a ver com a erudição, nem com a pedantice, nem com a "muita leitura" no sentido do poema. Tem a ver com o modo como podemos continuar associando o L da leitura à liberdade, à loucura, à iluminação e, por que não, à famosa lucidez. Ou dito de outro modo, também em relação ao poema, tem a ver como o modo como sejamos capazes de ler jovialmente, com a inocência da imaginação, solarmente.

Voltando ao interior/exterior que, no texto de Platão que citaste, se associa à memória, mas não à memória como mnemotécnica, mas à memória como interiorização, ocorre-me que o pedantismo, o saber livresco no mal sentido da palavra, dista muito de ter feito de nossas leituras a substância mesma de nosso ser, de nosso pensamento.

– Este último comentário me sugere que se percebe também no teu trabalho uma tentativa de recuperar a ideia de formação, essa ideia que foi tão importante e que hoje está tão esquecida. Que significa hoje repensar a formação a partir do clássico modelo de Bildung?

Tratei de repensar a formação melhor, valendo-me da explosão do modelo da *Bildung*. De fato a questão da formação está magistralmente enunciada no subtítulo de *Ecce Homo* de Nietzsche: *Wie man wird, was man ist*, como se chega a ser o que se é, como se devêm o que se é, o que uso em *Pedagogia Profana* e, no geral, em meus trabalhos sobre a novela de formação, sobre o *bildungsroman*. E utilizo o enunciado assinado por Nietzsche, e não outros similares, justamente

Conversações – Sobre leitura, experiência e formação

para lê-lo no sentido nietzschiano, quer dizer, baseando-se em uma ideia que não flui no ser senão que permanece como devir, e com base em uma ideia do ser que não se opõe à aparência senão que é ele mesmo uma aparência, uma interpretação, uma ficção. A formação entendida como um processo interminável e como um jogo de máscaras. Nada a ver com a constituição final de uma identidade substancial mais ou menos determinada.

O modo como tentei reabrir a pergunta pedagógica pela leitura e sua relação com a experiência de formação supõe obviamente enfrentar-se aos que rechaçam por insignificante e aos que acreditam que só é legítimo perguntar se podemos antecipar uma resposta provável, hipotética. Por isso tenta sobretudo abrir um espaço duplamente ocupado. Ocupado em primeiro lugar por todos os enfoques da leitura derivados do triunfo da ideia tecno-científico-positivista da educação, quer dizer, por todos os que entendem a leitura como um processo mais ou menos cognitivo de compreensão. E ocupado em segundo lugar por todos os que se empenham em manter a velha ideia humanística de formação como cultivo da sensibilidade e como formação do caráter. Acho que ainda permanece em nós da velha ideia de *Bildung*, essa ideia em cujas ruínas vivemos, e em parte o que nos impede formular de outro modo a pergunta pela leitura, o que nos impede a radicalidade do perguntar.

Nos modos como se vem lendo meus trabalhos, percebi, às vezes, certa retórica velho-humanista ou neohumanista. Quero dizer que quando alguém se aparta dos modos científico-técnicos e pragmático-utilitários de pensar a educação, dá a impressão de que se estão reocupando as velhas posições humanistas. E como essas posições estão altamente codificadas em nossa cultura pedagógica mais tradicional e mais moralizante, se lê a esse alguém nesse sentido: o homem por aqui, a humanidade por ali, o humanismo, a humanização. O modelo da *Bildung* que pode ser eficaz como confrontação com o marco técnico-instrumental dominante ou, inclusive, com o modelo crítico que se apresenta como sua alternativa, está para mim esgotado. O último número de uma das revistas francesas de educação mais interessantes, *Le Télémaque,* está dedicado justamente ao tema do humanismo. E há um artigo do meu amigo e colega Jan Masschelein que acaba mostrando o esgotamento da linguagem humanista da *Bildung* para pensar a educação com certa radicalidade, e a necessidade de fundar outro vocabulário[4]. Estou basicamente de acordo com isso. O que ocorre é que tentei fazer explodir o modelo, digamos, desde dentro, e isso, em um contexto no qual a delicadeza na leitura não é tão comum, teve esses efeitos de leitura que te comentava. Talvez tive certa obstinação valendo-me da velha sonoridade da palavra "formação" para tratar depois de pensá-la de outro modo, de fazê-la soar de outro modo. Talvez a palavra "formação" deveria ser abandonada, simplesmente porque tem certas aderências de significado muito potentes e altamente cristalizadas que lhe fazem produzir quase automaticamente efeitos de sentido humanistas. Talvez se tenha que deixá-la diretamente ao inimigo. Mas me parece uma pena apagar do meu vocabulário uma palavra tão bela, tão importante do ponto de vista teórico e prático, tão sutilmente elaborada em distintos contextos. Além do mais continuo pensando que é possível fazê-la soar intempestivamente. Não sei se consegui, às vezes tendo a pensar que não, mas estamos nisso. Já veremos. Existe um poema de Roberto Juarroz que diz assim:

> Também as palavras caem ao chão,
> como pássaros repentinamente enlouquecidos
> por seus próprios movimentos,

---

[4] MASSCHELEIN, Jan. Éducation et humanisme? In: *Le Télémaque*, n.21, Caen 2002, p. 37 e seguintes.

Conversações – Sobre leitura, experiência e formação

como objetos que perdem de pronto seu equilíbrio,
como homens que tropeçam sem que existam obstáculos,
como bonecos estupefatos por sua rigidez.

Então, do chão,
as próprias palavras constroem uma escala,
para ascender de novo ao discurso do homem,
ao seu balbucio
ou a sua frase final.

Mas há algumas que permanecem caídas.
E às vezes alguém as encontra
em um quase larvado mimetismo,
como se soubessem que alguém virá recolhê-las
para construir com elas uma nova linguagem,
uma linguagem feita somente com palavras caídas.

A palavra "formação", quando soa no que resta em nós dos clichês do velho jargão humanista, conserva algo de arrogância e da força que teve uma vez. O moralismo humanista dos padres de todo o tipo não está em absoluto derrotado. Mas quisera tomá-la como uma palavra caída, arruinada. E não para tornar a colocá-la no alto, não para fazer dela uma bandeira ou uma senha, não para usá-la como uma arma, mas para mantê-la caída. Às vezes penso que já são tantas as palavras que se nos fizeram impronunciáveis que não podemos falar senão nessa linguagem feita somente com palavras caídas das que falava o poeta. Talvez para lhes devolver, enquanto caídas, certa dignidade.

Recentemente apareceu um artigo na *Revue Française de Pédagogie* comparando a aproximação entre literatura e pedagogia que fazemos Philippe Meirieu e eu. O autor do texto, um professor brasileiro muito perspicaz chamado Flávio Brayner, situa o interesse pela leitura no esgotamento dos marcos em que se moveu a discussão pedagógica nos últimos decênios: tanto esse sociologismo encaminhado a mostrar o caráter social e de classe de toda prática educativa, como esse psicologismo que, baseado na aprendizagem, transformava a sala de aula em um espaço de desenvolvimento cognitivo. Por outro lado, o professor Brayner apontava à crise de um *logos* pedagógico capturado por um modelo instrumental e utilitário: todos esses discursos que privilegiam coisas como "a integração cidadã", "a empregabilidade", "a flexibilidade de competências" exigida pelas novas tecnologias, "a inserção dos indivíduos no mercado". E é aí, nesse contexto, no qual o artigo sugere que o que estamos tratando de fazer tanto Meirieu como eu não é outra coisa senão reintroduzir o velho conceito romântico-humanista de formação, adaptando alguns motivos da "educação estética" a la Schiller. Mas com meus textos o professor Brayner tem alguns problemas, precisamente porque não encontra uma ideia de formação relativamente identificável aos motivos tradicionais. E nesse contexto escreve:

> A segunda orientação, de inspiração claramente nietzschiana, busca uma orientação que eu chamaria "literaturização da pedagogia". Se na primeira, a literatura aporta os elementos para uma espécie de diálogo interior através da experiência de outros homens (ficcionais ou não), na segunda as ambições são mais importantes: fazer da educação uma reescritura de si onde o ato educativo exercido sobre si mesmo (como uma espécie de autossubjetivação) se confunde com a escritura ficcional, onde a vida e a literatura se interpenetram tomando a forma de uma estetização da existência.[5]

---

[5] BRAYNER, Flávio. Littératurisation de la pédagogie et pédagogisation de la littérature. Simples notes sur Philippe Meirieu et Joge Larrosa. In: *Revue Française de Pédagogie*, n.137, 2001, p. 28.

Aqui não se cantam os velhos motivos humanistas e creio que o autor viu bem que trabalho com uma ideia de formação que soa a Nietzsche e a Foucault. E que não volto a pôr em movimento os velhos motivos humanistas e idealistas de formação. De fato, sempre me custou construir qualquer discurso meio decente sobre isso da "literatura e a formação dos professores". Ou, até, tomando como ponto de partida os trabalhos que fiz sobre a novela de formação e sobre os relatos de identidade, custou-me também sentir-me cômodo em proposições do tipo "narrativas e formação de professores" ou "relato e construção da identidade". Outros o fizeram, e muito dignamente, e às vezes em relação com meus próprios trabalhos. Mas a mim custa qualquer formulação positiva da formação que, além do mais, possa converter-se em um modelo pedagógico relativamente elaborado.

– *Sigamos com as ressonâncias filosóficas. Em* La experiencia de la lectura *há vários capítulos dedicados ao romantismo alemão. Qual é a importância dessas referências em tua concepção de leitura? Quisera insistir no fundo romântico, ou de leituras românticas, que há em teu livro e também, creio, em uma certa tensão entre hermenêutica e desconstrução ou, talvez, mais em geral, entre um pensamento alemão e um pensamento francês?*

O romantismo supõe uma revolução na concepção da literatura. Creio que o primeiro que há que se problematizar é essa instituição chamada "literatura", que o que hoje chamamos "literatura" não existiu sempre sob essa forma. Citemos agora a nosso velho Foucault:

> Ninguém duvida de que isso que retrospectivamente temos o hábito de chamar 'literatura' existe faz milênios. E isso é precisamente o que deve ser questionado. Não é de todo seguro que Dante, Cervantes ou Eurípedes foram 'literatura'. Sem dúvida pertencem à literatura no sentido de que, na atualidade, formam

parte de nossa literatura, mas formam parte dela em virtude de uma determinada relação que concerne exclusivamente a nós. Formam parte de nossa literatura, não da sua, e isso pela simples razão de que nunca houve nada semelhante à 'literatura grega' ou a 'literatura latina'. Em outras palavras, ainda que a relação da obra de Eurípedes com nossa linguagem a converta em 'literatura', não era esse o caso em absoluto da relação da obra mesma com a linguagem grega.[6]

Dessa citação, e aparte a consideração da "literatura" como uma instituição, como um invento recente, interessa-me isso da relação com a língua. A literatura é uma determinada relação com a língua. E a leitura é também determinada relação com a língua. E eu creio que nossa relação com a língua fica profundamente transtocada com o Romantismo. Daí o lugar-chave que ocupa na elaboração do meu pensamento. O que é para nós literatura arranca com o Romantismo: tanto a figura contemporânea do escritor como a do leitor são um resultado da revolução romântica na experiência da linguagem. Assim como também é um resultado do Romantismo a concepção do homem mesmo como um animal linguístico, como um ser de palavra. Já não como um animal racional, mas como um vivente cuja vida mesma está comprometida em sua linguagem. Depois do Romantismo, já não se pode entender a linguagem como comunicação, ou como representação, ou como instrumento de comunicação ou de expressão, ou como uma faculdade do homem entre outras, ou como uma coisa entre as coisas. Digamos que, depois do Romantismo, a literatura é, entre outras coisas, uma experiência radical da linguagem. E isso que arranca sem dúvida da exaltação romântica que se produz na Alemanha ao redor de 1800, da poesia de Novalis

---

[6] FOUCAULT, Michel. *De lenguaje y literatura*. Barcelona: Paidós, 1998, p. 63-64.

e Hölderlin, da poética dos irmãos Schlegel, da filosofia de Schelling, transcende uma época determinada e se estende como uma atmosfera, como um feixe de problemas, como um temperamento. E o que me interessou é justamente essa atmosfera. O famoso primeiro parágrafo, por exemplo, de *El arco y la lira*, de Octavio Paz, forma parte dessa constelação:

> A poesia é conhecimento, salvação, poder, abandono. Operação capaz de mudar o mundo, a atividade revolucionária por natureza; exercício espiritual, é um método de liberação interior. A poesia revela este mundo; cria outro. Pão dos elogios; alimento maldito. Ilha; une. Convite à viagem; regresso à terra natal. Inspiração, respiração, exercício muscular. Dobradura ao vazio, diálogo com a ausência: o tédio, a angústia e o desespero a alimentam. Oração, ladainha, epifania, presença. Exorcismo, conjuro, magia. Sublimação, compreensão, condensação do inconsciente. Expressão histórica de raças, nações, classes. Nega a história: em seu seio se resolvem todos os conflitos objetivos e o homem adquire por fim consciência de que é algo mais que trânsito. Experiência, sentimento, emoção, intuição, pensamento não dirigido. Filha do azar; fruto do cálculo. Arte de falar em uma forma superior; linguagem primitiva. Obediência às regras; criação de outras. Imitação dos antigos, cópia do real, cópia de uma cópia da Ideia. Loucura, êxtase, logos. Regresso à infância, coito, nostalgia do paraíso, do inferno, do limbo. Jogo, trabalho, atividade ascética. Confissão. Experiência inata. Visão, música, símbolo. Analogia: o poema é um caracol onde ressoa a música do mundo e metros e rimas não são senão correspondências, ecos, da harmonia universal. Ensino, moral, exemplo, revelação, dança, diálogo, monólogo. Voz do povo, língua dos escolhidos, palavra do solitário. Pura e impura, sagrada e maldita, popular e minori-

> tária, coletiva e pessoal, nua e vestida, falada, pintada, escrita, ostenta todos os rostos mas há quem afirma que não possui nenhum: o poema é uma careta que oculta o vazio, prova formosa da supérflua grandeza de toda obra humana![7]

Nessa página ressoa a concepção hölderliniana do poeta como mediador, a absolutização schlegeliana do poema, a afirmação de Novalis da intransitividade de uma linguagem que não se ocupa mais que de si mesmo, as concepções humboldtianas da linguagem como condição de possibilidade do homem e do mundo. E, ao mesmo tempo, todo o contrário. A literatura como uma experiência radical e contraditória da linguagem que testemunha uma e outra vez sua própria impossibilidade que se interroga constantemente sobre si mesma. Então, que é ler? O que eu encontrei no Romantismo é, justamente, a ilegitimidade dessa pergunta. Ler não é nada e, ao mesmo tempo, é tudo. É qualquer coisa e ademais mais e outra coisa. Daí, talvez, a experiência da leitura, de remeter a leitura a uma experiência e não a uma essência, ou a uma atividade, ou a uma prática.

Por aí iria meu interesse pelo que aqui estou chamando a "atmosfera romântica" em nossa compreensão da linguagem e do texto e, portanto, em nossa compreensão (ou incompreensão) dessa experiência de relação com o texto que chamamos leitura.

E talvez também por outra coisa. Estou cada vez mais convencido de que se queremos pensar a leitura como determinada relação com o texto escrito, como uma determinada experiência da língua, há que se ler aos que tomam a sério essa experiência, quer dizer, aos poetas e aos filósofos. Mais precisamente, aos poetas não entendidos como fabricantes de

---

[7] PAZ, Octavio. *El arco y la lira*. México: Fondo de Cultura Económica, 1956, p. 13.

versos, mas, seguindo a fórmula de Deleuze, como aqueles que estão comprometidos com a criação de uma língua no interior da língua. E aos filósofos que estão tocados por essa revolução radical na concepção da linguagem que poderíamos assinalar com o nome de Nietzsche. Direi isso de uma forma mais provocativa: se queremos pensar a literatura, há que se ler aos escritores e aos leitores, aos que nos estão ensinando com suas práticas de escritura e de leitura que se pode ler de outro modo, que o que quer que seja o ler não tem porque ficar determinado pelas mesmas regras atualmente dominantes da leitura, ou, o que é o mesmo, por essas simplesas de pensar a leitura desde a comunicação ou desde a compreensão. Já basta de ler a linguistas, a psicólogos da linguagem, a teóricos da comunicação, a didatas, a legisladores da língua e a outros funcionários a serviço da ordem e do controle. Essa gente nos pode ajudar a alcançar posições de domínio ou de poder nos aparatos que têm a ver com o que poderíamos chamar, em sentido amplo, políticas da língua, nos aparatos educativos ou culturais, mas nunca entenderão nada do que importa. A pergunta poderia ser que experiência da língua pode reduzir a leitura à comunicação ou à compreensão. Uma experiência sem dúvida miserável mas, além do mais, perfeitamente coerente com os poderes a serviço das tecnologias da comunicação universal e transparente. Já basta de pensar a língua com base em uma concepção técnica e instrumental. E para isso não vai mal um banho de loucura romântica.

Por outro lado, e com isso entro na segunda parte do teu comentário, parece-me que a relação francesa desse romantismo que se produz depois da publicação dos textos fundamentais no livro de Lacoue-Labarthe intitulado *L'absolu littéraire* é de grande importância em muitos dos autores franceses que me têm interessado, digamos que os que se movem na órbita-Blanchot. Por isso, creio que o que há em

COLEÇÃO "EDUCAÇÃO: EXPERIÊNCIA E SENTIDO"

La experiencia de la Lectura é um pensamento alemão, digamos afrancesado. Digamos que eu li um Heidegger francês, com o perdão da barbaridade. Ou, por voltar à questão das perguntas, interessou-me o modo francês de perguntar aos textos alemães.

– Teu conceito de experiência é muito mais amplo que a ideia geral de compreensão, ou de interpretação, que se veio utilizando na hora de pensar a leitura, sobretudo no campo educativo. Em quê a leitura como experiência vai mais além da leitura como compreensão? E como poderia integrar-se a ideia de experiência da leitura em práticas pedagógicas que estão montadas do ponto de vista da compreensão?

O primeiro que me ocorre é que não acredito que o que eu tenha tentado seja elaborar um conceito de experiência. Em geral, molesta-me a definição de conceitos, esse começar definindo os conceitos, esse começar pela pergunta, o que é? Trabalho com palavras e não com conceitos. O que tratei de fazer, então, seria algo assim como fazer soar a palavra experiência em distintos contextos para que o leitor advirta de alguma de suas possibilidades. Uma amiga disse que *La experiencia de la lectura* era um livro musical. E um livro musical é um livro que funciona por variações e ressonâncias. Se eu houvesse querido dar um conceito de experiência e definir o que deveria entender-se por experiência em relação à leitura, não houvesse necessitado tantas páginas. Simplesmente teria dito o que queria dizer e tudo o mais seria "recheio". Se o livro é como é, é porque faz soar a palavra "experiência" e a palavra "formação" em distintos contextos, cada um deles análogo e, ao mesmo tempo, distinto dos anteriores. Algo que molesta a certos leitores apressados que querem chegar imediatamente à ideia, ao conceito, à formulação mais ou menos apropriável, à tese. E meu livro não é exatamente um livro de tese.

O que tentei, como dizia, foi recuperar certa sonoridade perdida da palavra "experiência". E, sobretudo, como condição de possibilidade dessas ressonâncias, limpar a palavra

Conversações – Sobre leitura, experiência e formação

"experiência" de algumas contaminações empíricas que a fazem demasiado cômoda, demasiado segura, demasiado inofensiva. Além do mais, estou cada vez mais convencido de que a experiência é algo do que não se pode ter conceito. Ao menos essa experiência da que eu falo e que está próxima à existência mesma, à vida mesma, por dizê-lo com uma palavra de ressonâncias menos idealistas e mais nietzschianas. Talvez por isso a experiência é, precisamente, o que desborda qualquer conceito e o que não se deixa conceitualizar. Depois do triunfalismo romântico sobre o poder da palavra a que antes me referi, houve uma série de escritores crepusculares como Hofmansthal, ou Musil, ou inclusive Wittgenstein, que insistiram precisamente na incapacidade da palavra para nomear e dominar a realidade, para albergar a vida, para nomear e submeter a experiência humana. E o que nesses autores faz desfalecer o poder da língua não é o silêncio do real, mas a multiplicação e a proliferação de suas vozes, não na ausência de vida, mas seu excesso, seu desbordamento. Já a essa crise da linguagem lhe corresponde uma crise da subjetividade, certa dissolução do sujeito como princípio ordenador da realidade. Como se já não houvesse a possibilidade de valorar e hierarquizar o que nos passa. Eu acho que com a experiência acontece um pouco isso. Que é impossível conceitualizar porque ultrapassa imediatamente qualquer conceito, porque excede qualquer ideia que trate de determiná-la. A experiência seria precisamente o indeterminado da vida, esse passar do que nos passa quando não sabemos o que nos passa, essas afecções que nos levam a questionar o que já sabemos, o que já queremos, tudo o que se deixa submeter sem dificuldades a medida do que já somos. Dito de outro modo, se a experiência não está do lado do ser, mas do lado do devir, é impossível dizer o que é a experiência. E se a experiência não está do lado do que sabemos, senão do que interrompe o que sabemos, é impossível saber o que é a experiência.

COLEÇÃO "EDUCAÇÃO: EXPERIÊNCIA E SENTIDO"

Não sei se por aí já poderíamos dar um sentido a "experiência frente à compreensão" de tua pergunta. Dizer que a leitura é experiência é, simplesmente, dizer que desborda nossos modos estabelecidos de ler, o que já sabemos ler, os modos como já lemos, quaisquer que sejam esses modos. Incluído, naturalmente, o da compreensão. Quando o velho Deleuze dizia "não interpretes, experimenta", não especificava que tipo de experimentação era essa. Simplesmente abria a leitura a qualquer tipo de prática produtiva, inclusive as mais "experimentais" no sentido de vanguarda que ainda conserva a palavra. E com isso desafiava os modos estabelecidos de ler filosofia na academia com o que isso tem de repressão da leitura e, naturalmente, do pensamento. Então, falar de experiência não significa apenas ampliar o estreito conceito de compreensão, esse que nos indica que o modo mais adequado de relação com um texto é tentar compreender seu sentido, mas faz explodir qualquer modalidade canônica e historicamente constituída de relação com o texto escrito. E isso não só por uma atitude mais ou menos "experimental" do sujeito leitor, mas também por fidelidade ao texto mesmo. Não é o próprio texto que desafia qualquer de suas leituras?

Além do mais, se percorremos o modo como alguns escritores posicionam a seus possíveis leitores, nos prólogos a seus livros por exemplo, ou nessas interpelações ao leitor que tão frequentemente respingam os livros, não só de literatura, mas também de conhecimento, veremos que os melhores deles pedem outra coisa que ser compreendidos. Ocorre-me o caso de Nietzsche, quando disse "há algo de humilhante em ser compreendido". Ou Deleuze quando, comparando os livros a caixas de ferramentas disse que "em um livro não há nada que compreender, e sim muito que utilizar". Ou o de Cortázar, pedindo leitores dispostos a jogar seu *Jogo da amarelinha*. Ou o caso de Clarice Lispector

Conversações – Sobre leitura, experiência e formação

pedindo "não ler o que escrevo como se fosse um leitor". Os exemplos seriam intermináveis. Talvez a leitura como experiência não seja outra coisa que certo guarda-chuva teórico para que expressões como essas não sejam impossíveis, ou ao menos para que sejamos capazes de escutá-las. E não disse de compreendê-las, mas de escutá-las.

Porque a escuta não é a compreensão. Não aconteceu de que às vezes vocês se sentiram compreendidos, mas não escutados? Não será a vontade de compreender, a boa vontade de compreender, uma das maneiras mais perversas de não escutar? Gadamer dizia que escutar é "deixar-se dizer algo". E querer compreender não é necessariamente deixar-se dizer algo. O direi em forma de *boutade*: eu não quero que me compreendam, no fundo não me importa que não me compreendam, que me compreendam ou não, não é o mais importante, mas sim quero que me escutem, sim quero que hoje, aqui, vocês se deixem dizer algo. Não desejo outra coisa que ser capaz de dizer-lhes algo. E mais além de que se compreenda melhor ou pior o que quero dizer, mais aquém de que vamos avançando na compreensão de certas ideias, ou de certos enfoques, não estaria aqui se não tivesse a esperança de que alguém me dissesse algo. Ou, se querem, se não tivesse a esperança de que nessa conversação mais além das ideias apropriadas e apropriáveis, aconteça alguma coisa, produza-se alguma experiência. Não se trata, então, de ir mais além da compreensão, mas, literalmente, de fazer explodir o paradigma hermenêutico. Talvez em *La experiencia de la lectura* isso não estava ainda suficientemente claro. Mas cada vez estou mais convencido de que a coisa vai por aí, de que a aposta é essa.

Ao mesmo tempo, haveria que perguntar-se, como tu bem sabes, porque os aparatos educativos privilegiam a compreensão. E, ao que a nós concerne, porque os discursos psicotécnicos e pedagotécnicos sobre a leitura se movem exclusivamente no interior do marco da compreensão. Vou adiantar duas hipóteses. A primeira é que na escola que conhecemos é essencial a avaliação. Por tanto, é essencial fazer visíveis de uma forma maximamente estandardizada quais são os resultados das práticas de ensino. se os seus objetivos foram ou não alcançados, e de que modo. E para isso, o modelo de compreensão é perfeito. Do que se trata é de saber se o aluno compreendeu o que tem que compreender. E em seguida podemos estabelecer problemas de compreensão, níveis de compreensão, e todas essas coisas das que gostam tanto os psicopedagogos em exercício.

A segunda hipótese tem a ver com a concepção técnica da linguagem. E com o modo como essa concepção é perfeitamente funcional tanto à escola como ao sistema. E por sistema quero dizer o que um velho marxista chamaria "o Capital e o Estado" e o que, em nossa língua eufemística e mentirosamente, se chama "demandas sociais", porque o que é isso de demandas sociais senão os interesses do Capital e do Estado?

Por concepção técnica da linguagem entendo considerar a língua como instrumento de comunicação. A língua não é outra coisa que um suporte de ideias, sentimentos e, em geral, expressões, e ler não é outra coisa que apropriar-se disso que a língua comunica. A língua não é outra coisa, em suma, que suporte e transporte de informação. Não é outra coisa que telecomunicação. Não acho necessário insistir na quantidade de discursos que se assentam sobre esse suposto. Desde a concepção cognitivista da leitura, segundo a qual ler não é outra coisa que processar informação, até toda essa retórica da sociedade da informação que se está impondo sem crítica e com o apoio de estados e oligopólios de todo o mundo. Não acho necessário insistir tampouco na quantidade de programas de investigação educativa e de formação do professorado que incluem uma ou outra dessas retóricas. O sistema educativo trabalha a linguagem do ponto de vista da tecnologia da informação. Por isso trabalha a língua do ponto de vista de sua máxima transparência e de sua máxima eficácia. Em suma, desde o modelo hermenêutico tradicional da compreensão. Um modelo, por outra parte, como o gadameriano, que tem também sua cara humanista para quando convém pôr em jogo retóricas do diálogo, da convivência ou da identidade/diversidade. Daí que qualquer tentativa de fazer explodir ou, pelo menos, de problematizar a hermenêutica tenha consequências dificilmente integráveis tanto pela dogmática psicopedagógica, como pela dogmática humanista ou pela dogmática informacional.

Em um livro deslumbrante, José Luis Pardo expõe com clareza como a insistência na comunicação, na face externa, pública, eficaz, e transparente da linguagem, o priva de sua intimidade, de sua plurivocidade, de sua face interna, dessa face que o faz humano. Vou transcrever algumas linhas:

> A intimidade é o conteúdo não informativo da linguagem (por isso parece desaparecer quando consideramos a linguagem como um mero sistema de transmissão de informações). [...] A intimidade da língua é o que faz com que todo significado vá acompanhado de um sentido, todo uso de uma menção, toda denotação de uma conotação, toda informação de uma senha, toda opinião de uma tremura e todo ato ilocutório de uma paixão perlocutória, porque é o que faz com que a linguagem vá acompanhada de si mesma. Cada palavra dita tem sempre um plus de sentido ou, em termos mais rigorosos, uma quantidade inesgotável ou uma multiplicidade inexaurível de sentido, sempre quer dizer mais do que diz e nunca pode dizer tudo o que quereria. [...] Todo o tempo do mundo não bastaria para esclarecer o sentido de um dito. E isso, precisamente, porque os ditos são questão de tempo,

porque todo o dito é dito no tempo, em um tempo e em um espaço que não podem obviar-se ao menos que consideremos essa palavra como se ninguém a tivesse dito nunca. E, ainda que não se pode negar que os filósofos (e outras espécies) têm sido proclives a esta consideração, da qual surge esta curiosa língua-de-ninguém, a língua dos que não têm língua, dos deslinguados [...], toda palavra leva em seu ser a marca ilegível da intimidade[8].

Essa citação pertence a um capítulo do livro que se subtitula "Fragmentos de uma teoria da paixão comunicativa". E como homenagem tanto a Pardo como a esse título maravilhoso, coordenei um monográfico em RELEA intitulado precisamente 'Teoria da paixão comunicativa'. Nesse monográfico há um artigo de Fernando González Placer que se intitula "A frigidez da linguagem: a Sociedade de Informação", no qual se pode ler o seguinte:

o consagrado como Teoria da Ação Comunicativa encontra um de seus pilares naquela consideração instrumental e informativa da linguagem em busca de uma palavra pública, legítima e democrática. Isto é, à caça e captura de uma palavra e de uma linguagem cujo significado tenha sido razoavelmente negociado ("consensual", dizem) entre todos os falantes em condições de igualdade, com o horizonte de que fique bem claro de uma vez por todas (e/ou até novo aviso, até nova negociação, até um novo progresso da racionalidade) o que quer dizer e o que se quer dizer com tal coisa e com tal outra. Pelo contrario, creio que entre uns e outros, pícara e travessamente, viemos cunhando – e abrigando-nos com– a expressão "paixão comunicativa" para praticar uma aproximação a nossa linguagem (nosso falar, escutar, escrever, ler...)

---

[8] PARDO, José Luis. *La Intimidad*. Valencia: Pre-Textos, 1996, p. 122-124.

que, sem desembaraçar-se do significado das palavras, atende àquela dimensão eto-poética, isto é, ao sentido com e por elas; com paixão comunicativa prestamos atenção ao papel que as formas do dizer (e calar), de atender-nos (e desatender-nos) desempenham, tanto em nosso modo de viver-a-vida, em nossa maneira de senti-la, de experimentá-la, de aprendê-la, de contá-la, de dar-nos conta dela, etc., como no modo de viver-nos a nós mesmos e aos outros. A palavra e a linguagem, pois, como algo inescusável no desafio por aprender, ser, viver e sentir de outro modo. Dito de outro modo, em dissidência e dissentimento, com paixão comunicativa, ansiamos desenclaustrar-nos, desencerrar-nos, abrir-nos, expor-nos, oferecer-nos à experiência (ao roce, à caricia, à ferida, à erosão, à cicatriz, ao desconcerto, à perplexidade, à sacudida, etc.) que a palavra, às vezes, produz em nós pelo simples fato de ter sido exigida, presenteada, publicada, pronunciada, defendida, escutada, escrita, lida, negada, evitada, regateada, camuflada, silenciada, etc...[9].

Não acho que seja necessário continuar dando sentido a esse "mais além da compreensão". Trata-se, simplesmente, de não tratar a língua ao modo dos deslinguados ou dos frígidos, de todos aqueles, em suma, para quem a linguagem é instrumento de comunicação. E insisto em que não há aqui novidade teórica alguma. Trata-se simplesmente de atender aos que têm uma relação mais intensa com a língua ou, dito em uma só frase, de escutar aos poetas. Não aos profissionais do verso, aos sofisticados da língua, mas a todos aqueles para os quais a experiência da língua não é em absoluto uma experiência de comunicação, nem sequer de expressão-compreensão. Transcrevo outra cita de Pardo,

---

[9] GONZÁLEZ PLACER, Fernando. In: *RELEA*, n 9. Caracas: 1999, p. 89-90.

desta vez de um texto dedicado a um poeta, a José Angel Valente, que se intitula "Carne de palavras":

> Eu leio, não desde o estupor nem desde a análise, mas desde a experiência do usuário comum da língua que encontra nisso uma pedagogia da sensibilidade capaz de preservar nesse instrumento – a língua – algum valor que se resiste ao total achatamento. [...] O corpo das palavras – sua carne, seu sabor, seu som- nos passa habitualmente desapercebido: quando escutamos falar, não ouvimos um som que logo traduzimos em termos significativos, escutamos diretamente sentidos, significados, mensagens, consignas. A poesia expõe o corpo da palavra em sua carnalidade sensível e devolve aos usuários esse suplemento que no uso se tornou insensível e inaudível. O estupor que surge da revelação poética se explica talvez por isso: não podemos dizer nada ante essas obras porque elas são o que dizemos, o amontoado de tudo quanto se disse, mas perversamente organizado para suspender seu sentido. A palavra se converte então em um corpo para o que não temos palavras. E, nessa experiência, precisamente porque a palavra recupera seu corpo, nós também recobramos a carne: voltamos a ser densos e sensíveis. Vemos então que fazer um poema não é pôr uma experiência privada sob uma forma literária cujos segredos técnicos se possuem, mas produzir literalmente uma experiência nova que não é de ninguém, e que por isso pode ser de todos, de qualquer um. Não é um inocente jogo de palavras, mas o modo em que a palavra acolhe algo que está completamente fora dela, mas que ela leva aderido como seu afora: sua carne, seu corpo, sua sensibilidade, que são os nossos, que somos carne de palavra[10].

---

[10] PARDO, José Luis. *Anatomía de la palabra*. Valencia: Pre-Textos, 2000, p. 184-185.

Conversações – Sobre leitura, experiência e formação

Não está mal isso do corpo das palavras e isso dos seres humanos como carne das palavras. E isso de que entender a língua ao modo da informação, da comunicação, implica tanto descorporeizar a língua como descorporeizar aos falantes (e aos leitores). Enfim, por aí vai a coisa.

- Então se abandonamos o conceito de compreensão e sugerimos uma perspectiva mais experimental, qualquer coisa é ler? O que seria então ensinar a ler?

La experiencia de la lectura e *Pedagocia Profana* tratavam de pensar a leitura do ponto de vista da formação e da transformação da subjetividade. E houve quem leu o modo como ali se usa a categoria de experiência em um sentido, digamos, demasiado brando. Algo assim como o importante é o que nos passa, o subjetivo, o privado, o sensível, o pessoal, o que acontece na interioridade de cada um e só lhe concerne a ele, algo que quase se poderia pôr em relação com todos esses discursos narcisistas, individualistas e um tanto terapêuticos do crescimento e do desenvolvimento pessoal. E agora, quando estou tratando a leitura do ponto de vista da diferença e da pluralidade, há vezes em que se volta a convocar ao "subjetivo" para apelar a uma suposta liberdade individual de interpretação.

Os argumentos são bem conhecidos: trata-se de afirmar a pluralidade das leituras, o infinito do texto, a indizibilidade da interpretação, pondo o acento em uma suposta liberdade que estaria do lado da subjetividade do leitor individual. Assim, a subjetividade sempre recomeçada de um texto se confunde com uma sorte de subjetivismo brando e inofensivo que não é outra coisa senão um individualismo trivial. E a liberdade da leitura se faz consistir em que se pode fazer o que se quer com um texto, em que qualquer coisa é ler. E sem dúvida se pode fazer o que se quer com um texto, sem dúvida é bom insistir na liberdade da leitura, sem dúvida a leitura é infinita, sem dúvida todo texto é indecidível, mas

COLEÇÃO "EDUCAÇÃO: EXPERIÊNCIA E SENTIDO"

isso não implica que esse infinito ou essa liberdade ou essa indizibilidade signifiquem não importa o quê. O infinito do texto pertence ao texto mesmo e não à arbitrariedade de um leitor subjetivo que, geralmente, está por debaixo do texto que lê. E a liberdade da leitura não tem nada a ver com a vontade livre do indivíduo pessoal. E mais, o indivíduo pessoal, ler como um indivíduo pessoal, costuma jogar contra a liberdade da leitura.

Entender a leitura como invenção, como criação, como experimentação no sentido que essa palavra tem nas "artes experimentais", implica um rigor e uma exigência, um ascetismo inclusive, que nada tem a ver com o individualismo brando e um tanto preguiçoso de que cada um lê como lhe dá vontade. Qualquer artista sabe que desobedecer às regras de produção de qualquer arte ou transgredi-las não é nem fácil nem, sobretudo, voluntário. E que nada garante o resultado dessa desobediência ou dessa transgressão. A leitura é uma arte, sem dúvida, e como tal arte não pode se prescrever, e como tal arte deve se dar todas as liberdades formais, deve se permitir todas as licenças para a experimentação, mas também, como tal arte a leitura não é nem fácil nem falta de rigor, e também, como tal arte, a leitura pode ser praticada por bons e por maus artistas.

Nesse artigo do professor Brayner, que citei, identifica-se uma "trampa" no capítulo sobre Rilke de Pedagogia Profana. Diz Brayner que, para escapar aos imperativos da "sociedade administrada", ali se privilegia um leitor infantil, um leitor que leia com olhos de criança, e escreve:

> Se ontem era o olhar advertido e treinado do platonismo o que permitia um acesso a verdade das coisas situadas mais além das aparências, hoje é o olhar ingênuo e pueril, não contaminado por essa ortopedia visual proposta pela Ilustração, o que nos procurará a verdade. [...] Tenho certas dificuldades para aceitar essa

> ficção projetada sobre uma infância cujo olhar permaneceria impenetrável à sociedade administrativa. E além do mais, um autor que tem o poder da linguagem expositiva, interpretativa, proposicional, que sustenta uma tese sobre a recepção da obra poética e alimenta expectativas futuras (transformar-se pela literatura), pode ser qualquer coisa exceto uma criança![11]

Compartilho as dificuldades do professor Brayner assim como a trampa que denuncia: isso de propor uma leitura infantil, mas através de uma leitura de Rilke que não tem nada de infantil. O que já não compartilho é que uma leitura infantil suponha que qualquer coisa é ler. A infância aqui é uma imagem da liberdade. Mas não da liberdade subjetiva, da arbitrariedade individual, mas da liberdade como condição da novidade, da criação. Algo que implica, como já foi dito, toda uma ascese. A infância está aqui do lado desse descrer, desse silêncio, desse parto dos que falávamos ao princípio. Algo que está na criança do "Discurso das Três Metamorfoses" do *Zaratustra* de Nietzsche. Se trata de uma inocência que não tem nada de inocente, nada de ingênua, que não está ao princípio do caminho, mas ao final. Há toda uma exigência nessa criança. Em qualquer caso, não posso senão aceitar a situação de risco que supõe tratar a leitura com certo rigor e com certa exigência e, ao mesmo tempo, resistir-se a formular o que seria uma boa leitura ou, dito de outro modo, o que é ler bem. A dificuldade, e também, creio, a honestidade, estaria em adotar uma perspectiva que não pretenda converter-se *na perspectiva*, ou em sugerir um caminho que não tenha pretensões de ser *o caminho*. E aqui de novo o maestro é Nietzsche. Um maestro, por outro lado,

---

[11] BRAYNER, Flávio. Littératurisation de la pédagogie et pédagogisation de la littérature. Simples notes sur Philippe Meirieu et Joge Larrosa. *Op. cit.*, p. 34.

enormemente exigente e, ao mesmo tempo, desses que te deixam livre, quer dizer, completamente antipedagógico.

Como ensinar a ler, então, evitando qualquer tentação doutrinária? Como ensinar a ler em uma direção que não se conhece de antemão e sem assegurar, portanto, uma língua tranquila? A resposta não pode ser senão paradoxal. E há que se ser capaz de sustentar o paradoxo, de sustentar-se nele. Direi isso com as sagazes palavras de outro de meus leitores, do professor Alejandro Cerletti, numa citação talvez larga demais mas na qual se formulam algumas perguntas cruciais:

> Aspirar com afinco a não modelizar, a não disciplinar, ou não dispor de uma autoridade diretora que induza a um controle pedagógico, implica situar-se em uma zona de risco permanente. Supõe transitar um equilíbrio instável, sempre ameaçado por recaídas que não farão mais que multiplicar a magnitude do que se queria evitar, impondo (mas agora com palavras doces e modos suaves), ou doutrinando (mas sem parecer, ou ao menos acreditando que as coisas que são aceitas o são de uma maneira voluntária e consensuada). Como não induzir, influir, afetar, ao outro – em suma, como não constituir-se em palavreado sábio – quando o que se põe sobre a mesa (ou aos olhos do leitor) é uma aposta subjetiva muito intensa? Este é o desafio pedagógico do livro. Dizer para não impor, abrir o pensamento para não transmitir um saber legitimado em outra parte, que, em última instância, nunca se questiona. Neste sentido, ao largo das páginas de Pedagogia Profana há algo de profanação, de burla simpática ao sagrado de certas pedagogias pragmatistas, ou moralizantes (como por certo, de maneira mais ou menos evidente, são quase todas) e de certos saberes estandardizados da educação. Há algo também de disposição irreverente para tratar coisas sérias. Mas detenhamo-nos um pouco nesse convite que nos faz. Não acabaremos girando em um círculo? Não é este um livro de um professor

Conversações – Sobre leitura, experiência e formação

universitário de Filosofia da Educação (quem está portanto inserido profissionalmente no meio áspero da seriedade acadêmica da universidade e dos centros de investigação) e não é ele quem nos pisca o olho, nos dá via livre para ler seu livro como queiramos? Como eludir a trampa que nos induz a que até para ser desobedientes temos que fazer o que nos diz – ou sugere... – alguma autoridade para, em última instância, seguir sendo obedientes? É possível quebrar este encerro? Se pode fazê-lo? Se deve? E aqui se joga a aposta forte do livro: como transformar esse aparente paradoxo em espaço de liberdade e criação. Todo o livro é um esforço por mostrar que uma leitura sagaz não se deve amparar necessariamente na seriedade de uma tutela, em uma ajuda privilegiada que deve ir guiando passo a passo na direção correta para chegar ao significado verdadeiro de um texto. O livro mostra uma chave de resolução para este problema: pensar ao outro (leitor ou autor) não como uma reprodução ou uma variante de si mesmo – algo que costuma dar uma enganosa sensação de proximidade e afinidade –, mas na suspeita de que só pensando uma alteridade radical – quer dizer, evitando reduzir o outro a mim – é possível definir caminhos inéditos na relação com os demais. Nesse jogo de tensões se vislumbra um problema maior da educação e de toda relação pedagógica: a função de professor em relação com a transmissão de conhecimentos e, fundamentalmente, de valores; sua função especificamente moralizadora, explícita ou não[12].

O professor Brayner conclui o seu artigo de modo parecido:

Meirieu e Larrosa creem nos poderes formativos e regeneradores da literatura, mas não têm exatamente a mesma posição sobre sua relação com a educação:

---

[12] CERLETTI, Alejandro. Lecturas de la subjetividad. In: *Versiones*, n.11, Buenos Aires: 2001, p. 57.

Meirieu propõe leitores com metas precisas; Larrosa o rechaço da recepção dirigida da obra ficcional. Ambos estão em profundo desacordo com um mundo cuja exigência maior tende à utilidade e a performance. No fundo, em tudo isso reside um ataque sistemático contra a modernidade que conduz, depois de algumas peripécias, a sua única identificação com a razão instrumental, imperdoável traição da Ilustração, causa do nosso mal-estar. Existe de fato em nossos autores a intenção subterrânea de todo reformador educativo: reescrever as subjetividades. Falta saber se a literatura poderá aportar os predicados necessários para esta redescrição e se, fazendo-o, não estará transformando-se em uma nova e mais sofisticada tecnologia do eu[13].

Talvez eu não o diria exatamente assim, mas por aí podem haver elementos para pensar.

– Existe algo que caracteriza também aos teus escritos, e que se fez patente nesta conversação, que é o uso constante da literatura. Da novela, naturalmente, no modo como tens trabalhado a articulação narrativa da ideia de formação, por exemplo, em Pedagogia Profana, *mas também no modo como construíste cenas de leitura em* La experiencia de la lectura, *os capítulos sobre Proust ou sobre Handke por exemplo, ou mais recentemente, em um uso de fragmentos de poetas. Poderias dizer algo sobre isso? Qual seria a relação entre literatura e pedagogia? Ou, melhor dito, como tens trabalhado essa relação?*

O mais importante não é o que eu fiz com a literatura, mas o que a literatura fez comigo, o que me passou, qual foi minha experiência com a literatura e quais têm sido os efeitos dessa experiência em minha maneira de pensar, de ler e de escrever no campo pedagógico. Direi, para começar, que a literatura tem sido para mim uma experiência de linguagem

---

[13] BRAYNER, Flávio. *Op. cit.*, p. 34-35.

e uma experiência de pensamento. Ao mesmo tempo. E é aí, nessa experiência de duas caras, nessa experiência na qual ler e escrever de outro modo é indissoluvelmente pensar de outro modo, e ao inverso, é aí, nessa experiência dupla, onde Literatura e Filosofia não são outra coisa que os polos que tensionam tanto o espaço do que nos é possível pensar como o âmbito do que nos é possível dizer, também, naturalmente, o que nos é possível pensar e o que nos é possível dizer em relação a isso que a todos nos ocupa e nos preocupa e que chamamos educação.

Diga-se o que se diga, nosso ofício é um ofício de palavras. O que fazemos é falar e escutar, ler e escrever. Falar de certo modo, e não de outro. Dizer certas coisas e não dizer outras. E isso é, sem dúvida, uma questão de estilo, mas não no sentido trivial e decorativo de falar ou escrever mais ou menos "bonito". O estilo não tem nada a ver com amaneiramentos ou com sofisticações verbais, nada a ver com a elegância ou com o bom gosto. Quando a coisa vai por aí, por essa concepção meramente de efeito de estilo, que te digam que escreves bem é quase um insulto. Nosso ofício é um ofício de palavras. E isso não significa somente que fazemos coisas com as palavras, mas também, e sobretudo, que são as palavras as que fazem coisas conosco e que, às vezes, quando embarcamos em certas experiências, algo passa a nossas palavras. Por isso posso falar do que tenho feito com a literatura, com esse tipo especial de palavras que chamamos literatura, mas o importante seguirá sendo o que a literatura tem feito comigo: com minha relação com as palavras, com minha relação com as palavras desse conjunto disperso e heterogêneo de jogos de linguagem a que chamamos Pedagogia, com minha relação com as palavras desse conjunto disperso e heterogêneo de jogos de linguagem a que chamamos Filosofia da Educação, com minha relação, sobretudo, com minhas próprias palavras.

Além do mais, o nosso é um oficio de ideias. Nós aceitamos e rechaçamos ideias, construímos e desconstruímos ideias, desenvolvemos ideias, melhoramos ou degradamos ideias, repetimos ideias, disfarçamos ideias, defendemos e atacamos ideias, usamos ideias, seguimos ideias, agrupamo-nos ao redor de ideias, provamos ideias, exploramos ideias, inventamos ideias. E uma ideia é um modo de pensar as coisas, certa determinação de nosso pensamento, algo que nos faz pensar de determinada maneira. Usando a metáfora visual do perspectivismo, poderíamos dizer que uma ideia é como um ponto de vista, como uma determinação de nossa mirada, como algo que nos faz ver de determinada maneira. Por isso as ideias não são verdadeiras ou falsas, corretas ou incorretas,. Simplesmente nos fazem pensar de um modo ou de outro. E é esse modo de pensar o que devemos calibrar. Rechaçar uma ideia não é refutá-la, mas rechaçar o modo como nos dá a pensar as coisas: e tratar de pensá-las de outro modo. As ideias constroem realidade no mesmo movimento em que nos permitem pensá-la de um modo e não de outro. A realidade, as coisas, não é senão o que se constitui no ato mesmo em que a pensamos. Por isso não é que as ideias não deem a possibilidade de aceder ao mundo real, mas que nos dão o real como determinada possibilidade. Por isso não se trata de argumentar a favor ou contra, mas de consentir ou de dissentir, de aceitar ou de não aceitar o que as ideias nos dão como realidade, como verdade. Do que se trata é de se conformar ou de não se conformar.

Por isso não se trata só de usar a literatura para ilustrar determinadas ideias, ou para construir determinadas ideias, ou para refutar determinadas ideias, ou para expor determinadas ideias. Não se trata somente de como a literatura serve a nossas ideias, da utilidade ou do uso da literatura para nossas ideias, mas se trata, sobretudo, do que é que a literatura pode fazer a nossas ideias, do que é que acontece a

Conversações – Sobre leitura, experiência e formação

nossas ideias quando fazemos essa experiência de linguagem e de pensamento que chamei literatura. A posteriori, naturalmente, podem identificar-se algumas apostas (teóricas, mas também éticas e políticas) e alguns efeitos (teóricos, mas também éticos e políticos) nesse trabalho com a literatura no qual embarquei durante alguns anos ou, como dizes, nessa relação entre Literatura e Pedagogia na qual me estive movendo de um modo específico.

De todos modos, para abordar as relações entre Literatura e Pedagogia, o primeiro que se há de fazer é problematizar essas "coisas" chamadas Literatura e Pedagogia, mais que nada para tratar de evitar essa tendência quase natural de nosso pensamento e de nossa linguagem a coisificar. Quero dizer que a palavra "literatura" e a palavra "pedagogia" são dessas palavras ao mesmo tempo vagas e conhecidas demais, ao mesmo tempo evidentes e mal determinadas, que dizem demasiadas coisas e, ao mesmo tempo, não dizem nada. Um pouco como dizia Santo Agostinho do tempo: se não me perguntam, sei o que é, mas se me perguntam, não sei. Todos nós sabemos do que se trata essa história de literatura, o que é essa história de Pedagogia, mas não saberíamos dizer mais que vaguezas ou estupidezes se tivéssemos que responder a essas perguntas. Além do mais, a quem lhe interessa o que é a Literatura ou o que é a Pedagogia? Há que se ter mentalidade de burocrata ou de policial (ou de professor, essa mescla de burocrata e de policial) para pensar que essas são as perguntas importantes. O que existe no discurso são práticas mais ou menos institucionalizadas de escritura, modos institucionalizados de classificar as obras, modos institucionalizados de ler, relações institucionalizadoras entre tipos de discurso, traçados discursivos de fronteiras, etc., e cada vez estou mais convencido de que a pergunta o que é?, não é uma boa pergunta, ao menos se está proposta, ingenuamente, como a pergunta por uma coisa, pela identidade e pela identificação de uma coisa. Parece-me que, nesses casos, é útil esse gesto de descoisificação e de desnaturalização de tudo o que nos parece evidente, esse gesto que subjaz a expressões nietzscheamas e\ou foucaultianas como: a razão é um invento recente, a história é um invento recente, a verdade é um invento recente, a loucura é um invento recente, a escola é um invento recente, a prisão é um invento recente, o homem é um invento recente... a Literatura é um invento recente, Pedagogia é um invento recente... para perguntar-se depois como se constituem e como funcionam esses inventos. Acho que a primeira coisa que se há de fazer problematizar são essas instituições chamadas "literatura" e "pedagogia". O que hoje chamamos "literatura" não existiu sempre, ainda que sobre essa ficção se montem as Histórias da Literatura. Recorda a citação de Foucault que transcrevi antes sobre o questionamento disso "que retrospectivamente temos o hábito de chamar 'literatura' existe faz milênios". E o mesmo poderíamos dizer da Filosofia e da Pedagogia.

É impossível (e imbecil) definir a literatura seja com a ideia vaga de um repertório de obras, seja com a ideia, ainda mais vaga, de uma essência comum a todas as obras literárias. Porque a literatura, ao menos a que me interessa, não é outra coisa que o movimento infinito de questionar-se a si mesma. A literatura é determinada relação com a língua ou, mais radicalmente, a literatura é uma experiência radical de escritura na qual, em cada momento, está em jogo o que é escrever. E como escrever é, simplesmente, escrever de outro modo, então a literatura se determina sempre contra a literatura. Direi outra vez com Foucault. Em *As palavras e as coisas*, ao final do capítulo dedicado à emergência da linguagem como uma nova positividade, como um novo objeto de conhecimento e como um instrumento mais ou menos eficaz de comunicação, Foucault fala da literatura em um parágrafo largo e complexo que vale a pena e que não resisto reescrever quase em sua totalidade:

Conversações – Sobre leitura, experiência e formação

a princípios do século XIX, na época em que a linguagem se afundava em sua espessura de objeto e se deixava, de uma ponta a outra, atravessar por um saber, a literatura se reconstituiu sob uma forma independente, de difícil acesso, redobrada sobre o enigma de seu nascimento e referida por completo ao ato puro de escrever. A literatura é a impugnação da filologia (da qual é, no entanto, a figura gêmea): a linguagem não remete à gramática mas ao poder nu de falar e aí encontra o ser selvagem e imperioso das palavras. Da rebelião romântica contra um discurso imobilizado em sua cerimônia, até o descobrimento de Mallarmé da palavra em seu poder impotente, pode ver-se muito bem qual foi a função da literatura, no século XIX, em relação ao modo de ser moderno da linguagem. Sobre o fundo desse jogo essencial a literatura se distingue cada vez mais do discurso de ideias e se encerra em uma intransitividade radical; separa-se de todos os valores que puderam fazê-la circular na época clássica (o gosto, o prazer, o natural, o verdadeiro) e faz nascer em seu próprio espaço tudo aquilo que pode assegurar-lhe a denegação lúdica (o escandaloso, o feio, o impossível); rompe com toda definição de "gêneros" como formas ajustadas a uma ordem de representações e se converte em pura e simples manifestação de uma linguagem que não tem outra lei que afirmar – contra os outros discursos – sua existência escarpada; agora não tem outra coisa a fazer que curvar-se em um perpétuo regresso sobre si mesma, como se seu discurso não pudesse ter como conteúdo mais que dizer sua própria forma: dirige-se a si mesma como subjetividade escrevente onde trata de recolher, no movimento que a faz nascer, a essência de toda literatura; e assim todos os seus fios convergem ao extremo mais fino – particular, instantâneo e, no entanto, absolutamente universal –, ao simples ato de escrever. No momento em que a linguagem,

> como palavra espalhada, converte-se em objeto de conhecimento, reaparece aqui sob uma modalidade estritamente oposta: silenciosa, cauta deposição da palavra sobre a brancura de um papel no qual não pode ter nem sonoridade nem interlocutor, onde não há outra coisa a dizer que não seja ela mesma, não há outra coisa que fazer que brilhar no fulgor de seu ser[14].

O silêncio da escritura, parece dizer Foucault, nasce de uma relação inédita com a linguagem. A literatura se aparta, por um lado, da linguagem como objeto de conhecimento e como instrumento de comunicação. O escritor já não é o que conhece a língua, nem o que a domina, nem aquele que a usa. E a literatura se aparta também de toda tradição de formas consagradas. O escritor já não é o que constrói uma linguagem formada segundo determinadas regras e o poeta já não é um fabricante de versos. A escritura já não é o lugar da língua-conhecimento, nem da língua-comunicação, nem da língua-beleza. E é nessa série de negações, nessa série de apartamentos, nessas redobras, onde a escritura faz do silêncio sua própria experiência.

Vou tentar mostrar isso da literatura como questionamento de si mesma, isso da literatura contra a literatura, com alguns fragmentos poéticos. Com uma queixa de Enrique Lihn:

> Quanta palavra em cada coisa
> que excesso de retórica até a última formiga.

Ou com o poema "Critica da poesia" de José Emílio Pacheco, um poema que funciona borrando o que se acaba de escrever e renunciando a esses "mil poemas" que vêm quase automaticamente à boca, ou à pluma:

---

[14] FOUCAULT, Michel. *Las palabras y las cosas*. México: Siglo XXI, 1968, p. 293-294.

Há aqui a chuva idêntica e sua areada malesa.
O sal, o mar desfeito...
Se borra o anterior, se escreve em seguida:
Este convexo mar, seus migratórios
e arraigados costumes,
já serviu alguma vez para fazer mil poemas.

(A cadela infecta, a sarnosa poesia,
risível variedade da neurose,
preço que alguns homens pagam
por não saber viver.
A doce, eterna, luminosa poesia).

Talvez não é tempo agora:
nossa época
nos deixou falando sós.

Ou finalmente, com alguns versos de Roberto Juarroz nos quais a poesia aparece como uma forma de dizer as coisas desdizendo-as, como uma forma de nomear o mundo desnomeando-o:

Desbatizar o mundo,
sacrificar o nome das coisas
para ganhar sua presença.

A literatura, repito, é uma experiência da linguagem na qual o que está em jogo é o que é escrever. Daí a permanente tentação e a permanente ameaça do silêncio. Poderíamos dizer o mesmo da Filosofia? A Filosofia é determinada relação com as ideias ou, dito de outro modo, uma experiência radical de pensamento na qual, em cada momento, o que está em jogo é o que é pensar. E como pensar é, simplesmente, pensar de outro modo, então a filosofia se determina sempre contra a filosofia.

COLEÇÃO "EDUCAÇÃO: EXPERIÊNCIA E SENTIDO"

Direi-o, de novo, com Foucault, com esse esplêndido motivo foucaultiano do "pensar de outro modo" que aparece no prólogo ao segundo volume da História da sexualidade, quer dizer, depois de um largo silêncio. A citação é também larga e bastante conhecida, mas creio que vale a pena lê-la uma vez mais:

> Quanto ao motivo que me impulsionou, foi bem simples. Espero que, aos olhos de alguns, possa bastar por si mesmo. Trata-se da curiosidade, essa única espécie de curiosidade que vale a pena praticar com certa obstinação: não a que busca assimilar o que convém conhecer, mas a que permite afastar-se de si mesmo. Que valeria o encarniçamento do saber se só tivesse que assegurar a aquisição de conhecimentos e não, de certo modo e até onde se pode, o extravio do que conhece? Há momentos na vida nos quais a questão de saber se se pode pensar diferente de como se pensa e perceber diferente de como se vê é indispensável para seguir contemplando ou refletindo. Talvez se me diga que esses jogos consigo mesmo devem ficar entre os bastidores, e que, no melhor dos casos, formam parte desses trabalhos de preparação que se desvanecem por si mesmos quando lograram seus efeitos. Mas, que é a filosofia hoje – quero dizer a atividade filosófica – se não o trabalho crítico do pensamento sobre si mesmo? E se não consiste, em vez de legitimar o que já se sabe, em empreender o saber como e até onde seria possível pensar de outro modo?[15]

Creio que aqui é onde está a tangente que atravessa Filosofia e literatura, nessa aposta por pensar de outro modo, por interrogar constantemente o que é que podemos pensar,

---

[15] FOUCAULT. Michel. *Historia de la sexualidad 2. El uso de los placeres*. Madrid: Siglo XXI, 1986, p. 11-12.

o que é o que nos está permitindo pensar. E nessa aposta por falar e escrever de outro modo, por interrogar constantemente que é o que se pode dizer, que é o que nos está permitido dizer, que é o que nos é dado dizer, do que se trata é de como pensar de outro modo e de como falar de outro modo em qualquer âmbito da experiência, também, naturalmente, nesse âmbito de experiência que chamamos educação. Por isso essa tangente entre filosofia e literatura tem a ver, essencialmente, com a invenção de novas possibilidades de vida, com a experimentação de outras formas de habitar o mundo, com o traçado de outras formas de relacionamento com os demais e conosco mesmos. A busca de uma língua outra e a busca de um pensamento outro são também, ao mesmo tempo, a busca de uma experiência outra, de uma vida outra.

Dito de outro modo, poderíamos determinar o campo pedagógico ou, se se quer, essa instituição chamada Pedagogia, como um lugar constituído pela posta em andamento de determinadas políticas da língua, de determinadas políticas do pensamento e de determinadas políticas da subjetividade. Aqui aprendemos, ao mesmo tempo, a falar como se deve, a pensar como se deve, e a viver as relações educativas como se deve. E aqui sentimos, às vezes, que já não podemos pensar o que todo o mundo pensa, nem podemos dizer o que todo o mundo diz, nem podemos viver como todo o mundo vive, e sentimos, às vezes, certa inquietude que atravessa nossa língua, nosso pensamento e nossa vida. E quando sentimos isso, já estamos fora, fora dos marcos que se nos impõe (e que nos constituem), mas fora também de qualquer território seguro ou assegurado. E sentimos uma tentação de silêncio que tem a ver, simplesmente, com o calar de uma linguagem inservível ou, melhor, com a renúncia a uma linguagem envilecida. Um silêncio que tem a ver com a impossibilidade de usar a linguagem recebida. Ou, o que é quase o mesmo, com a impossibilidade de seguir pensando como se pensava.

É então quando também a Pedagogia se determina contra a Pedagogia, contra os modos constituídos de ler, de escrever, de pensar e de viver que se nos impõe. Nesse contexto, à pergunta: para que serve a literatura, se pode dar já uma resposta ou um caminho de resposta, aparentemente construtivo.

Em primeiro lugar, a literatura como experiência de linguagem pode servir para fomentar o que chamarei uma "atitude filológica", quer dizer, para lutar contra o aplastamento geral da linguagem da Pedagogia produzido, não só por essa língua trivial e trivializada, aparentemente neutra e objetiva, com a que se articulam os discursos científico-técnicos, não só por essa língua mentirosa e canalha na qual se articulam os discursos moralizante e edificantes, mas também, e sobretudo, pela pretensão da língua de não ser outra coisa que comunicação, de não ser outra coisa que informação. Direi com José Luis Pardo:

> Há uma tentativa em marcha para livrar a linguagem de sua incômoda espessura, uma tentativa de borrar das palavras todo sabor de toda ressonância, a tentativa de impor pela violência uma linguagem lisa, sem manchas, sem sombras, sem rugas, sem corpo, a língua dos deslinguados, uma língua sem outro, na qual ninguém se escute a si mesmo quando fale, uma língua despovoada, feita de imagens insípidas que habitam uma superfície sem fundo[16].

Em segundo lugar, a literatura como experiência de pensamento pode servir para fomentar o que chamarei uma "atitude filosófica", quer dizer, para lutar contra a estupidez. Desta vez o direi com Deleuze:

> O pensamento adulto e aplicado tem outros inimigos, estados inimigos diversamente profundos. A estupidez

---

[16] PARDO, José Luis. *La Intimidad. Op. cit.*, p. 72.

Conversações – Sobre leitura, experiência e formação

é uma estrutura do pensamento como tal: não é uma forma de equivocar-se, expressa por direito o não sentido do pensamento. A estupidez não é um erro nem uma série de erros. Se conhecem pensamentos imbecis, discursos imbecis construídos inteiramente a base de verdades, mas estas verdades são baixas, são as de uma alma baixa, pesada e de chumbo. A estupidez e, mais profundamente, aquilo do qual é sintoma: uma maneira baixa de pensar[17].

E, em terceiro lugar, a literatura pode servir para fomentar o que chamarei uma "atitude vital", quer dizer, para lutar contra esse empequenecimento da vida que observamos em consequência onde reina essa linguagem da informação e esse pensamento sem pensamento da estupidez. Outra vez o direi com Pardo:

> No fluxo da vida corrente se observam duas classes de movimentos. O primeiro é negativo apesar de sua positividade: trata-se da violência que a consciência lhe faz à vida para tentar retê-la ou contê-la, detê-la, submetê-la, manipulá-la, essa violência é negativa antes de mais nada porque fracassa, porque ao querer deter o vivo não faz mais que assassinar um fragmento de vida, recortá-lo, ilhá-lo da corrente, mutilá-lo para poder conservá-lo e, portanto, perde-o justamente na medida em que se apropria dele. [...] O segundo movimento é ao contrário positivo apesar de sua negatividade: a humilhação que a consciência sente quando é desbordada pela vida, quando experimenta uma fuga de vida, quando deixa de fazer violência porque compreendeu a inutilidade de seus esforços, quando a consciência, enfim, se dá por vencida e se converte em sensibilidade, em sentido que sente sua própria impotência de sentir [...]; esta humilhação é

---

[17] DELEUZE, Gilles. *Nietzsche y la Filosofía*. Barcelona: Anagrama, 1971, p. 148-149.

> positiva simplesmente porque triunfa na sua tentativa de experimentar a vida, porque, ao deixar correr a vida, ao libertá-la em seu interior, devolve a vida à vida e sente como a vida se escapa, se sente morrer. Então, a vida não se limita a correr mas se demora para consentir-se a si mesma, dá um rodeio antes de prosseguir sua carreira, se detém entrelaçando-se consigo mesma antes de se desbordar, deixando-se sentir a si mesma em sua fuga, desfrutando do fato de escapar perpetuamente de si mesma[18].

A literatura serve para sentir nossa própria língua, para tratar de não sermos demasiado estúpidos, para sentir-nos vivos.

De todas as formas, chegadas aqui, há que se fazer uma ressalva. Não pode haver defesa da literatura que não seja, ao mesmo tempo, crítica da literatura. Explicarei com outro exemplo. Nos últimos anos, como sabem, têm-se realizados certos exercícios de defesa das humanidades no currículo como resistência às constantes reformas educativas que privilegiavam cada vez mais os conteúdos utilitários e pragmáticos. E essa defesa se faz apelando ao sentido crítico e ao pensamento próprio que, segundo se dizia, fomentavam as humanidades. Mas todos os que passamos por um Segundo Grau de letras sabemos que pelas disciplinas humanísticas passavam rigorosos exercícios de moralização, de disciplina, e de doutrinamento ideológico. Sem falar do caráter eurocêntrico, sexista ou classista de muitos de seus conteúdos. Portanto, não pode haver reivindicação das humanidades sem uma crítica das humanidades. Algo que, dito a seu favor, as humanidades mesmas se têm encarregado muitas vezes de realizar. Eu acho que com a literatura acontece o mesmo. A literatura é um produto de mercado submetido a

---

[18] PARDO, José Luis. *La Intimidad. Op. cit.*, p. 151-152.

todas as constrições da indústria cultural de nossos dias. E não podemos fazer dela, sem mais, um produto de salvação ou emancipador. Para defender a literatura há que se curar primeiro de qualquer religião literária. E, naturalmente, há que tomá-la em sério.

— Como fomos vendo, há em tua exposição um certo transfundo de leituras. Tanto literárias como não literárias (se é que essa distinção, pelo que disseste, tem algum sentido). E La experiencia de la lectura é, sem dúvida, um livro feito de leituras, um livro que foi deixado na porta da biblioteca para convidar a ler. Além do mais, me parece que La experiência de la lectura está em uma relação curiosa de continuidade-descontinuidade com Pedagogia Profana, não só porque existem alguns capítulos que se repetem nos dois livros, mas porque também, em parte, Pedagogia Profana é um livro feito de leituras.

Os escritores costumam repetir o tópico de que se escreve sempre o mesmo livro. Para mim, esse sempre é talvez excessivo porque *La experiencia de la lectura* saiu em 1996, faz nada, como se diz, e é certo que *Pedagogia Profana* e, inclusive, os textos que aparecerão em *Entre as línguas*, que já está quase pronto, poderiam se considerar variantes, no sentido musical da palavra, de *La experiencia*. No entanto, há alguns deslocamentos, como em todas as variantes, como se a escritura fosse algo que se abre em espiral, ou que vai agregando outros pontos de vista sobre as mesmas questões centrais, ou que vai acentuando de outro modo os mesmos temas. E esses deslocamentos têm a ver, sobretudo, com uma distância cada vez maior da hermenêutica (digamos que os temas 'experiência' e 'formação' tinham em *La experiencia de la lectura* um aroma hermenêutico que vão pouco a pouco perdendo) e com uma ênfase cada vez maior nas questões da pluralidade. Se consideramos, por exemplo, o modo de problematizar a tradução, a velha questão de 'ler é como traduzir', adverte-se em seguida que se o tópico está tratado em *La experiencia de la lectura* do ponto de vista da formação, da *Bildung*, em meus textos posteriores está tratado do ponto de vista da babelização da língua, da leitura como produtora de diferenças. Algo que já está presente em *La experiencia de la lectura*, mas mais do ponto de vista da leitura e subjetividade que do ponto de vista leitura e linguagem.

E sobre o "livro colocado na porta da biblioteca" te direi, primeiro, que me encantou a imagem, nunca a havia pensado e me parece elogiosa e iluminadora. Acho que os livros interessantes são os que dão vontade de ler. Ou, dito de outro modo mais preciso, os que põem em movimento em direção à leitura. Existe algo disso no capítulo de *Pedagogia Profana* que se intitula "Sobre a lição". E existe algo disso também no último capítulo de *La experiencia de la lectura*, o do incêndio na biblioteca ao que já me referi, como um convite a queimar o que já se leu para começar a ler, para que a leitura siga sendo possível. Parecem-me terríveis esses livros, tão comuns em Pedagogia e, sobretudo, em Filosofia da Educação, que te dão a biblioteca lida para que não seja necessário que tu a percorras por ti mesmo. Ou todos esses livros de professores (no mal sentido da palavra) que te dão a biblioteca classificada em escolas, enfoques, em ismos. Todos os livros, em resumo, que te dizem o que a biblioteca pensa ou o que a biblioteca diz para que tu te acomodes no já pensado ou no já dito, para que o único que tenhas que fazer seja apropriar-te disso e, portanto, para que já não seja necessário ler.

Por outro lado, aprende-se também o valor e o sentido do que se faz no modo como se lhe vai colocando em relação com o que já fazem seus amigos. E digo "amigos" e não "colegas". De fato, cada vez me interessa menos as comunidades científicas, ou as comunidades de especialistas (se é que essas montagens institucionais podem chamar-se comunidades) e cada vez me interessa mais dar um sentido nobre a isso que se chama amizade, uma amizade que, como diz Deleuze, é interior à filosofia: "Não se pode saber o que é a filosofia, sem viver essa questão obscura, e sem respondê-la, ainda que seja difícil". E uma amizade que, seguramente, é também interior à linguagem. Por isso se poderia dizer que não se pode saber o que é falar, ou escutar, sem viver essa questão obscura, sem respondê-la ainda que seja difícil... ou ainda que a resposta seja somente o modo como falamos e como escutamos, como escrevemos e como lemos. Direi de outra maneira: cada vez me interessa menos isso que se chama discussão, ou debate, ou isso que o politicamente correto nomeia com essa palavra completamente vazia e enormemente tramposa que é o diálogo. E cada vez estou mais convencido de que a única coisa que vale a pena é a conversação. Quer dizer, que o problema é até que ponto somos ainda capazes de falar, até que ponto somos capazes de falar-nos, até que ponto somos capazes de pôr em comum o que pensamos, ou o que nos faz pensar, até que ponto podemos ainda viver uns com os outros, não só tolerar-nos, ou ser-nos úteis uns aos outros, mas viver, sentir a vida e pensar a vida e contar a vida com os outros. Porque se pode discutir, ou debater, ou dialogar, com qualquer um, mas não se pode conversar com qualquer um, nem se pode pensar com qualquer um, nem se pode viver com qualquer um. E o espaço acadêmico, o espaço instituído em termos de especialistas, é um lugar cada vez mais inábil para a conversação e para o pensamento e cada vez mais inabitável para a vida. Tratar-se-á, então, de fazer amigos?

Este livro foi composto com tipografia Bembo Std e impresso
em papel Pólen Bold 70 g/m² na Gráfica Forma Certa.